无边界的新工业革命

INDUSTRIE 4.0 GRENZENLOS

德国工业4.0与“中国制造2025”

［德］乌尔里希·森德勒◎主编
吴欢欢◎译

中信出版集团 · 北京

图书在版编目（CIP）数据

无边界的新工业革命：德国工业 4.0 与“中国制造 2025”/（德）乌尔里希·森德勒主编；吴欢欢译．-- 北京：中信出版社，2018.3（2019.4重印）

书名原文：Industrie 4.0 grenzenlos

ISBN 978-7-5086-7978-5

I. ①无… II. ①乌… ②吴… III. ①制造工业－研究－世界 IV. ①F416.4

中国版本图书馆 CIP 数据核字（2017）第 235766 号

无边界的新工业革命：德国工业 4.0 与“中国制造 2025”

主　　编：[德] 乌尔里希·森德勒
译　　者：吴欢欢
出版发行：中信出版集团股份有限公司
（北京市朝阳区惠新东街甲 4 号富盛大厦 2 座　邮编　100029）
承 印 者：三河市西华印务有限公司

开　　本：787mm×1092mm　1/16　　印　　张：20.75　　字　　数：250 千字
版　　次：2018 年 3 月第 1 版　　印　　次：2019 年 4 月第 2 次印刷
京权图字：01-2017-4956　　广告经营许可证：京朝工商广字第 8087 号
书　　号：ISBN 978-7-5086-7978-5
定　　价：78.00 元

序 言 \\ III

中文版序言 \\ IX

本书作者 \\ XI

第一部分 新工业革命的基石

第 1 章 改变生产方式的重大变革 \\ 003

第 2 章 新工业革命带来新经济奇迹 \\ 019

第 3 章 人工智能、大数据、云端与新工业革命 \\ 047

第 4 章 工业 4.0：硬件大国的智能化、网络化之路 \\ 061

第 5 章 工业互联网联盟：软件强国的再工业化 \\ 083

第 6 章 中国制造 2025：向制造强国迈进 \\ 097

第 7 章 砥砺同行：当中国制造 2025 遇上德国工业 4.0 \\ 107

第二部分 新工业，新生态

第 8 章 高效工厂 4.0：中小型企业的机遇 \\ 137

第 9 章 工业互联网：工程过程和 IT 解决方案 \\ 153

第 10 章 信息工厂：新的数字工作平台 \\ 187

第三部分 无边界的“物联网+”

第 11 章 ABB：物联网、服务和人员 \\ 211
第 12 章 海尔：不只是家用电器 \\ 227
第 13 章 it's OWL：集群的力量 \\ 233
第 14 章 SAP：打造物联网生态系统 \\ 251
第 15 章 西门子：数字企业的形成 \\ 265
第 16 章 魏德米勒：工业 4.0 与智能技术系统 \\ 283

序 言

这本书十分特别。它并不是我第一次出版的关于工业 4.0 的书的再版。它填补了关于工业 4.0 的信息空白，即到底什么是德国以及现在许多其他国家所认为的第四次工业革命。这本书也研究了一些问题，其中纯粹技术方面的问题要少于科学技术发展对人类、社会，当然还有对环境所产生的影响方面的问题。在某种形式上，这本书同时也是关于未来工业的政策性书籍。它大胆地回顾了工业革命的历史，以及来自工业革命的知识。了解我们从哪里来，我们便可以更好地理解，这条路将把我们引向何方。

它之所以是一本特别的书，是因为有一家中国的官方主流媒体新华网为本书第 7 章提供了大量内容。该章阐述了中国视角下的工业 4.0 的意义，并且将工业 4.0 与“中国制造 2025”（这个计划不但明确了中国的发展现状，而且明确了中国的发展战略）进行了比较。因此，我特别感谢新华网董事长、总裁田舒斌先生。至于其他作者的章节，当然也适用：您可以发现对于未来工业截然不同的观点、看法和评估。他们经过综合考虑，提供了一些发人深省的图片。

这本书的书名“无边界的新工业革命”可能会被夸大理解。也许它会被理解为：一切都是工业 4.0，一切都将变得美好！但这是一个完全的误解。这个书名有很多含义，但是准确地说只有一个意义，就是如果用这本书进行市场营销，那不太切合实际，它只是一个夸大的营销标语和关于此事的评论性研究。从出版商的角度出发，少说闲话对大家都有利。

2013 年，我出版了第一本德语版关于工业 4.0 的书。2014 年，该书出版了中文版。当前的这本书同样也要出版德文版和中文版，另外还计划出版英文版。grenzenlos[①] 的字面意思实际上已经成为主题。第四次工业革命被认为是世界范围内工业化的下一步，许多国家采取了类似的举措，其中一些国家还进行了广泛交流，甚至密切合作。研究、评估全球化发展趋势和彼此之间的关系是撰写这本书和为这本书起这个名字的原因之一。

全球化在这次技术革命中也扮演了全新的角色。当生产的产品在全世界范围内通过互联网进行连接，当全世界所有产品所产生的数据可以被收集、处理，我们将创造一个新通道，工业和经济之间可以彼此通信联络。但它也创造了一项新服务项目，可以重新定义每个供应商在全球贸易中的作用。在世界范围内，所有企业都可以通过自己的创意研发新产品、提供新服务，对于新创立的公司和本地本土的老字号来说，这将变得十分危险。

使用无边界的工业 4.0 这一说法，是因为在工业领域只有极少数个别行业和区域与它毫不相干。数字化无处不在，现在已经覆盖了整个行业。我们必须了解这场变革，并迎接这场变革所带来的挑战。这就是本书的主

① grenzenlos，德语直译为“无边界的”“无国界的”。——编者注

题。这个主题也是无边界的，因为现在工业也是刚刚踏上互联网舞台的关键演员之一。使工业产品以及相关服务产业成为全球化网络的组成部分，这一理念将远远超过长期以来形成的全球化贸易本身的含义，同时也会促使全球化贸易发生显著变化。我们相信，与工业 4.0 交织碰撞的不仅仅是工业，至少现在想描绘出工业 4.0 的界限是不可能的。同时，社会和生活的诸多领域（包括医疗保健和保险，城市管理和交通运输等）受产品数字化和生产数字化影响很大，这些影响看似与工业无关。但实际上，工业发展几乎对所有领域都会产生影响，对环境、气候、自然资源的使用也是一样。我们是否应该把这个问题作为一个纯粹的技术主题去理解？事实上，过早地对工业 4.0 将如何设计，哪些影响应当进行扩展等问题做出反应是没有意义的，我们要确切界定工业 4.0 还需一定时间。直到现在，这都是没有意义的，只是对技术创新做出反应，而没有探究它所带来的影响。物联网和工业 4.0 的发展速度十分迅猛，而且看起来也有些不负责任，我们究竟要等到何时才会开始讨论它们所带来的影响？

因此，我们绝对有理由在本书的题目中使用无边界这个词语。读者呢？谁会读这本书？谁能够把这本书摆上书桌？是不是读者也是无边界的，编辑和出版商总是设想却难以达到的理想将会实现？当然不是。

本书的预设读者包括那些在工业领域独自负责并担任重要角色的人：管理人员、研发项目经理、生产经理和技术总监等。他们应该全面了解、认识这个未来几年甚至几十年都将涉及的主题，并且应该时时把这本书放在公文包里，因为在这本书中，他可以找到所有工作领域的重要问题的建议和答案。至少，他们应该发现书中出现的这些问题，是他们在今后工作中必须提出的问题。

这本书也为与工业 4.0 相关联的专业人士所编写。这本书将为他们提供值得认真研究的问题。

此外，读者还包括在公共教育机构和私人教育机构的人员，或者企业内部的教师和研究人员，以及学生和参与研究项目的人员。相关内容在这本书中将被提及，可惜能够作为客观和专业的学习材料使用的部分实在太少。

使用不同的语言的读者也丝毫不用担心，因为这本书会引起国际读者的关注。在世界各地，人们都在讨论这一主题，对于书中所阐述的问题，不同地区的读者都有去了解的需求。在中国，人们对这本书的兴趣很高。这种情况不仅仅反映在上一本图书的中文版出版时令人印象深刻的发行量上，也反映在德国和中国在首创精神方面的尝试。

在美国和其他国家，人们对于这本书也相当感兴趣。当然，人们可以选择各种不同的方法对工业 4.0 进行最基本的评估。比如在工业领域什么将被改变，什么必须自己进行革新。若是引发了国际争论，那么这本书也算是做出了自己的贡献。

在个别章节的写作过程中，来自不同领域的作者的加入让这本书生辉，也使本书具有很强的可读性。即使读者不是专业人士，也不是电脑专家，甚至不是生产经理，每天不关注工业领域的数字化，他也应该可以理解，到底专业人员在为什么而烦恼。

这本书能有如此高的期望值有赖于众多作者的文章，缺少这些文章，本书几个部分的内容将无法完成。还有一些十分重要的人，他们分别作为技术分析师、作家、演讲家和顾问，为本书的创作提供了不可或缺的帮助。我的姐姐尤塔·森德勒和我的朋友哈特穆特·施特雷佩尔以及赖纳·舍恩罗克总是一遍一遍、一页一页地为我朗读、审阅、修改稿件。他们的有力支持解决了对于我而言十分重要的问题：这本书是否朗朗上口、通俗易懂。对此，我表示万分感谢。与此同时，我也想感谢安东·塞巴斯蒂安·胡贝尔（胡桉桐），直至 2016 年 5 月底，他一直担任西门子数字工厂的首席执行官，与他长时间、深入细致的交流给了我巨大的帮助，也使本书实现了理论与实际的有效结合。

这本书的意义是什么呢？它有助于大家了解工业 4.0 与我们之间的关系，解释关于工业发展的重要问题，同时还可以激发兴趣，引起好奇。工业 4.0 并不是一个单纯的技术问题，它的意义广泛。它可以为工业企业提供很多机会，这些机会我们无法估量，我们应该更加深入地去探索和研究它。

乌尔里希·森德勒

2016 年 5 月于慕尼黑

中文版序言

2015年，在中国政府的支持下，我的第一本书得以在中国出版，那本书讲述了中国将以“中国制造2025”走上“从量到质”（从批量生产到高品质产品的精细研发和生产）的道路。从那之后，我多次访问中国。我的第一印象加上进一步的沟通交流，使得现在这本书的着眼点不仅仅局限于“工业4.0”，还涉及国际工业数字化和网络化的变革，尤其是中国在这一过程中所扮演的角色。

在引言部分，读者将会看到十分不同的分类，一方面是在软件和互联网行业领先的美国的“工业互联网”，另一方面是在硬件和机电一体化方面领先的工业国德国的“工业4.0”。中国在这两个方面还需要奋起直追，找到自己国家的优势，从而使赶超成为可能，而且以“中国制造2025”来实现赶超似乎也很现实。下一阶段的工业化赛跑将在这三个国家间展开。

一次对青岛海尔公司的参观构成了单独的一章，这部分内容是在这本书的德文版完成之后才着手撰写的，因此也超越了原始版本。令人印象深刻的是，中国工业在数字化和网络化方面已经有了自己的榜样作为支撑。海尔不用担心被拿来和德国家电制造商进行对比。相反，在战略上，一些德国的企业领导者可以在这里学到很多。

新华网董事长、总裁田舒斌先生奉献了精彩的一章。其中不仅涉及“中国制造2025”的目标和第一步，还有它和“工业4.0”的关联，以及德国工业4.0之所以对中国来说很重要的原因。

中国、德国和美国，这三个非常不同的国家有着各自的长处和短板，有着自己在工业数字化和网络化方面的方法，它们在很多方面都是竞争对手。在我和中国相遇的时候，这样的希望形成了——这三个国家同时携手脱颖而出。这种合作性竞争可以带来很多好处。

德国的双元制职业教育将理论和实践相结合，是一个在世界范围内都无与伦比的模型，值得被模仿。为应对环境污染，现代科技在中国绿色工业中的应用，是传统工业国家的教科书。在改变快速运作的商业模型过程中的改造和创新精神方面，全世界都应该向美国学习。这是读者从这本书中可以学到的三点。

五年“工业4.0”和一年在中国的经历即是你手里捧着的这本书，它为中国读者在发展过程中遇到的许多问题做出了解答。

赖纳·安德尔（Reiner Anderl）

教授、工学博士，1955年出生，1984年在卡尔斯鲁厄大学获得博士学位，曾经在中小型工业企业（基础建设）工作。1991年在卡尔斯鲁厄大学获得教授资格。1993年开始担任达姆施塔特工业大学机械工程系产品数据处理研究所教授。1999~2001年担任机械工程系主任，2001~2003年担任副院长。2001~2004年担任“环保产品开发”特殊研究领域发言人。2005年5月被任命为弗吉尼亚理工大学（美国）兼职教授，2006年10月担任圣保罗州（巴西）卫理公会大学客座教授。2005年1月至2010年12月担任达姆施塔特工业

大学副校长。2006 年 11 月成为美因茨科学和文学研究院成员。2011 年担任美因茨科学和文学研究院副主席。2013 年 6 月被选为德国工业 4.0 平台科学顾问委员会主席、发言人。2015 年 12 月再次当选。

奥列格 · 阿诺欣（Oleg Anokhin）

达姆施塔特，德国。

亚历山大 · 阿恩特（Alexander Arndt）

达姆施塔特，德国。

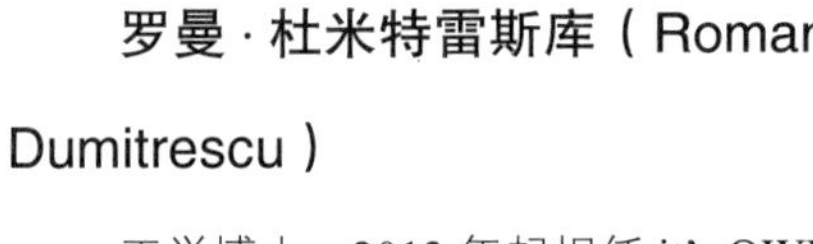

罗曼 · 杜米特雷斯库（Roman Dumitrescu）

工学博士，2013 年起担任 it's OWL 集群管理常务董事，2016 年在帕德博恩的夫琅和费研究所担任机电一体化系统设计部门负责人。在德国埃尔朗根–纽伦堡大学学习机电一体化之后，在帕德博恩大学的海茵茨 · 尼克斯多夫研究所产品开发部担任研究助理。2010 年在尤尔根 · 高泽梅尔（Jürgen Gausemeier）教授的指导下，获得“先进机电一体化系统开发方法”领域博士学位。2011 年 3 月至 2015 年 12 月在德国帕德博恩的夫琅和费工程集团担任机电一体化系统设计部门负责人。

马丁·艾格纳（Martin Eigner）

教授、工学博士，1985年建立EIGNER+PARTNER有限责任公司（最后是股份公司），担任董事会主席。2001年7月至2003年8月任公司董事长和位于马萨诸塞州沃尔瑟姆市（美国，新公司总部）EIGNER公司首席技术官。该公司于2003年与Agile软件公司合并，2007年出售给甲骨文公司。2001年创办工程顾问咨询公司，此后担任总经理。

1980年在卡尔斯鲁厄大学获得博士学位后，担任罗伯特·博世有限公司技术数据处理和组织部门负责人。重点负责技术数据中心、电子高级工程和微处理器应用、合理化、产品发布和产品变更管理。

2004年10月1日担任凯泽斯劳滕工业大学虚拟产品开发研究助理。

1984年担任卡尔斯鲁厄大学、索菲亚大学和伊兹密尔大学客座讲师，担任不同行业和贸易协会志愿者工作。1985年被授予德国工程师协会荣誉，1994年任巴登–符腾堡州名誉教授，1999年获卡尔斯鲁厄大学荣誉博士学位。

克里斯托弗·甘茨（Christopher Ganz）

博士，ABB科技有限公司集团副总裁，致力于加强研究和服务开发。在苏黎世联邦理工学院学习电气工程并获得控制技术工程学博士学位后，在ABB公司内部电力控制系统的研究和开发部门担任不同职务。之后，负责公司研究项目的控制和优化。目前，在苏黎世ABB总部的克里斯托弗负责服务技术领域的相关项目，包括远程维护和物联网技术。

胡桉桐（Anton S. Huber）

西门子公司数字化工厂首席执行官，1951年1月6日出生于德国米赫尔多尔夫阿姆因。1979年在西门子公司半导体业务部开始其职业生涯。历经企业多个岗位和专业领域后，1989年在美国负责收购本迪克斯电子，之后将其整合至西门子自动化。1991年，在美国底特律任西门子自动化总裁兼首席执行官。

1998年在能源生产领域负责整合西门子公司收购的西屋公司常规发电厂。1999年10月1日被任命为西门子A&D（自动化与驱动）区域董事会成员，负责产品研发、制造，同时负责亚太地区业务发展。2008年1月，担任西门子公司工业自动化事业部首席执行官。2014年10月起担任数字化工厂首席执行官。

扬·斯特凡·米歇尔斯（Jan Stefan Michels）

工学博士，魏德米勒集团标准和技术开发负责人，负责电子产品技术开发，技术标准及程序制定。他与他的团队一起研发工业连接新技术和自动化技术的未来应用，包括传输技术、工业分析频谱技术等。此外，他的另一项任务是制定产品的功能和操作程序标准，并实现、执行这些标准。他是工业 4.0 平台重要成员之一，也是研究和创新第二工作组成员，一直活跃在ZVEI（电气与电子工业协会）工业 4.0 领导领域和智能技术系统领域其他相关工作组。为魏德米勒集团工作之前，曾在帕德博恩大学海因茨·尼克斯多夫研究所担任研究员，在技术和创新管理领域工作。

塔尼娅·吕克特（Tanja Rückert）

博士，在SAP公司负责企业数字资产和物联网（IoT）版块，通过智能化和高度网络化的SAP软件推进数字化转变，并全面负责所有涉及SAP解决方案的生产、供应链管理、资产管理、IoT和工业 4.0 领域。作为产品和创新领域执行副总裁，直接向首席开发官贝恩德·洛伊克特负责。

1997 年加入SAP之后，吕克特活跃在不同的客户实施项目中，后来负责SAP企业软件开发框架内质量的安全，担任人力资源首席运营官，负责整体产品开发。吕克特女士拥有乌尔兹堡大学和雷根斯堡大学化学的博士学位。她工作在硅谷和位于海德堡附近的瓦尔多夫之间的SAP总部，并且是两个孩子的母亲。

乌尔里希·森德勒（Ulrich Sendler）

1951年出生，毕业于克雷菲尔德市的恩斯特·莫里茨·阿恩特人文中学。在海尔布隆高等专科学校学习精密仪器工程学，并于1985年获得硕士学位，当时他是工具制造人员和数控编程人员。因此，他在科尔本施密特公司负责CAD系统开发，后来，在海德堡CAD–CAM报告杂志做编辑工作。1989年以来，他成为工业软件领域的独立记者、作家和技术分析师。2009年，由他主编的PLM纲要在施普林格出版社出版。他是2013年“费尔达芬工业峰会系统领导2030年”的发起人和组织者。其著作《工业4.0：即将来袭的第四次工业革命》一书在中国十分畅销。自1995年以来，他所创办的sendler\circle代表着为工业提供服务和软件的供应商的共同利益。本书是他即将出版的第11本书。

田舒斌

新华网股份有限公司董事长、总裁，中国互联网协会副理事长，中国记协理事，中国网络社会组织联合会副会长，被中宣部确定为名家暨全国宣传文化系列“四个一批”人才，享受国务院政府特殊津贴。田舒斌先生一直关注全球化时代背景下工业化和信息化的发展，撰写过多篇关于经济和互联网行业发展的文章。

赖纳·施塔克（Rainer Stark）

教授、工学博士，1964 年出生，在波鸿大学和美国得克萨斯农工大学学习机械工程。1989 年到 1994 年，在萨尔州大学工学部设计技术–CAD软件设计研究所担任助理研究员。获得博士、工程师学位之后，加入福特汽车公司，担任福特汽车公司欧洲“虚拟产品的设计及其方法”分部技术经理。2008 年 2 月起担任柏林工业大学工业信息化技术专业领域负责人、夫琅和费研究所生产设备和设计技术部门虚拟产品研发项目负责人。

托马斯 · 达梅劳（Thomas Damerau）

任职于德国柏林夫琅和费研究所生产设备和设计技术部门，从事虚拟产品研发领域。

凯 · 林多（Kai Lindow）

机械和运输系统，机床和工厂管理研究院（IWF），工业信息化技术专业领域，柏林工业大学。

潘治

新华网股份有限公司欧洲传播运营中心总经理。1999 年开始在新华社工作，长期从事科技新闻的采编工作，先后担任新华社柏林分社记者和海牙分社首席记者。2008 年获颁德国罗伯特 · 博世基金会的“中德媒体使者”称号，并在汉堡媒体学院进修。2015 年调入新华网。潘治先生采写过上百万字的新闻作品，并出版过多本编写或翻译的图书。

INDUSTRIE

4.0 GRENZENLOS

第一部分　新工业革命的基石

第 1 章　改变生产方式的重大变革

乌尔里希·森德勒

提　要

有人认为，工业革命促进了农业社会向工业社会的转变。也有人认为，第四次工业革命是科技进步的新阶段。还有人认为，这根本算不上是一场革命，工业发展是一个自然演变的过程。因此，我们有必要简单地回顾一下工业革命的发展历程。

作为工业大国的德国在发起工业 4.0 战略上发挥了核心作用。这个研究提案真的能给德国带来实际效益吗？工业 4.0 与数字化这个引发各大媒体关注的热点话题到底有什么联系？虽然被叫作工业 4.0，但这个提案却不仅仅适用于工业。那么谁才是这个提案的受益者？每个研究这一话题的人都在寻求答案。接下来的引言章节将针对这些问题进行解答。

工业革命的历史

工业革命标志着传统农业社会向现代工业社会的转变。人们普遍认为，蒸汽机的发明引发了工业革命。蒸汽机是一种热力发动机，其原理是通过燃烧木头或煤使锅炉产生蒸汽，并将蒸汽中的能量转化为机械功。我们无法推断第一次工业革命的准确时间，因为直到很久以后，蒸汽机才被投入到经济生产中，最终从根本上改变社会及其经济结构。

上千年来，人类一直在利用以水力和风力为代表的可再生资源，因为与单纯依靠人力相比，这样可以大大提高生产效率。在蒸汽机革命成功以后的很长时间里，欧洲很多地区的生产活动还是以水力驱动为主。

1712年，英国的托马斯·纽科门发明了第一台实用蒸汽机。它的效率为0.5%（也就是投入的能量与产出的功的比例），而我们如今使用的内燃机的效率可达到30%~50%。直到1769年，詹姆斯·瓦特才通过改进，将蒸汽机的效率提高到3%。瓦特还提出了马力（PS）的概念，在之后的几百年里，马力都被用作功率单位。

蒸汽机的广泛应用一直持续到19世纪中叶，在几十年里，蒸汽机的使用数量仅仅在德国就增长到将近10 000台。继矿井排水之后，蒸汽机又被应用于纺织业，与纺纱机、织布机一起构成了纺织业的基础，之后机床、铁路和轮船被发明出来。随着开采与加工技术的成熟，煤和钢铁被大量使用，整个世界也随之发生改变。

有人认为，一些亚洲国家与前几次工业革命失之交臂后，正在通过复制工业革命的成果来减小与其他国家的差距。汉斯·L. 西特埃尔在他的《詹姆斯·瓦特》一书中写道：德国18世纪末在采矿业中使用的第一台蒸汽机，是从英国买来的瓦特式蒸汽机。当时德国的工程师和科学家对这台机器进行了研究，并画出图样，然后开始大量仿制蒸汽机。这显然违背了发明者的意愿。当时，英国下令逮捕受命于普鲁士国王腓特烈二世、施泰因男爵的工业间谍，他们不得不逃跑。此外，据报道，普鲁士制造的第一批蒸汽机因极易受到干扰而遭到嘲讽。

煤炭成为能量来源之后，蒸汽动力大大提高了人类的生产效率。蒸汽机不仅被用于工业生产，也成为推动新型交通工具蒸汽汽车、蒸汽轮船出现的动力。此外，随着由蒸汽驱动的滚筒式印刷机、造纸机、铅版和滚印的出现，印刷业也进行着一场真正的革命。这场革命为新型、快捷的通信奠定了基础，现代工业社会也由此诞生。

畅销书《第三次工业革命》和《零边际成本社会》的作者杰里米·里夫金在他的书中提出了一个命题，当交通、通信和能源三个要素同时发生转变时，也意味着新经济体系正在形成。因此，可以说工业革命促进了资本主义的诞生。

20 世纪初，随着石油及其商业用途的发现，内燃机的发明，电力传输、用于商品（尤其是汽车领域）批量生产的传送带以及新通信工具电话的出现，第二次工业革命开始了。分工和批量生产不仅使生产效率有了飞跃性的提高，也促成了消费社会的出现。人们不仅会购买生活必需品，也会购买大量的消费品来提高自己的生活水平。第一次工业革命首先由英国发起，德法两国紧随其后，经过一段时间以后才传播到美国和其他国家。而美国在第二次工业革命中一直处于领先地位。尽管电话、内燃机、石油、通信、交通、能源等方面发生本质改变，但也没有形成新的经济体系，除非人们把社会主义理解成一种新的经济体系。但是，中苏两国都不是第二次工业革命的重要参与国，而且在欧洲核心工业国家和美国实行社会主义制度也是不切实际的。

在 20 世纪中叶，计算机登上历史舞台。随着数字化的发展，计算机科学开始出现。20 世纪 60 年代末可编程控制器的上市被看作是第三次工业革命的开端。自动化和机器人再一次改变了工业面貌，因为越来越多的工作是由机器人完成的，人类只需对这些工作程序进行监控。

但实际上，第三次工业革命的概念是在德国发起工业 4.0 并由此展开第四次工业革命之后才被定义的。在美国，现阶段将物联网引入工业的转变才被看作是第三次工业革命。以自动化生产、机器人代替人力生产为特点的第三阶段是德国工业发展历史中一个很成功的阶段。当其他工业国家把重心放在第三产业，把制造业转移到劳动力廉价的国家，导致工业在国民生产总值中所占比例越来越低时，德国一如既往地重视它的强项——工业，并不断优化自动化生产。

与此同时，整个价值创造过程的数字化也开始了，这一点在人们讨论第三次工业革命的时候常常被遗忘或者忽视。计算机操控的车床、铣床投入生产，计算机辅助设计和后期3D建模出现，所有产品研发与生产方面的工程师都开始使用计算机辅助建模。通过可视化和模拟模型，人们不再需要把昂贵的样机注入硬件便可实现对汽车和飞机产品设计的数字化检测以及所有设备的布局。如今的价值创造链条上，没有一个环节是不需要软件支持的。

而在美国，又发生了什么呢？在美国，计算机和信息技术也是创新的推动者，但它的推动力并非体现在传统的产品生产方面，而是在计算机技术本身。IBM（国际商业机器公司）计算机把数字化带入企业，像美国太阳微系统公司、惠普公司这样的Unix操作系统供应商使工程设计变得简单，微软公司使计算机操作变得大众化。互联网同样来源于美国，如今，越来越多的企业通过互联网的数据发展起来，获得更大的盈利。

在第三次工业革命使德国在很多领域处于领先地位的同时，美国则把重心放在由计算机软硬件引发的IT（信息技术）革命。德国工业强调的是硬件，而美国工业强调的是软件（即使软件渗透到社会的各个领域，即使交通、通信与能源越来越依赖软件支持，即使这些本质的转变不会导致新的经济体系的诞生）。

美国领导了第三次工业革命。而如今，德国领导了第四次工业革命。这次工业革命起源于一个不易察觉的革新：几乎每一个产品都有与互联网和其他无线网络相连的可能性。产品将会像手机与平板电脑一样成为信息的载体。通过软件与电子设备，人们可以产生、收集、转移以及分析数据。数据也能够进一步让服务与产品相结合，从而提供给消费者前所未有的产品。老实说，这就如同手机中的短信功能一样。在生产过程数字化与自动化后，产品的数字化与网络化随即产生。在英国早就存在物联网这一概念，而我们也在对物联网这一概念进行着详细的研究。有远见的人已经预见到机器与生产设备的自动化操控。

如果注意到硬件工业（如德国）与软件工业（如美国）这两种观念的分歧，那么你自然会提出这样的问题：谁会在新阶段中处于领先地位？硬件工业是否能让它的产品在网络时代依然保持优势地位？还是说，数据将在与德国产品结合并进行交易的过程中成为佼佼者？

接下来你可以从工业革命的简短发展史中得到一些答案：

每一次由机器生产代替人力生产的重大变革发生时，人们都会陷入深深的恐惧，这是因为人们担心机器会剥夺自己的工作机会。实际上，所有工业革命都会导致工作岗位的减少。但与此同时也会有新的甚至更多的工作岗位出现。尽管全球人口在不断增长（如今已经有 70 多亿人口），但是大部分人都可以通过劳动维持生计。不可理解的是，为什么电子网络的变革会使更多人的工作和生活处境变糟，而这一变革其实可以创造出更多的工作岗位与赚钱的可能性。

前两次工业革命诱发了新兴工人阶级的革命，最后促进了社会主义经济体系的形成。资本主义对儿童与青少年的大规模剥削，法制的缺失以及社会的动荡导致社会运动，最后我们如今熟知的社会市场经济出现了。我们无法预见，经济与社会的数字化，人与机器的网络化是否也能够导致如此巨大的改变。但可以确定的是，只有社会有了规则，才不会出现有人因为某种原因不能完全参与到科技的快速发展中去的局面。

工业生产的成功最开始源于对矿物资源的利用。从 20 世纪后半叶到第三次工业革命，原材料一直都在以前所未有的速度消耗着，与此同时，工业生产也给环境带来了巨大的压力，最终导致环境尤其是空气的污染。毫无争议的是，气候变化对我们的工作与生活方式产生了巨大的负面影响。

很长一段时间，环境保护似乎都是绿党该关注的主题，而如今这一主题在工业领域得到广泛认同。2016 年，巴登–符腾堡州的企业家参与绿党竞选的比例大大提高。通过石油变成亿万富翁的洛克菲勒家族在 3 月宣布，由于生态与道德原因他们决定退出石油业并把他们在埃克森美孚的股份卖出去。2011 年，全球最大的工业博览会汉诺威工业博览会提出了“绿色智能”的口号，这表明“绿色智能”这一科技基础是第四次工业革命的核心，同时也意味着人们未来应该更加合理地使用地质和自然资源。

从工业发展的历史可以看出，经济革新的速度在不断加快。蒸汽机是在出现 50 多年之后，才被广泛应用于工业革命的。第一次工业革命持续了将近 150 年的时间，直到 20 世纪初才结束。第二次工业革命中的批量生产与“泰勒制”科学管理模式的成熟则用了不到 70 年的时间。第三次由软件控制的自动化技术的成熟仅用了 40 年的时间。由此可见，从一次工业创新到另一次工业创新的周期变得越来越短。认为第四次工业革命的发展速度将会变缓，甚至比第三次工业革命的持续时间还长的想法是不对的。恰恰相反，互联网经济的启动会在全世界最成功的企业领导层引发巨大的变革，可想而知，他们会接受物联网这一观点（第 2 章会对物联网概念进行详细的叙述），工业与以前相比也将发生更快的改变。

最后还有一点需要注意：前三次工业革命都是首先对生产方法和与其相关的能源进行改变。它们都是从工业生产价值创造中最重要的环节——生产环节开始的。与之相反，互联网首先注重广告宣传、服务与贸易，最后才注意到价值链中的生产环节。如今人们需要考虑服务与管理。产品应该智能化并能够作为新兴服务的载体。在这次革新中，最后需要考虑的环节是价值链中产品研发与产品间的联系。产品与消费者之间的关系也改变了（图 1–1），如今顾客是市场的主体。未来，企业在计划、发展与生产过程中都应该以消费者诉求为主，因为只有这样，产品才能够在未来销售出去。

如今，人们一直在讨论工业 4.0 到底是一场工业革命，还是仅

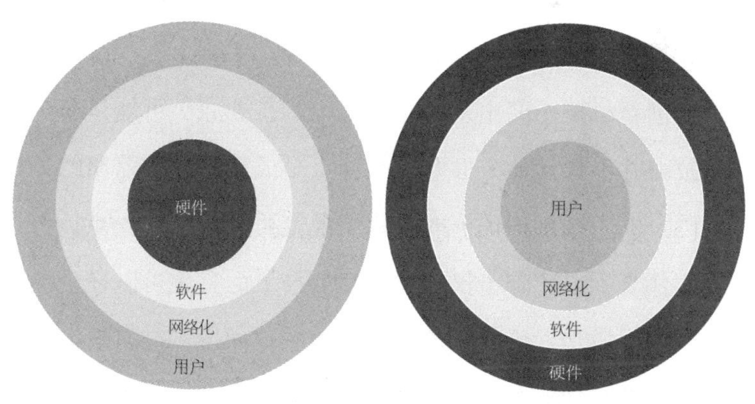

图 1–1

注：这个图表是根据齐尔克工程公司的草案整理绘制出来的，它向我们展示了产品与用户的关系是如何完全颠倒过来的。用户是物联网的中心。

仅是自然演变的延续这一问题。有人说，它根本没有发生实质性的改变，因为微电子的使用还是目前工业生产的基础，因此在这个问题上的争论是多余的。看不到重大改变的人，可能也根本不想看到这些改变。工业 4.0 并不是一时兴起的，也不是某些既有的生产经营形式的进一步发展，这一点再明显不过了。真正的问题是，杰里米·里夫金提出的“数字化和网络化通过互联网从根本上改变通信、交通和能源的基础，促成新经济体系的产生”的推测是否具有一定的道理。

他认为，未来是属于分享型经济的，资本主义会逐渐消失，因为在未来，即使在资本匮乏的情况下，也可以实现产品与服务的输出。他的这些命题值得我们进一步研究，在本书的某些章节里，也可以找到一些支持他这一命题的观点。

德国的领导角色

人们常说，德国工程师总能想出好的主意来创新科学技术，然而最终却是美国与亚洲的产品征服了世界。实际上，这些产品是通过德国的创新科技生产出来的。这其中的首要原因可能是德国在销售方面做得并不如其他方面好。此观点是成立的，压缩 MP3（一种音频编码方式）音频解码器的销售情况就可以证明这一点。但是也有很多实例表明，德国不仅能够发展科技，而且也可以在全球市场的销售中取得成功，这些例子甚至可以脱口而出，如有轨电车、发电机、打印机、汽车等等。

工业 4.0 理论似乎成功地使产品伴随市场战略共同发展。德国是世界上第一个提出“第四次工业革命”这一概念的国家。当时，就算在德国，也没有人能够理解这其中的含义。可是这一市场战略却出乎意料地取得了成功。仅在 5 年内就有超过 12 个欧洲国家的倡议书中涉及了与工业 4.0 相关的主题。在国际上，这一概念选用德文的拼写方法“industrie”而不是英文的拼写方法“industry”实为一个妙计，它起到了一定的效果。在亚洲与美国也偶尔会采取德文的拼写方法。

工业 4.0 毫无意外地在德国以及世界范围内都获得了巨大的成功。在过去的 40 年里，当相当一部分工业强国寻求通过重视服务业以及从制造业外包中获利时，德国工业自动化的优化已达到了顶峰。与许多其他国家相比，德国更注重实现 IT 系统在各领域价值创造过程中的应用。如今，德国市场对于许多信息科技的制造商来说是全世界最重要的市场之一，同时会让为标准化而着迷的完美主义者露出微笑。在德国，已经有不少企业在电子科技这一方向上取得了巨大的进步。

此外，德国有着良好的氛围：在过去几十年中，即便在企业，科研与发展都是一个持续增长的投资目标。企业与专家的合作使得科研机构的研究人员为无数的创新做出了贡献。21 世纪初，德国成立了国家工程院。美国、英国与瑞典的国家工程院成立已久，而德国最终也建立了这一机构。德国工程与生产技术方面的科研人员也会有深度的合作，如产品设计科学学会就是全世界范围内规模最大的。

“工业 4.0”起初是德国国家工程院科研人员与工业代表专业组的名称。这一专业小组的研究方向是描绘未来德国战略的雏形。德国国家工程院在指导方针中讲道：

德国国家工程院的根本目标，是给政府与社会在未来工程学以及技术政策等问题上建言献策。

根据德国国家工程院的建议，工业 4.0 战略将成为联邦政府数字化进程中的核心议程。这一研究在世界范围内都是领先的。它是以众领域间进一步发展的自动化生产技术与先进的机电一体化产品的技术方法作为支撑的，同时，重要的是，参与到研究中的技术人员一定要保持清醒，因为全世界在此期间已经认识到物联网电子化与网络化可以运用到工业生产中。竞争已经开始，未来只会更加激烈。这是好事，因为有竞争的市场才是有活力的。这种国际共鸣向德国国内怀疑工业 4.0 的人证明，工业 4.0 并非纸上谈兵，而是大势所趋。而德国恰恰是最早开始研究工业 4.0 的国家。

在可预见的时间里，德国将再次证明其产品的世界领导地位。数据的使用、收集、储存与评估会在未来产品中占有主导地位。在过去的几年，许多德国企业开始为工业 4.0 这一领域的研究与试验做准备。对于其他相信工业 4.0 的人来说，他们还有时间去遵循这一战略，但是必须要比现在更加活跃才行。通过早期战略定位，德国已经在世界上处于领先地位。

数字化是大势所趋

数字化这一概念已经被提出 5 年了，它不仅仅是一个提案。在全德国乃至全球对社会未来发展的讨论中，数字化都被看作是一个中心主题。在提到人类的科技进步时，我们首先想到的就是数字化。人们对数字化寄予了很高的期望，但同时也有所担忧。

为什么数字化的概念现在才成为人们讨论的焦点，而不是在 10 年前，也不是在刚提出工业 4.0 战略的时候？这是一个值得研究的课题。

在工业 4.0 工作组于 2012 年 10 月呈交给德国联邦政府的 116 页最终报告《保障德国制造业的未来：关于实施工业 4.0 战略的建议》中，数字化仅出现了一次（在第 71 页）。人们在 2010 年最早提出工业 4.0 这个概念时，并没有把它看作数字化的一部分，而仅仅是把它看作工业演变的下一个步骤，也就是下一次工业革命。

2015 年年末，由计算机科学教授曼弗雷德·布罗伊牵头，巴伐利亚数字化中心成立。在成立巴登–符腾堡新州政府时，经济数字化被提上日程。2016 年 3 月，每份《南德意志报》（可能还有其他的报纸）都被附上了一本由联邦经济与能源部（BMWi）发布的，名为“数字化与你——我们的生活是如何改变的”的小册子。小册子背面还有一个链接：www.de.digital，点进这个链接可以看到同样由联邦经济与能源部在 3 月 14 日发表的《数字化战略 2025》。

“数字化战略 2025”与中国实施制造强国战略第一个十年的行动纲领《中国制造 2025》于同一年发布，这只是巧合吗？无论如何这表明了一点：研究过“数字化战略 2025”的人会发现，这个战略中有几处是关于工业 4.0 以及在德国，工业对于数字化的意义的。相应的章节由西门子公司管理委员会成员兼工业 4.0 平台技术总监鲁思沃（Siegfried Russwurm）教授撰写。总的来说，话题领域越大，活动范围区分得越明显，所发表的东西表意就越不清楚。

因此，数字化战略提出的“未来十项措施”中的最后一项措施，是创建作为职能中心的数字化机构。它不仅可作为联邦政府政策准备的智库，也能在执行阶段发挥服务点的功能，还能有效、中立、可持续地为政府提供支持，并按照服务经济界和消费者利益的原则对数字化进程进行引导。这个数字化机构的描述者是联邦音乐产业协会（BVMI）理事会主席迪特尔·戈尔尼教授。这是否意味着联邦经济与能源部把音乐产业看作数字化的典范？或者说人们是否期待制造业领域的数字化也能取得成效？为什么在数字化这个问题上，音乐产业的代表人物可以为社会、消费者、生产者、科学界以及政府提供最好的建议？

除了联邦经济与能源部，数字化战略中所提到的主题还涉及很多其他的部门。联邦教育与研究部（BMBF）也参与了工业 4.0 平台的管理，没有它，教育不可能面向数字化。数字化基础设施归交通部管辖，而法律框架条件和网络安全问题则归联邦内政部和司法部所管。在数字化前提下的未来就业是德国劳工与社会事务部所探讨的主题。但是只有联邦经济与能源部才被看作是数字化议程的编写者。

数字化已经渗透到社会的各个领域，并且还会继续深入。许多部门在职责领域上有所交集，这绝非巧合。对于社会、生活、贸易、经济上的巨大改变，我们是否有必要改变政治结构，还是只需要一个由音乐产业的代表引导的数字化机构即可？德国需要专门成立一个数字化部门吗？需要在职业培训、数据保护、警务等方面做出相应的改变吗？

现在，我们必须清楚地定义工业 4.0 战略在数字化这个重大主题中的位置。考虑两者之间的区别是有必要的。因为工业 4.0 只涉及工业数字化，而不涉及与工业产品、工业生产毫无干系的服务业领域。工业领域通过物联网与工业 4.0 提供的服务不可与其他领域

（比如音乐产业、保险行业、金融服务）直接比较。作为价值创造新来源的数据，在工业尤其是在企业与企业间的交易（B2B模式）中，与在消费品经济中是截然不同的。如果对此不加以区分的话，将会带来更多的困惑。

工业 4.0 使谁获益？

在战略讨论的过程中，我总会遇到许多对工业 4.0 战略没有太多确切了解的人，尽管如此，他们知道工业 4.0 对谁有利，对谁有害。“工业”需要这一战略，以使其生产出的产品能够更好地销售。“我们”会逐渐变为毫无想法的大众，因为工业对于我们的需求了如指掌，它在询问我们的需求之前就已经把我们所需要的产品生产好并强加给我们，这对“工业”是有利的，对“我们”来说却是有害的。

这一观点很普遍。如果要问是谁持有这种观点，那么首先让人想到的就是工业生产中的消费品制造商，因为普通公民与其他制造商之间没有任何关系，制造商会找到一条路，使消费品到达终端消费者手里。在这里，对不同消费品种类的划分以及消费品制造与投资品生产之间的划分是必要的。

以上简述的观点中还包含着另一个值得重视的方面，即认为工业 4.0 本质上是美国互联网企业在未经询问的情况下就对私人信息进行处理的延续。作为“回报”，它仅仅是让我们通过App（应用程序）获得廉价或者免费的服务。但是工业 4.0 与个人信息有关吗？若果真如此，它除了涉及生产方式，又涉及哪些工业？来自机器与机器人的工业数据与一方面来自化学工厂、一方面来自个人的工业数据有什么区别呢？制造商与消费者该如何对待不同种类的数据呢？这些问题会在第 2 章中找到答案。

与此相关，有一个更难回答的问题：如果工业 4.0 不涉及个人信息，如果它首先改变投资品而不是消费品，那不也就意味着工业 4.0 与我们根本无关吗？我们参与不到工业中去？如果是这样，那么整个数据化进程就更加难以理解，我们不知道背后发生了什么，因为软件是不可见的，这也就意味着未来我们将会更加难以理解工业企业中发生了什么。更加困难的是，工程师的工作内容和在工业企业中发生的一切都只有他们自己知道。但是实际上，工业 4.0 和工业数字化是与我们整个国家（及国家以外）所有民众的生活息息相关的，因此，研究工业 4.0 就显得更为重要。

如果谁懂得，我们实际上是与生产方式紧密相连，而生产方式伴随价值创造过程可以改变一切我们所熟知的、在工业生产中被当成是理所应当的东西，那么他马上就会提出一个问题，自动化机器生产和机器人是否让人变得多余并最终导致劳动者失业。2016 年在达沃斯的经济领袖们提出了这一问题。他们在此期间给出了数据，这进一步引发了人们的恐惧，因为达沃斯经济领袖们从科学角度给出了证据。在未来数字化发展的过程中，700 万工作岗位会消失，但是只有 200 万新的工作岗位诞生。500 万工作岗位的消失是数字化造成的后果。即使从企业经理的意见调查中得出的未来实际工作前景并没有那么糟糕，每一个认真对待这一主题的人都应对其有所研究。

可以确定的是，工业 4.0 将会改变工业生产方式。而现有的知识，通过在大学或者是在企业培训中所获得的能力与技巧是远远不够的。新的大学课程，新的教育与学习结构是必需的，因为目前的学科与课程都是针对旧工业提出的。人们有能力快速学习他们所需要的知识吗？在国家教育与企业培训中需要做何改变才能成功呢？这种必要的改变如何超越德国边界，在其他地方也得以实现呢？与这些问题相关的答案是工业 4.0 成功与否的关键。

第 2 章　新工业革命带来新经济奇迹

乌尔里希·森德勒

提　要

自官方宣布实施工业 4.0 战略以来已有 5 年的时间，但是大部分人对工业 4.0 的概念还是一无所知。即便是那些研究工业 4.0 的人，也很难对一些概念做出解释。所以本章将再一次对基本概念，如工业 4.0 的定义、智能产品与智能产品设计的概念、战略的出发点以及生态环境进行阐述与分析。最后分析这一战略的必要性。

什么是工业 4.0？

当我们出版第一本书的时候，对工业 4.0 还没有明确的定义。那时“工业 4.0”还是由三个工业协会（德国信息技术、电信与新媒体协会，德国机械设备制造业联合会以及德国电气与电子工业协会）给出的定义。2015 年 4 月，“工业 4.0”这一战略在联邦政府的指挥下得以进一步实施。其核心为：

> 工业 4.0 是第四次工业革命，它使产品生命周期内整个价值链的组织与调控上升到一个新阶段。在循环周期内，首先根据消费者与日俱增的个人需求并以此为基础进行研发与制造，之后将产品提供给消费者，最后进行产品的再循环，其中包括与其相关的服务。

第四次工业革命意味着整个价值链的组织与调控上升到了一个新阶段。为了不让人产生疑惑，价值链指的是从想法的产生到与产品相关的服务的种种活动的集合体。需要明确的是，它涉及工业生产方式的根本转变，而不仅仅是其中一部分的转变。

尽管如此，从一开始讨论这个话题的时候，包括德国国家工程院与德国经济、科学研究联盟在内，很多人就一直将价值链中具有决定性的部分排除在考虑范围之外，仿佛它们一点儿也不重要。讨论中，大部分人都将关注点放在产品的转变，即产品的制造上。新产品想法的诞生以及它的开发、设计都显得不是那么重要。服务和以此为基础的新的商业模式与价值创造的崭新之路也常常被忽略。

德国国家工程院网站中“工业环境的未来”一文中提到的第一句话是：“随着物联网的发展，生产中的数据与服务开启了第四次工业革命的时代。”在这段话之后是联邦总理安格拉·默克尔和国家工程院院长孔翰宁博士的照片与引语。因而物联网、数据与服务是渗透到生产中的，而不是渗透到工业或者是整个价值创造过程中的。

这样的表述还有很多，它们实则是对定义不应有的简化与删减，这造成了深远的影响。如果有谁与工业制造无关的话，那么他们应立刻去从事其他主题的研究。如果仅仅涉及产品，那么这与他是毫无关联的。

对生产的狭义见解存在很多的原因，提出这种见解的人并不是有意为之，也并没有任何不好的用意。第一，当前工业发展阶段的首要目的就是生产。而如今不再针对生产，这是其中的一个特殊之处，需要我们慢慢去理解。第二，生产是工业价值创造中的一环，同时也是最耗成本的一环。因此过去几百年间，对生产的优化、合理化以及对其成本的节省都是最高目标。第三，通过工业 4.0 生产出的产品可以再一次推动生产力的提高，而生产力的提高有着决定性的作用。机器与设备的部件、驱动力、连接线以及传送带越来越自动化、智能化，这不仅可以节约劳动力，还可以减少流程。与其他知名工厂间的联系与合作也成为可能。实际上，工业 4.0 在生产领域的影响是巨大的。

若只是简化生产的话，那么整个战略的意义无论如何也不会很大。第三次工业革命的时候差不多就是这个样子。当以 IT 技术为支持的自动化生产技术被投入使用，除了生产公司之外，没有人会对此感兴趣。第四次工业革命的特殊之处在于，它真正对整个生产方式提出了问题并改变了生产方式。而这超出了生产企业的范畴并产生了重要影响。

工业 4.0 从整体上改变了我们的工业。这一想法不仅仅来自一个智慧的工程师，还是通过市场上的网络、消费者、合作者、竞争者，甚至通过全世界得出的。工业 4.0 涉及产品的开发、设计、编程、检测以及数字化生产模式的模拟，直到虚拟化运转，因为生产企业的数据可加快与优化生产步骤。再到服务，这里不仅仅指的是顾客服务、维修和配件供应，也指具有前瞻性的众多能够优化企业的新型服务。

工业 4.0 的基础是什么？从官方定义第二条对实施战略的相关描述中便可找到答案：

> 基础是通过价值创造过程中各职能部门的网络化连接，获取所有相关的实时信息以及从数据中推断各个时刻最佳价值创造流向的能力。通过人、物与系统的连接形成了活跃的，能够实时优化、自行组织对企业具有决定性意义的价值创造网络。这些价值创造网络可以在不同范畴上（比如成本、可得性、能耗）被优化。

对于外行来说，这段话很难理解。什么是“所有相关的实时信息”？如何实时获取这些信息？在连接人、物、系统的过程中，哪些环节的什么改变会导致价值创造的整体流向发生改变？因为在自动化时期就已经实现了各种仪器设备的连接，人们可以从设备上快速、及时地提取所有的相关信息。

过去几年里，主要有以下 3 个因素发生了改变：

1. 如今的数字化部件比如传感器、执行器、摄像机和麦克风，既小巧轻便，生产成本又低，因此可被广泛使用，赋予人们对产品精准的视觉、听觉和触觉。德国在这些产品的制造上处于国际领先地位。

2. IPv6（互联网协议第 6 版）的标准化，可以为每个物品编上一个网址。这样这个物品便可与其他机器以及人建立联系，并接收、发送数据。

3. 如今计算机科学作为一门工程学科已发展得十分成熟，并逐渐成为最重要的学科领域。借助计算机科学，可以使越来越多灵敏的物体实现自动化。

随着这些因素的改变，我们现在可以将第三次和第四次工业革命区分开来。这就有点儿像智能手机与第一代手机之间的区别。我们可以用手机与他人联系，收发短信，进行沟通。而通过智能手机我们可以上网，并享受导航、升级等服务。在工业中的区别就是：目前的仪器可以被编程（通过内联网或者直接相互连接），并按照指定的程序被操控。人们也可以从这些仪器中提取数据。而在将来，仪器可以通过互联网提供的数据自行操作，而无须人工操作。

这也就是人们所说的物联网，之后我们还会对这个概念进行详述。任何事物在互联网中都可以成为连接点和端点，包括机器和设备，也包括洗衣机、暖气、空调、汽车、自行车、钟表和眼镜。

工业面临的一大任务就是研发与生产像智能手机、平板电脑这样可以用来上网、通信并作为数据载体的产品。除此之外，还要开发能够与这些新型产品一起创造附加价值的服务以及商业模式。毕竟，产业需要利用这些新的可能性，通过互联网和一些逐渐可以被支配的数据来优化其自身的流程，适应新技术。

举个大家熟知的例子：打印机。近年来，新一代的设备进入市场，它们不仅仅被作为打印机、传真机和扫描仪使用，这些机器还有自己的地址并且可以联网。当打印机的墨盒快要空了的时候，机器会自动提醒。通过点击鼠标，便可购置新的墨盒。在旧墨盒完全变空之前，新墨盒就会送达。如果只卖打印机，没有哪家生产商能达到可观的销售额。打印机的生产主要由供货的厂家负责，这样可以最大限度地减少工作量，避免额外费用，降低成本。供应商不再生产打印机，而是通过提供顾客所需要的材料，尤其是墨盒、纸张、相纸，达到原有的销售额。与互联网的连接，使供应商们能够更好地了解顾客的需求，获得更多的客源。

为了能够供应这样的打印机，它们必须变得“智能化”。它们必须连接互联网，并且能够测量墨盒中剩余的碳粉或墨水量，在适当的时候进行提醒。它们还要及时替换墨盒，并处理订单。如今供应商之间竞争力的差别，可能就取决于机器中软件的特征。这也是以前的打印机生产商研发产品时最重视的部分。客户及其需要投入使用的打印机的数量越多，通过这些功能所创造的盈利就越大。我们之前说过，不应该把工业 4.0 这个概念局限于制造业。对于打印机的供应商来说，生产本身已经变得次要了。

了解工业 4.0 的人会明白，第四次工业革命改变的不仅是生产方式和工业生产的流程，也改变了日常用品的种类及使用方式，简而言之，它改变了我们的生活和工作。

工业 4.0 不仅指数字化对工业的影响与改变，工业 4.0 是整个人类社会数字化的一部分，它还会给我们的日常生活带来更大的改变，因为它涉及我们生活的方方面面。

数字化的简短发展历程

尽管数字化这一概念由来已久，并已有长达半个多世纪的发展历程，但是直到前几年工业 4.0 战略开启后，数字化才真正在社会各阶层引发热烈讨论。我们依然处于对数字化解释的初期——数字化对于社会经济，对于人类及其日常生活到底意味着什么？在此过程中，毫无疑问的是，数字化将会改变所有人的生活。

维基百科显示，2002 年，比起同类信息的存储，人类有能力将更多的信息数字化，例如用硬盘代替文件夹。据统计，1993 年全世界的技术信息仅有 3%进行了数字化存储，但 14 年后的 2007 年，这一比例已达到 94%。这一结论是马丁 · 希尔伯特与普丽希拉 · 洛佩斯在 2011 年的科学杂志上发表的。所谓的数字化时代开始于 20 世纪末。

信息的数字化始于 20 世纪中期之前。1941 年，康拉德 · 楚泽在德国制造出世界上第一台可运转、全自动、能够自由编程的电磁式计算机Z3。在第二次世界大战的几年间，英国与美国也制造出“第一台”能够自由编程的计算机。

这类计算机的目的是为了计算。20 世纪 80 年代，一位海尔布隆的电气工程学教授在授课中将计算机称作“高速运算机器”。没有人，哪怕是孤独症患者也无法像计算机一样快速解决数学问题。那时，所有计算机的信息都用“0”或者“1”，“是”或“否”以及“黑”或“白”表示。计算机只是用来进行自动编码，在一个用高级编程语言编写的程序中进行编译，和将所有信息转换成计算机语言“0”或“1”的工具。

在高级编程语言中，人们会忽略准确细节并将所有任务都以更普遍的形式编写出来。这类科学被称为计算机科学。计算机科学形成于 20 世纪 60 年代末。第一批学生大部分来自数学系。1976 年，德国慕尼黑工业大学开始教授计算机科学。

以前的计算机都是由巨大的电子管组成的大型机器，且仅在企业中使用。楚泽成功地制造出了全电子化计算机 Z3。此外，在 1970 年到 1971 年，德州仪器与英特尔公司在市场上推出第一批带有集成转换电路的商务微处理器。这一巨大的进步——计算机微型化（首先是电子部件的微型化）是中型计算机代替大型计算机的前提。如今，只要与电信供应商签订合约，智能手机就能免费使用，它具有高效与高信息承载力的特征，而人们在 20 世纪 80 年代无法承担它的费用。1980 年，内卡苏尔姆的一家机械工程公司花费将近 100 万马克购置了一台计算机，它安装了公司内部编程的 CAD 系统，其内存仅为 3 兆。1970 年，以戈登·摩尔命名的摩尔定律预测，集成电路上可容纳的元器件的数目，每隔一到两年便会增加一倍。硬件越小、越高效，计算就会越多，实际应用领域与编程就会发展得越快。

如此一来，有线控制被可编程控制器取代绝非是巧合。自动化可以看作是第三次工业革命的标志。同样，生产车间中微型处理器的使用和对所有种类的机器进行任意编程也得到了普遍认同。数控机床与数字控制，车床和铣床，同时还有自动编程的机器人将占领生产厂房。

最开始的时候，系统就是计算机的全体组成部分，到20世纪60年代才第一次出现了软件这一概念。当时，美国政府命令IBM在演算过程中区分硬件性能与软件性能。20世纪80年代微软公司迈出了重要的一步，开始将目光投向个人电脑的使用。这种改变使硬件被软件大范围代替。微软公司不生产电脑，而是一边向人们提供可以运行程序的操作系统，一边向人们提供实用软件，如Office办公软件。电脑本身是由微软的合作伙伴进行推销的，这些合作伙伴在一开始扮演着配件供应商的角色。在电脑销售的过程中，软件替代了硬件。IBM在接下来的几年经历了一次重大危机，这次危机使得公司几近破产。但是公司转型为软件贸易商后使这一局势得以扭转。

渐渐地，许多公司与整个行业效仿此举，开始进行软件研发与销售的贸易。SAP（思爱普）公司不仅仅在德国，还在全世界将软件工业发展为最重要的经济分支之一，而这一经济分支又再一次被划分到行业中去。

信息技术、信息与通信技术如今是每个人都熟悉的词。从1986年开始，德国汉诺威消费电子、信息及通信博览会——这一最重要的世界博览会，在近20年间都将信息通信技术摆在突出位置。

IT技术很快被应用到工业领域中，如所有可计算的运行过程，记账与订单处理数字化，机器与设备的编程以及产品稳定性的计算。在这一体系中，计算机辅助设备取缔了手绘图纸。通过计算机辅助制造，数字控制程序设计可以由计算机辅助设备实现全自动化。3D模型可以使人们对产品表面的形态（如汽车的形态）有着更加直观的感受。关键生产步骤不再依赖手工。

互联网使软件操控的通信技术成为可能，它可实时将移动设备终端的两个人联系到一起。从互联网、可移动的笔记本电脑到智能手机和平板电脑，都具有小型化与低价的特征，并再一次创造了新的商业模式。通过GPS（全球定位系统）以及IP（互联网协议）地址查询，每一个终端用户的个人数据都被收集和分析，他们对于特定地点、业务或者产品的偏好都会被知晓。

目前引领世界的成功互联网公司的商业模式都很简单。这些企业所提供的服务（如互联网搜索和电子商务）都是无偿或者低价的。与之相对应，日常消费品供应商可以通过购买相关服务来向互联网使用者推销它们的产品。企业从没有像现在这样能够在如此短的时间内变得富有，一些企业甚至比个别国家的经济基础还要雄厚。

如今发生了重要的变革：企业不再通过向消费者销售软件而盈利，而是通过向消费品制造商出售用户数据而盈利。这一数据只需要消费者点击鼠标就可获得，而实际上消费者很少会阅读冗长的“条款”就直接按了“同意”键。

数字化令电脑制造商（如IBM）不断发展壮大。之后，数字化也在软件制造商（如微软公司）中得以使用，而信息技术中的硬件制造商也同样转移到了软件供应中去。这导致了移动电话制造商数量的减少。2016 年 2 月，谷歌的母公司Alphabet取代苹果公司成为全世界市值第一的公司。苹果公司一直同时提供硬件与软件，而谷歌却不是，谷歌将为其他所有业务进行资金支持。

这是一种通过免费App软件向用户提供服务就可以得到用户数

据的形式，它实际上改变了大部分人的生活，包括日常消费与贸易。数字化是社会乃至全球都会讨论的基本主题。需要再一次阐明的是：数字化的基础是互联网以及与互联网相关的移动终端的连接。

机器与互联网的连接是工业 4.0 的基础，而数字化也是工业 4.0 的重要组成部分。软件自动化的成功使工业中网络信息的使用成为关键。

起初，物联网只是将智能手机与电脑作为联络的主体，如今，所有工业制造中的物品都可以构成物联网。像智能手机一样，它们可以成为数据的载体，运用这些数据可以取得盈利。

数字化最开始是由软件代替硬件，硬件只是软件的附属品，而软件通过互联网进行补充。软件使服务的供应成为可能。如今，生产与服务中的数据在许多领域中都是一种“原料”，可以创造价值。软件也像硬件一样逐渐变为附属品，有时还是无偿使用的，其目的是为了用信息与数据盈利。

工业 4.0 是我们社会数字化的一部分，但是它也引发了人们的恐惧。因为不仅在德国，而且在欧洲其他国家甚至全世界，企业通过数字化带来的创新既有利，也有弊。我们需要去进一步探究这其中的区别以及工业数字化到底给我们带来了什么。

智能产品

最初，人们在讨论工业 4.0 的时候存在一个很大的疑惑。工业 4.0 与物联网是不同的概念还是只是物联网的同义词？ 2014 年，在美国成立了工业互联网联盟，许多人认为，工业互联网或许是一个比物联网更好的概念，甚至超越了工业 4.0。根据前面章节对数字化的介绍，我们现在可以对二者做出更精确的区分。

尽管我们过去 10 年里所说的物联网只是可移动计算机的网络，尤其是智能手机和平板电脑，物联网在一定程度上也是数字化进一步发展的平台。因为越来越多的物品可以在互联网上被连接，互联网上也出现了越来越多的物品。像智能手机一样，它们是潜在的数据载体。随着物和服务联网的提出——这个概念与物联网的概念几乎同时产生——有人指出，物品的连接不是物联网的目的本身，而是创造目前没有的新服务的基础。

互联网还是原来的那个互联网，但是它的端点、用户以及所连接的物品都已发生改变。据预测，若干年后地球人口会增至 90 亿，其中大多数人都会使用互联网，但是不到 20 年以后，就会有大约 5 000 亿台设备可以被连接。

这和工业有什么联系？所有被连接起来并提供服务的产品、物品与设备都来自工业。为了使它们具备这样的特性，发挥新角色，建立信息物理系统（CPS），它们必须按照相应的要求研制。这是物联网与工业 4.0 的第一个联系。只有那些被工业设计为可连接并作为数据载体的物品才能在物联网中发挥作用。只有当工业生产出这样的物品时，互联网才能得以应用。这一点十分重要。物联网正常运行的基础是可以连接网络的物品，这些物品必须由工业来提供。

研发智能手机与平板电脑是互联网企业业务发展的前提。如果人们能够信赖谷歌，那么在研发设备、发展相关的商业模式时的任何战略和计划都无关紧要了。通过连接设备，可以发展相应的商业模式。在此过程中，使用这些设备的用户会感到惊讶。这些设备会自动为用户提供服务与功能，给他们带来便利。如何利用他们的数据以及办理哪些业务，要过一段时间才会知道（如果他们想知道的话）。但就算是过了一段时间，对大多数人来说也是无所谓的。相反，免费的网络，毫无障碍的知识与信息获取，给我们的生活带来方便的大量实用App，这些东西对人类太重要了，以致没有人想去了解它们背后的业务，也没有人想要了解数据可能导致的滥用以及为特工和国际大公司提供数据的监管渠道。

随着工业4.0的展开，就算工业按照相应的标准去设计每一个物品，使得物联网的运用范围扩大到所有物品上，这与关于移动终端设备的物联网的最初思路也根本无法比较。连接的根本目的是使人们能够灵活、可移动地使用互联网。这个目的在任何其他设备中都不存在。一台设备本身不需要使用互联网，也不需要与其他设备连接。生产商要明确自己的需求和目标消费者：谁可以用这台设备做哪些其他的事情，或者这台设备还有哪些更好的用途？如果这台设备连接了网络，会给谁带来哪些好处？还有一个生产商比较关注的问题：如果一台设备联了网或者可以联网，谁会提供何种产品或服务来充当我和我的顾客之间的中介？

在数据方面，情况又有所不同。我们现在所说的数据主要是指设备数据。通过这些数据是否可以与人建立联系，取决于设备和它的功能。一般来说，设备数据比个人消费数据要复杂得多。设备数据涉及与设备的使用有关的方方面面。它包括设备的运行参数、用途、运行地点、环境条件、资源消耗、目前的“健康状况”以及一些其他的数据。

毕竟物联网是工业价值创造流程数字化的技术基础。接下来还要单独探讨的云计算，也可以成为产品与服务的创意来源，比如可以利用以互联网为基础的服务优化工业流程。

只有将工业4.0与物联网这两个概念在行业与产品两方面进行

更准确的区分，才能正确理解“工业 4.0 是物联网的一部分”这句话的含义。对于投资品生产者和消费品生产者来说，工业 4.0 的意义是截然不同的。每个公司终归都要决定从哪种商品或者哪种服务着手开展数字化。我们当然不能调查所有的产品种类和所有的公司，但是我们可以选取一些重要的、为大多数读者所熟知的案例。

首先是智能产品。国际生产工程科学院（CIRP）已于 2013 年 3 月的第 23 届 CIRP 设计会议上通过了这一官方定义。在施普林格的参考工具书中可以找到鲁尔大学的米夏埃多·阿布拉莫维奇教授对此的描述：

> 智能产品是通过使用并融合以互联网为基础的服务来提供所需功能的CPS。CPS被定义为能够通过使用不同通信渠道（也就是互联网或无线局域网）与其他CPS沟通互动的智能、机电一体化产品或系统。

因此，智能产品是通过使用并融合以互联网为基础的服务来提供所需功能的信息物理产品或系统。仅仅是智能和机电一体化还不够，它们必须还要与网络连接。此外，它们还必须能够通过互联网或者无线网提供融合的服务。

我们首先来观察，智能产品在消费品生产工业中意味着什么。因为比起机器、设备，它们的产品性质更接近智能手机。所有人都能直观感受到工业 4.0 带来的影响与改变，而不光是与工业领域相关的人。

消费品是用来消耗的产品。在这里我们还要区分像食物、牙刷、鞋带这样的短期、直接消费品和可以长期使用的商品，比如冰箱、洗衣机和家具，还有大多数服装和纺织品。我们在这里就不说汽车了，因为我们之后还会单独讲到。

短期消费品和长期消费品之间常常存在着直接联系。一台咖啡机可以使用很多年，除了能源与水，我们还需要咖啡粉，才能制成饮料。时不时还需要使用清洁剂，有时候还需要备用零件。

此类产品中，相关的服务、消耗量（如咖啡粉的消耗量）以及机器的使用时间会被测定。通过这种测定，人们可以推断出咖啡粉、清洁剂以及备用品的供应数量。当这种供应不仅仅涉及家庭中的一个机器，还涉及上百个企业或者连锁酒店中的机器时，类似的供应就会增多。已经有很多这样的例子。人们已经从印刷工人那里了解到，他们会在需要彩色墨盒和必须给印刷机装纸的时候进行报告。来自印刷工人的报告与网络订货和最快送货时间紧密相连。打印机制造商对供应商与商品的选择有着重要的影响。若顾客从中获得额外价值，那么他们会自愿为咖啡粉与彩色墨盒支付更多费用。

这类产品形式有很多种可以考虑到的情况：1. 顾客不使用提供的服务，而是像往常一样在商店购买物品。2. 顾客（如大型企业的顾客）将机器与自己的个人系统绑定，这一系统充分利用机器报告并与其他供应商连接。3. 仅有少数顾客使用这一服务，这一服务的发展对于制造商来说收获甚微。

这一类别中也会涉及家庭电器或者部分建筑设备（如暖气与大门），例如可以通过智能手机进行远程操控（开关设备）。这种想法在几十年前就已经产生了。若没有这一想法的产生，物联网实现后这类产品将会没有销路，也不会获得经济上的成功。如今它们是否成功，还需要人们做进一步的检验。不管怎样，让人难以置信的是，消费者可以通过相关服务自由利用个人与企业的数据。服务必须发展，这对于消费品制造商来说是一个很大的挑战。对于制造商来说，危险还在于可知与未知的第三方服务供应，对于消费者来说，这种服务供应比产品本身更重要。

与消费品供应商不同的是，工业投资企业不为终端消费者进行生产。它的客户是其他工业公司。在这种情况下，此客户提供消费品，其本身有可能是工业品制造商。例如，一家电动机供应商将产品交付给机器人生产商，机器人生产商发动机器让机器人的手臂运转起来，随后，机器人再次回到将其投入使用的大型机器制造商的生产当中。在这一范围内，所有机器、机器人、生产设备与工业过程中所需的设备、部件与配件都会被应用到产品的生产中去。在这里，可能的服务必须有着完全不同的特征，其中我们已知的最重要的领域包括服务与物流。

通过工业产品与互联网的连接，我们可以收集并分析这些产品，包括环境参数以及与相连设备进行数据交换的运行参数。此外，如果驱动器停止运转，那么整个装备也会随之停止运转，从而给操作者带来巨大的损失，售后服务在这里扮演着完全不同的角色。通过评测大量设备与环境参数，可以更好地预测故障。机器的故障以及停机时间可以被减少甚至完全避免。生产商可以评测的设备越多，其分析就越准确，售后服务也就越可靠。尽管如此，顾客们只有在特定条件下并根据明确的合约才愿意去申请这样的售后服务。因为别人通过这些参数可能会推断出设备的工作流程，这样一来，顾客得以领先国际市场的竞争优势就会被发现。

在物流方面，工业 4.0 也发挥着重要的作用，因为通过运输系统以及货物与互联网的连接，产品可以被准时送达。这样可以避免不必要的等待时间，避免过早或过晚送达。在搜索和取货上可以实现更高程度的自动化。这样做尽管能带来很多优点，但是也要注意：只有在顾客同意并确定下单的前提下，才能发展并执行这样的业务。

事实上，我们可以想象未来工业 4.0 的发展重心是什么：智能工厂。在智能工厂中，工件可以通过网络与其他机器连接直至钻头被打开，然后钻头会在工件上打出螺纹孔。

与消费品相比，人们在投资品产业重点研发哪些智能产品以及实时性、安全性的问题也扮演着完全不同的角色。在这里是否可能使用宽带，就不是方便不方便的问题了，而是宽带是否存在的问题。服务的可靠性与搜索引擎的使用无关。要么是机器设备执行服务，要么是服务的价格对于参与者来说过高。如果服务不到位或者操作时间有误，可能会导致死亡事故。因此在扩建宽带基础设施时不仅涉及通信，还要考虑终端消费者对互联网的使用。如果没有合适的基础设备，工厂根本不可能完成必要的转变。

就算工业 4.0 是数字化的一个重要部分，这个部分与我们目前从消费领域所了解的部分也完全无法比较，比如音乐和语言的数字化、通信的数字化和贸易的数字化。

智能产品中的一个特殊情况是汽车。汽车在过去 100 年里一直是私人交通的核心。根据德国联邦经济与能源部的统计，包括其庞大供应链在内的汽车工业是德国 2015 年最大的制造业领域，从营业额上看是德国最重要的工业分支。汽车工业的行业销售额已超过 4 040 亿欧元，就业人员超过 79 万人。德国的汽车工业在世界上处于领先地位。工业 4.0 在汽车工业及其产品中扮演着什么样的角色？对此，我们还不能马上做出回答。

汽车工业在实现批量生产与工业分工的第二次工业革命与实现

软件操控自动化的第三次工业革命中都充当了“节拍器”的角色。它所使用的生产设备在当时是最先进、最复杂的。现在可以按照特定的条件与价格生产出私人订制的汽车车型，而不像以前那样只能批量生产出相同的产品。在继续生产出下一批相同的车辆之前，大约有 150 000 辆不同的汽车走下流水线。现在的问题是，如何利用物联网实现生产上的转变，完成第四次工业革命。

如果有类似考试的东西，那么汽车工业会取得糟糕的分数。大量的研究表明，汽车工业在数字化方面处于落后状态。2015 年 11 月德国联邦经济与能源部发表了一项与曼海姆欧洲经济研究中心以及 TNS 市场研究公司共同完成的关于德国数字化经济和德国经济部门数字化程度的调查。调查表明，德国汽车工业的数字化程度尤其低。2015 年德国数字化经济监测报告显示，汽车制造业（指数值为 37）与卫生事业和其他加工行业（指数值均为 36）在数字化领域的排名中都处于最靠后的位置，大大低于平均水平。

在生产数字化方面，汽车工业面临着极大的挑战。汽车工业在 20 世纪 90 年代还是数字化的先行者，现在却处于落后的状态，这一点令人很惊讶。那时候，没有哪个行业能够像汽车工业这样如此频繁地使用信息技术，也没有哪个行业可以如此广泛地运用现代科技。汽车工业显然是在不知不觉中错过了数字化的后续发展。

而智能汽车是什么样的呢？它是一种特殊形式的消费品。它是一种机电一体化的系统吗？当然是的。它是一种高度复杂的机电一体化系统。从门锁到停车辅助装置的近百种软件控制系统无一例外。这个系统中的系统联网了吗？对于新型车辆来说，答案是肯定的。车辆都是经过流水线生产的，并且有自己的 IP。车辆驾驶员可以享受某些特定服务。但是对于汽车工业来说，提供融合的、以互联网为基础的服务，正是一大难题。

哪些服务应该自己提供，哪些服务需要由商业伙伴来提供？在哪些情况下，利用互联网企业提供的服务是有意义的？在这里我们首先以谷歌和苹果为例。为了摆脱对科技巨头的依赖，2015 年，奥迪、宝马、戴姆勒联手收购诺基亚Here地图，让自己在下一代汽车的研发中抢占先机。很显然，对于汽车工业来说，谷歌、苹果等高科技巨头企业是一个很大的竞争威胁。

原因很简单：就像智能手机一样，汽车也可以通过联网提供一些有用的信息，比如驾驶员的某些偏好。生产商担心的是，他们的顾客要为这样的智能设计付更多的钱。智能汽车的使用者不一定能够像智能手机的用户一样，接受智能汽车对他们每一步移动的数据分析与评估。更不确定的是，他们是否还愿意接受由生产商或代理商提供的服务，如果他们的智能手机也可以提供相应的服务。

就算不存在这种担忧，汽车行业要实现智能化，也存在其他问题。比如对于一辆 2013 年生产的奥迪 A5 汽车来说，在 2016 年更新导航系统要花费 350 欧元。导航系统需要常年更新。车主必须查清楚，当前是否可以更新。生产商不会提供这样的信息，而销售商只有在顾客主动咨询的情况下才会提供相关信息。与此相反，智能手机上的导航系统是免费的，而且会自动更新。汽车上的导航系统还有哪些用途？直到 2016 年，汽车生产商仍没有意识到，导航系统其实不像车外后视镜这类部件一样，只有在损坏的情况下才需要更换。它是一种以数据的实时性为前提的服务。

汽车行业还面临着其他的挑战。电动汽车的研发与上市还没有进展，内燃机（无论是柴油内燃机还是汽油内燃机）已经逐渐过时。像大众排放门这样的错误行为应该被严禁：大众公司在汽车上安装了专门应对尾气排放检测的软件，可以识别汽车是否处于被检测的状态，继而在车检时秘密启动，从而使汽车能在车检时以高环保标准过关。汽车作为代步工具的意义正在明显淡化。在一些城市里，驾车出行经常被看作过时的行为。可能不久后，汽车也不再是一种身份的象征。德国是使用汽车共享服务最多的国家，尽管汽车生产商正积极参与并推动汽车共享的发展，但是这可能也无法弥补汽车销售额下降导致的损失。

汽车工业对于工业大国德国来说十分重要。随着工业 4.0 的提出和物联网的出现，它也面临着不小的挑战。汽车工业如何应对这些挑战，我们将拭目以待。

智能工程

工程设计一直都是最重要的工业行业之一，它包含产品设计、产品开发、产品测试、产品质量保证、生产计划以及产品生产中需要的设备。据估计，在工程中，约有 80%的生产成本是通过产品制造过程中对原材料、加工方法、工具以及生产机器的选择来确定的。但是只有 20%的生产成本被分摊到工程设计这一领域，原因在于它需要最少的员工且工具成本与生产设备和设施的成本没有可比性。

这一评估人们早就熟知。尽管如此，工程设计还是一直被低估，但工业 4.0 让工程设计的地位发生了改变。相比生产，工程设计将在第四次工业革命中更早、更深入地进行改变。

前文所提到的智能产品也需要智能工程。以互联网为基础的、有着集成服务的机电一体化机器不会像机械或简单的机电一体化产品一样进行开发。它涉及的是极其复杂的系统间的联合，就像汽车工业一样。这一系统不能通过现有的机械学、电子学与计算机科学的排列组合来开发，它需要的是系统工程（SE）。

几十年来，系统工程在航空航天领域得到应用。系统工程的出现，为的是掌握由多国人员参与的大型复杂项目的信息。事实上，新的专业学科出现了，那便是系统工程。

如今，系统工程已经在汽车工业并逐渐在机械制造业中成为主旋律。如今，是否有上千人参与到开发项目中，这一项目到底是关于空间站还是客机的，都已不再重要。每一台机器，每一个处理中心，每一个电动机都可以具有一定的复杂性，这一复杂性唯有通过系统工程才能实现。

这一方法不看新产品的单个组成部分，而是将组成部分组装在一起并进行试用。换句话说，整体系统才是这一方法的着眼点。首先，我们应该定义并领会功能需求，然后拟定一个与此相关的系统结构。下一步是考虑通过哪种学科实现何种功能。

实际上，在如今的工业中，各学科之间都是独立工作的，它们所得出的结论很难一致，因为所有具有学科特征的IT系统都有着自己的语言，这种语言除了专业部门外，没有人能够理解其中的含义。数据交换和协同可视化是不大可能实现的，或者说要花很大力气才能实现。

电工学、电子学、机械学与计算机科学早就构成了一个模型，在此模型中，可视化开发和数字化模型的测试得以执行，而这不适用于多学科系统。基于模拟的系统工程是一项重要的科学研究与发展课题，我们会在接下来的几章进行详细叙述。目前，就整个系统间多学科模型的建立是否有必要以及专业学科模型的组合是否有意义的问题，专家还无法达成一致。

当系统通过软件来移动由电子部件获得动力的机械装置时，模型的测试就变成了可能，好像它已经通过网络得以连接或者已经在运转。测试者必须虚拟终止命令或者在其他机器上模拟数据输入，通过这种方式，系统才能发挥预期的作用。只有当工业能够在早期发展阶段进行测试，它才能赶上软件工业与互联网工业的步伐，前提是标准以及系统的集合。

智能工程的另一个挑战也是巨大的：在过去 100 多年间，分工一直都在走极端，专家们在他们自己的研究领域中可以被称为权威，但是他们并非兴趣广泛的通才。当机械师和计算机科学家共同得到一个项目时，他们之中缺乏一个可以充分理解双方项目的有能力的领导者（项目经理）。

在现代化系统下进行的学科间共同作业也会在其他方面出现问题。专业化导致了学科间的竞争。数十年来，公司各学科之间已经形成一定程度的权力关系，现在已经开始动摇。现在已经不仅仅只是机械工程师说机器应如何制造。大约在 10~15 年前，一些公司的开发小组 90% 以上由机械工程师组成，如今，电子工程人员和电脑工程师在数量上要更多。现在，占领世界市场的电子企业都是软件企业，其中两个最著名的公司就是 IBM 公司和西门子公司。大约有 20 000 名西门子公司员工利用全部的工作时间去研究软件的发展。这种学科价值的偏移自然伴随着对定位的恐惧，且很难消除。（我们暂且不讨论来自人类的阻碍：一种新的、让工作变得更加高效和透明化的方法可能并不是人们所需要的，他们不一定想要变得更快。）

但是如果要让工业 4.0 取得成功，工业就必须要从现在开始：工程学的科目必须进行整合并构造出一个共同的系统模式，为的是在创新与发展中跟上互联网集团那些聪明的家伙的步伐。

平台和生态系统

新商业模式即将出现。未来，与互联网相连接的智能化产品可作为数据载体，借助数据提供新型服务。就像当今的智能手机一样，在未来还会出现各式各样的设备，这些设备的App都可为我们提供基于互联网的融合服务。这也意味着，经营与贸易方式也会随之发生改变，目前生产商与顾客之间相对简单的关系也会变得复杂化。

一家生产商现在研发并生产了一个产品，接下来要在市场上销售这个产品，或者交给代理商来销售。在研发与生产的过程中，生产商的商业合作伙伴通常会向其提供零件、组件或者服务，但是有一个基本原则：生产商将产品卖给它的顾客。产品越趋向智能化，这个原则就越容易被打破。

在与工业4.0有关的出版物与活动中，有两个出现频率越来越高的概念，这两个概念都是我们平时所熟知的，但是最近被赋予了新的含义，它们是：平台和生态系统。

我们了解很多种平台，比如汽车工业中的平台，这个平台使生产商能够为某一种车辆平台研发出不同的发动机和部件，以保证它们可以被重复利用，因为它们是为了某些特定的平台而研发出来的，并不是专门针对某种车辆类型；一台电脑的操作系统也是一个平台，在这个平台上可以使用来自不同生产商的软件；当然，一些政治与社会学上的分类也是以定义其共性的平台为依据的；此外还有钻井平台等。“平台”这个概念还有很多不同的含义。如果我们想要结合工业4.0来讨论“平台”的话，接下来还要将它与电脑的操作系统进行比较。

就像智能手机的操作系统可以被描述为包含几百万个App的平台一样，我们现在正在开发可以提供工业服务的新平台。为每一种产品或每一条生产线编写一个专门的App是没有前景的。相比之下，为某种形式的工业服务开发一个App要有意义得多。这些服务可以被用于某些特定类型的产品，无论是谁生产了这些产品。比如帮助工人寻找合适的备件以及对这些备件进行采购，就属于这样的服务。我们这里所说的产品可以是家用电器，也可以是汽车。也可能会出现App运行的平台，但是我们目前还看不出来，谁是这个过程中的供应者和使用者。它们可能是工业巨头，可能是工业部门之间的合作、协会以及ITK（集成工具包）供应商，或者是专门提供这种业务的新兴企业。

对于工业企业来说，找到适合未来智能产品的商业模式以提高销售额是十分关键的。同理，找到合适的平台也至关重要。

在对于新兴平台的描述中也提到了被赋予新含义的第二个概念：生态系统。目前有许多人，尤其是德国人，认为生态系统是一个人与自然、科技之间相互影响、相互制约的系统。在国际上，不少人把eco-system这个英文概念（德语为öko-system）理解为一个国家、一个地区乃至全世界的经济体系。现在这个概念有了新说法：它是未来用来研发、生产、销售、使用智能产品的一种特殊的体系。

因为除了产品的生产商、供应商和经销商，现在还出现了平台、App、服务、云技术以及软件生产商和供应商。这些参与者的数量可能没有可移动计算机和智能手机生态系统中的数量多，但是比我们目前从工业中所了解的参与者数量已经多了不少，而且也越来越复杂。在智能手机领域以外，还会出现更多的生态系统。因为我们所需要的服务种类的数量远远超过了智能手机所能实现的。任何想要将企业向工业 4.0 和物联网方向转型的人，必须要考虑，他在什么样的生态系统中扮演着怎样的角色。因为他通常不会只使用一个生态系统，而是多个。我们在第 6 章中所描述的汽车互联网的案例十分典型。不久后，汽车生产商们必须使他们的车辆在中国的生态系统以及至少一个西方国家的生态系统中实现联网。

社会的推动

工业 4.0 的目标是什么？在德国国家工程院的主页上可以找到下面一段描述：

> 德国有可能在工业 4.0 及其相关业务中成为国际市场的领导者和主要的供应者。通过这样的转变，可能会出现新的经济奇迹：德国制造将创造新的价值和新的工作岗位。

把工业 4.0 看作高科技战略的德国联邦政府认为，工业 4.0 对德国未来的发展十分关键。德国可能成为市场的领导者以及主要的供应者，创造出新的经济奇迹。

德国工业有望成为第四次工业革命中的领头羊。“市场领导者”意味着德国市场将在智能产品及其相关服务领域处于领先地位。“主要供应者”的意思是，德国工业将成为基于工业 4.0 的产品与服务的主要供应者。

我们在详细地解释了工业 4.0 中所涉及的产品与服务的类型之后，可以清楚地看出，利用互联网来完成工业上的价值创造流程以及利用与此相关的产品与服务是十分关键的。德国想要通过工业

4.0 在未来的互联网中扮演主要的角色。在通过移动计算机终端设备将人类连接起来并且对个人数据进行分析利用的互联网经济开始以后，制造业也登上了舞台。

我们不能将其简单地概括为一种以利用互联网数据为特点的经营方式的延伸。这里所涉及的是完全不同的，也就是工业以及与设备相关的数据。供应者不仅需要智能手机和操作系统，他们还需要工业价值创造、软件操控流程、安全可靠的机器及其有效使用等方面的知识与技能。互联网企业不能将这些知识与技能直接买过来，但是它们可以通过为生产者制定一些规则，然后利用互联网上的工业数据进行经营。

德国工业在一系列行业中已经失去了它的领导地位。纺织工业、电器、电脑、外围设备……这些因美国和亚洲竞争者而失去领导地位的工业分支可以列举出很多。但是另一方面，德国依然在一些重要领域因高质量而处于世界领先水平，如机器与设备装配、自动化传感器与执行器、汽车工业与农业机械、家用器材以及其他部分消费品工业等。这些商品因“德国制造”的标签而享誉全球，即使价格较其他行业竞争者来说相对偏高，其地位也没有发生改变。

除了产品外，德国还有许多世界著名生产商如SAP、西门子或者德国电信，它们提供了工业 4.0 所需要的科技。这里首先要提到的是价值创造过程中数字化支持与云平台的应用。过去几十年，无数中小企业开始提高IT与互联网技术，以求在技术供应商中脱颖而出。

要求德国处于领导地位，这是完全合理的，这一要求不是针对所有工业层面，而是对那些在世界市场有着一定权威性的领域提出的。

我们需要用时间去证明，德国能否再一次出现经济奇迹。我们也不清楚，工业模型与工业互联网之间的详细情况是怎样的。全世界范围内对第四次工业革命的讨论自然导致了激烈的竞争。谁会领跑全球，还不得而知，而且行业与行业间的情况也会有所不同。

在未来，若工业4.0成功的话，德国制造相比从前会具有更重大的意义。未来发展涉及针对系统与集成服务而产生的科技，也涉及研发、测试、制造以及服务方法。德国制造包含智能工程、智能产品与智能服务。以后人们必须发明出一个其他标志来代表德国制造，因为以前的标志只涉及“制造”，而现在涉及的则是整个过程“怎样”进行。

如果成功的话，不仅来自全世界的消费者会购买德国产品与服务，国家与企业也会愿意购买德国企业的科技与知识。这些科技有益于新型工业的发展，最终帮助国家与企业创造出更多的财富。

人们希望它能够成功。这样德国就可以在互联网经济时代在世界上占据举足轻重的位置。其他情况我们在这里不做过多的叙述。

工业4.0对于德国工业来说有着不言而喻的意义。众多岗位都依赖工业4.0，这里的岗位不仅仅指现有的岗位，更多的是指因工业4.0而创造出的新岗位。就业情况再一次成为衡量社会发展、国家财力、人民富裕的重要标准之一，但是工业4.0的影响力还要更为深远。

新产品与集成服务提供了巨大的可能性并改变了我们的生活。当软件与机器联网技术没有更多改变的空间时，人们就会提出这样的问题：社会到底利用这些可能性做了哪些事情？个人数据应该被用于交易吗？医院应该在事故患者被送来前就知道他的健康状态吗？哪些信息应该付费，哪些不用？人们对数字化操控机器有着哪些权限？反过来呢？在其他方面，未来机器可以智能化到使用最少的再生能源进行生产吗？智能产品工业既然会对环境的改善做出贡献，那它能够保证不再给环境带来破坏吗？

如果所有东西都在技术上是可行的，那么社会就必须意识到自己创新性的角色。与工业4.0相关的技术不能直接应用到自由市场中。德国应该鼓励新兴企业的发展，促进投资，消除因新技术和服务产生的阻碍。这些是我们必须完成的目标。若德国想要扮演领导角色，那么它就必须实现上述规划，这样才能在市场竞争中胜算在握。

过去几十年，企业家的意识有了提高，他们意识到土地与自然不是可以随意使用的资源。工业在某种程度上已经破坏了自然的平衡，要想让生态完全恢复到以前的样子是不可能的。不仅是自然以及几百万年间形成的规律决定了气候和环境的质量，如今人类也可以。所以人类要承担起应有的责任与义务，关注未来环境的发展。

在工业4.0成为汉诺威博览会的主题之前，有一句口号为“绿色智能”。如果工业4.0导致可持续性生产过程与可持续产品的发展进程减慢，那结果将是致命的。工业4.0应该帮助实现可持续发展。人们应该利用新科技创造出的可能性，让工业变得更加智能化，通过自动化提高资源使用效率从而实现可持续发展，减少污染物排放，减轻环境压力。

从这一角度看，比起经济方面，工业4.0在其他方面起到了更重要的作用。只有当世界上其他工业化也遵循了绿色智能的原则，成千上万的人才能够生活得更加幸福，只有这样，人们才能远离城市雾霾和环境污染带来的疾病。

在这一方面，工业4.0有能力促进转变，这种转变在工业之外的领域也发挥了一定的作用。工业4.0的成功是每个人都向往的。

第 3 章　人工智能、大数据、云端与新工业革命

乌尔里希·森德勒

提　要

工业 4.0 将基于技术的可能性，为各种产品配备数字组件，使其与互联网连接并为其提供相关服务。只有技术基础还不足以引发第四次工业革命。有一些我们不再使用的技术，物联网服务也赋予了它们新的内涵。通过使用这些技术，工业 4.0 的实现指日可待。

人工智能

工业 4.0 的开端可追溯至德国智能研究中心（DFKI）的研究工作。DFKI 的首席执行官沃尔夫冈·瓦尔斯特教授在萨尔布吕肯大学的计算机科学系进行人工智能和计算机语言学领域的授课与研究。在围绕工业 4.0 发表的无数刊物中，都可以找到 DFKI 发布的数据以及瓦尔斯特教授和他的同事发表的文章。在工业 4.0 概念被提出之前，DFKI 的德特勒夫·齐尔克教授就带领相关专家于凯泽斯劳滕成立了智能研究中心。2015 年 10 月，谷歌对 DFKI 进行了投资。这是谷歌投资的第一个欧洲研究机构并进入其董事会。

我们自然而然会想到工业 4.0 是否与人工智能有关这个问题。为了弄清两者之间的联系，我们有必要回顾一下人工智能的发展历史。

人工智能这个概念是 1956 年出现的。在计算机还没有在全世

界和商业领域被广泛应用时，很多人就对其寄予了过多的期待，认为它可以解决很多问题。最初的几位人工智能领域的专家大胆推测，不久后就可以将人类所有的知识存入计算机内。他们还进一步声称，如果这个推测成立，那么人类大脑中的生物质能将变得多余，后人类时代即将来临。

我们从一些预言中可以看出，这些专家的猜测有多大胆。来自卡内基·梅隆大学，身为人工智能先驱人物之一的赫伯特·西蒙教授在 1957 年预测，计算机在 10 年内将成为国际象棋世界冠军，并且发现、证明一个重要的数学定理。事实上，直到 40 年后的 1997 年，国际象棋世界冠军加里·卡斯帕罗夫才被IBM的超级计算机“深蓝”打败。至今也没有一台电脑能够发现数学定理，相反，证明已知的定理已成为人工智能的一个特殊领域。

最初人们对人工智能抱有过高的期望。其实利用人工智能解决所有的问题很难实现，硬件的功率、储存容量等都是限制因素。工业为了简化流程而发起并投资的很多项目就这样无声无息地终止了。但与此同时，随着 20 世纪 40 年代第一批可自由编程的计算机的发明，一些很好的方案也出现了，这些方案如今已被应用到实践中去，比如我们现在还在探讨的人工神经网络。

20 世纪 70 年代中期就已经开始的人工智能第二阶段主要是发展所谓的专家系统。专家系统也被叫作基于知识的系统，它内部含有基于规则的某一特定领域的知识。其中有一些系统效率惊人，它们能够准确回答针对某一学科领域的具体提问。尽管如此，这些系统的使用也是很受限的。一个典型的案例是MYCIN 系统。这是一个在 20 世纪 70 年代由斯坦福大学开发出来的、能够帮助医生对血液感染患者进行诊断的系统，这个系统能像专业医生一样做出诊断。但是当我们在它内部输入与肠道感染相关的数据时，它也只会提供对于血液感染的诊疗建议，而这两种疾病的疗法完全不同。也就是说，这个系统只对血液感染有效。

尽管我们在 20 世纪八九十年代为开发工业专家系统投入了不少资金，不过这一阶段并没有取得很大的突破。在汽车行业中，人们曾多次尝试开发能够自动构建自由平面的系统，因为在设计过程中这一部分费用极高，同时也是缩短车辆研发周期最大的障碍，即使开发成功，其费用也很高。因此现在投资已经停止，专家系统也逐渐被遗忘。

有趣的是，人工智能的前两个阶段都很重视人类知识与规则的储存。这样相当于把人类的智慧局限于对知识与规则的掌控上。这些思路失败的原因一方面在于计算机与软件过低的容量，另一方面，也是因为对人类“智慧”的理解太狭隘。

第三阶段在 2000 年后才出现。这个阶段的出现基于人类对神经物理学与神经生物学的认知。神经物理学与神经生物学通过可视化的配色程序逐渐能够研究和描述大脑的内部结构以及神经元构造。人工智能的研究者们由此想到了 1943 年由沃伦 · S. 麦卡洛克和沃尔特 · 皮茨提出的人造神经元模型，这个模型后来也被称作麦卡洛克–皮茨神经元模型。那时的天才们已经知道大脑是如何构成以及运作的，尽管当时还无法对此做出证明。60 年后，研究者们开始开发人造神经元网络。这个系统应该把人类和动物的大脑结构作为样板，开发相似的学习过程。这一阶段还没有结束，它在最近几年取得了一些成果，比如对机器以及机器人的操控。

如今，人们在运算能力、储存容量以及计算机科学的研究上都取得了很大进展。因此现在除了机构的研究实验室和工业研发领域以外，很多企业也开始研究这些主题以提高其经济效益。这些研发不再被看作是人工智能，尽管这正是企业取得巨大经济效益的基础。其中我们最熟悉的当然是使谷歌、亚马逊和亿贝（eBay）取得成功的搜索算法。模式分析、模式识别、语言识别、机器人制造技术——这些都曾是人工智能的分支领域。

2011 年 2 月，在美国一档名为“危险边缘”的智力竞赛节目中，来自IBM公司的沃森系统击败了两位脱颖而出的人类选手——肯·詹宁斯和布拉德·拉特，这一系统成功解决了不同问题并给出了正确答案。《危险边缘》是一档自 20 世纪 60 年代就登陆美国荧屏的智力竞赛节目，在节目中，选手要回答不同学科领域的问题。

人工智能的最新实例[①]是 2016 年 3 月初在亚洲举行的围棋人机五局对战。在IBM公司“深蓝”系统战胜卡斯帕罗夫不到 20 年后，由谷歌子公司深度思维（DeepMind）开发的“阿尔法围棋”（AlphaGo）就战胜了 33 岁的韩国世界级选手李世石。

DeepMind是谷歌旗下的一家初创公司。2015 年秋，AlphaGo击败了一位欧洲围棋冠军。如今AlphaGo最终以 4：1 的总比分战胜了韩国围棋世界冠军。围棋比国际象棋要复杂 10 倍。在 19×19 的网格中，黑白二色棋子进行对弈，目的是为了尽可能填满棋盘的大部分。举个例子：若依次下黑白棋子，那么将有 16 亿种可能的下法。AlphaGo具有战略性思维与高水准围棋技巧，它拥有人类在比赛中的直觉、创造力、耐心以及兴趣。这与普通的存储有很大的不同。

AlphaGo基于一个与人类神经元类似的多层次人工神经网络。

---

① 2017 年 5 月，阿尔法围棋以 3 ：0 的总比分战胜了等级分排名世界第一的中国围棋职业九段棋手柯洁。——编者注

若某一活动的结果是成功的，那么AlphaGo就会注意到这一点并进行适应，这与人类大脑分配“信使”以增强神经元中神经线的连接类似。AlphaGo储存了无数的信息，它与李世石对决之前所做的准备工作主要是通过自我博弈，来进行自我学习以进一步完善算法。DeepMind公司创始人哈萨比斯早在几年前就已经预测到AlphaGo的成功，如今AlphaGo也的确有能力做到这一点。人工智能作为人工神经元与机器学习的综合体已经打败了人类，许多著名科学家早在10 年前就已经预测了这一点。

除了在对弈中发展人工智能，哈萨比斯还十分注重实际应用。他提出将这一相关系统应运用到医疗手术中去。除此之外，基于机器与机器人的“机器学习理论”也应被运用到了工业领域。2013 年与 2014 年，谷歌投资了 170 亿美元用于企业收购。谷歌在这两年的时间里 8 次收购机器人公司，其中包括收购了军用机器人开发公司Boston Dynamics（波士顿动力公司）。

谷歌在收购哈萨比斯的公司之前保证，DeepMind公司的软件与算法不会应用于军用目的和情报服务。可见哈萨比斯看到了人工智能的危险之处，然而谷歌公司是否会信守合约中的承诺还不得而知的。

软件利用人工智能的方法去学习。人类使用人工智能，为的是让和人类相似的机器人去学习，比如去某个地方拿东西或者在某个特定地点停留。Boston Dynamics公司有一些视频资料，在视频中你会看到，人类如何走向机器人并将它推倒。机器人会重新站起来，拾起它运输的物件，继续完成它的任务。它已经有能力避开运输途中遇到的障碍物。

谷歌旗下的DeepMind公司与牛津大学人类未来研究所合作，

以寻找自动化机器能够自动关闭的可能性。这一可能性也被称作可中断性。一个学习机器为什么没有可能认识到它在执行任务的过程中必须是开着的呢？它们为什么不能得知是什么阻止它们被关掉的呢？

这是一个令人恐惧的设想。人类必须关注这样的发展方向是否正确。目前人们知道的是，我们必须还要等上几十年，机器人才有能力通过自学习与自动化操作代替人类工作。通过机器学习法训练机器人要花费巨资才能让机器人被成功应用到生产当中。让机器人能够像人一样与其他机器人和人类进行交流同样需要经历漫长的时间。

然而，2014 年年底，英国物理学家与天体物理学家史蒂芬·霍金教授（21 岁时被诊断出患有不可治愈的肌萎缩侧索硬化，自 1985 年丧失说话能力）借助人工智能的帮助，通过转动眼球来撰写文章，这在学术界引发了轰动。人们似乎看到，人工智能可以与人类媲美甚至可以超越人类。“因为人类受漫长的生物进化的限制，导致其不再是人工智能的对手甚至开始被取代。”霍金在接受《金融时报》的采访时讲道。这并没有夸大事实，我们必须认真考虑人工智能在各个领域的可能性。

如今除了谷歌，还有很多对人工智能感兴趣的企业。2016 年 3 月 25 日，《纽约时报》发表了题为“谁将主宰人工智能的未来”的文章。作者指出，谷歌公司以 AlphaGo 战胜围棋冠军这一事实向其他竞争者宣告主权。来自国际数据公司（IDC）的技术分析师宣称，到 2020 年，机器学习的市场规模将达到 400 亿美元，其中 60% 的应用程序将运行在亚马逊、谷歌、IBM 和微软这 4 家公司的平台上。

当今社会正兴起一场激烈的竞争，在此竞争中涉及的是谁可以在新的平台中做出抉择。大型企业绝对不仅仅是唯一的潜在成功者。在这场竞争中还有很多小型企业，它们不惧怕与大企业一决高下。文章中斯坦福大学的教授在报告中提到，他每年都获得 100 万美元的援助。他并不仅仅只有一个公司，而是有 4 个独立的公司。

大公司为了巩固其地位势必要进行投资。计算机制造商巨头 IBM 想要通过沃森系统扩张世界市场。沃森的项目主管戴维 · 肯尼告诉《纽约时报》，有着 500 个大型或者小型合作伙伴的 IBM 拥有长期目标，即让几亿人把沃森用作自助人工智能。从《南德意志报》上我们可以了解到，这其中最大的合伙伙伴之一就是 SAP 公司。销售云服务的 ERP（企业资源计划）供应商想要通过 IBM 的沃森系统的分析能力来扩大 SAP HANA（一种软硬件结合体）内存数据库里的实时数据。

2015 年，微软公司通过云计算操作系统 Azure 提高了机器的学习能力并提供了与此相关的 18 项服务。亚马逊也从 2015 年开始扩大网络服务范围。

人工智能带来了新的改变。继电脑平台与互联网平台之后，人工智能平台是否已占据主导地位？过去几年，人工智能的发展已经成熟到可以应用到工业中去，与其他科技相结合，人工智能技术在工业 4.0 中也会扮演一个重要的角色。

大数据

说到工业 4.0，我们就不得不提起“大数据”这个口号。当几十亿台设备进行连接时，必然会产生前所未有的大量新数据。如果要问，每年或者每天究竟有多少数据产生、被储存和分析，大家会众说纷纭，没有确凿的数据。但可以确定的是这个数量很庞大，而且计算机科学与计算机硬件的发展速度太快，以至于我们无法进行总结。

根据一个在网上很流行的IBM报告，全世界每天有2.5艾字节（EB）的新数据产生。1EB等于10^{18}字节。这个报告还是相对可靠的。数字化的发展也带来了大量的数据，这些数据每小时都在成倍增长。但是大数据这个概念不仅仅是指数字的数量很大。要使用为大数据定制的软件解决方案必须要满足三个标准，这三个标准合称“3个V”，也就是volume（容量），velocity（速度）和variety（多样性）。

容量，也就是数据的数量，是与工业4.0和物联网的发展程度成正比的：一台设备中能够通过互联网传输数据的数字化部件越多，可获取的信息数量就越大，信息群的增长速度就越快，数据的种类也就越多样化，这些数据只有在从数字化设备中提取出具体的信息以后，才可被利用。

第二个标准，数据产生与收集的速度也是如此。无论是在持续运营过程中实时产生的可移动产品的移动数据还是生产设备的测量数据（也就是连接的设备每纳秒所产生的数据容量），都无法通过传统方法估计和测量。

数据的多样性和差异性这个标准同样也涉及通过互联网连接的设备。以汽车为例，在一辆汽车中，如果每时每刻都可以从车辆的运行、导航系统、车载电话与其他的子系统中获取大量不同的数据，这就说明数据具备多样性的特点。

毫无疑问，从物联网产品中提取的数据都满足以上三个标准。尽管如此，我们还是要做一个详细的个案分析。

工业设备中的所有数据要么来自所安装的软件，要么由其部件产生并收集。设备的生产者通常能够准确了解，在这个过程中产生了哪些数据或者可以产生哪些数据。毕竟软件是由生产者自己或者是它的供应商所编程的，传感器和执行器通常是由在市场上销售该设备的公司提供的。因此参与产品研发与生产的工程师、设计师以及软件专家会知道数据的种类、来源以及数量。

因此工业设备数据与个人数据之间存在着很显著的差异。在不同的工业数据之间以及设备和设备的操作之间有着明确的联系。在消费领域必须首先建立一个合理的联系。正在寻求某一特定商品的人，之前也寻找过其他商品的这一事实，就是一个联系，这个联系使搜索引擎的供应商能够为产品的供应商提供广告平台。将不相关的数据联系起来以招揽顾客，如果没有大数据，是不可能实现的。

相反，对于机器与机器人数据的分析，在过去10年里已经有了编写得越来越好的工业分析程序，它们可以实现快速、准确的分析。因为在什么时候、哪台设备或者哪个设备部件应该提供哪些数值，是已知的——因为这毕竟是源于工程设计的给定数据，所以现在的一些先进的工业分析程序可以着手分析一些未知的数值、偏差、故障和一些预料不到的数据。因此就算数据量大、种类丰富、速度快，如果设备与互联网连接并能够提供融合性服务，那么目前投入使用的软件也已足够了。

要决定大数据解决方案是否是以及对于哪些数据来说是正确的解决方法，还需要对另一个方面进行检测：在由设备产生或收集的数据被分析之前，首先要对它们进行分类和筛选。就像人类只能接收并领会某一瞬间进入他大脑的全部信息中的一小部分一样，设备所产生的数据中有一大部分都是多余或者毫无价值的。重要的是通过这些数据应该实现的目标，以及与这背后的商业模式之间的联系和相关性。此外，互联网也不能从所有连接设备中实现所有数据的传送，哪些数据应该被传送，必须经过设备的筛选。要针对经过筛选后有价值的相关信息来检测，哪些分析方法与工具是最合适的。

简而言之：用软件就能分析的数据，就不需要借助数据流了。另一方面，随着物联网的发展而形成的大数据解决方案的应用新领域，在工业运用中应该被衡量。除了研究嵌入式软件开发的计算机科学家，将来也许还需要熟悉大数据的专家。自 20 世纪 90 年代末以来，计算机科学学科领域开设了教授数据科学的新课程。早在 20 世纪 60 年代的时候，数据科学这个概念还被看作是计算机科学的同义词。如今，它代表的是大数据的统计分析学。

德国绝对不是没有研究过这个领域。有一个很好的例子：多特蒙德工业大学人工智能系的学生助教 2001 年便开始为机器学习和数据挖掘拓展开源开发环境，意思就是在无尽的数据山脉中深钻并挖掘重要的数据宝藏。2007 年有个名为 RapidMiner（快速数据挖掘平台）的初创公司免费提供同名软件的下载。如今这家公司在多特蒙德、波士顿（美国）、伦敦（英国）、布达佩斯（匈牙利）的分支公司共有 100 多名员工。因为要下载的软件只是一个工具，真正要将其投入使用还需要专家的专业技术。被投入使用的是像汉莎航空、思科、亿贝等行业巨头或者是市场研究机构捷孚凯（GfK）中的系统。全球共有 600 家客户、超过 25 万名用户的 35 000 次积极操作，每月 40 000 次的下载量——这些数据可以解释，为什么 RapidMiner 被看作是世界领先的数据挖掘解决方案。越来越多来自工业领域的客户希望通过这个解决方案从他们部分未研究过的数据山脉中提取有利的信息。多特蒙德工业大学在统计学系开设了名为数据科学的硕士课程。

云端

数字化是云端的一个非常直观的例子，即科技进步能够解决人类问题，即使并非一直如此。计算机从最开始就帮助人类将问题由大化小，过去那些无法解决的棘手问题（从数学到自动化）如今都迎刃而解。从第一批样品开始，计算机就取得了重要的进步，人们利用计算机可以提前掌握许多有关自然灾害的信息。如今我们不仅能够更精确地了解天气状况，优化播种与收割时间，还能够将一次出行计划得更为合适。我们可以提前知道，什么时间、什么地点将受到地震或者海啸的威胁。同时，计算机强化了竞争，加快了发展速度和生活节奏，它越来越驱使人们去适应更多的可能性。

第一批计算机不仅外形巨大，而且费用昂贵，只有大型企业才能支付得起这笔费用。小型企业不得不选择外部计算机中心或者干脆放弃计算机的使用。之后出现的各类中型计算机及Unix（尤尼斯）操作系统，被应用到工程领域的很多工作岗位中去。CAD（计算机辅助设计）和CAM（计算机辅助制造）在过去40年占领了工业领域，被销售给不同制造商。20世纪80年代中期，微软公司的DOS（磁盘操作系统）以及之后的Windows（视窗操作系统）上市。Unix系统制造商，从阿波罗公司到美国数字设备公司，再到美国硅图公司、太阳计算机系统公司和西门子利多富公司，这些曾经在全盛时期有着数以万计员工的公司，最后都从市场上消失了，无迹可寻。

纵观全球，从个人到大型企业，都开始使用电脑。如今，所有重要的软件都可以在电脑上使用。如此一来，工业解决了一个很大的问题。电脑与软件的成本迅速下降，下降到最后不仅仅是小公司，就连每个人的桌子上都有一台电脑。公司内几乎所有任务都通过电脑进行数字化的处理并进行解决。

但与此同时，一个大问题也随之而来，且至今还没有被解决，而唯有通过科技才有可能解决，那就是企业中的众多硬件与软件，大型IT基础设施以及人员对其进行维护管理所形成的新的巨额费用。如今对于很多企业来说，跟上众多系统新版本的更新速度几乎是一件不可能的事，更不要说系统间的对接了。一般情况下，整个公司的软件与硬件都不会达到以上要求。使用者通常只使用软件功能中的一小部分以完成绩效。若一个指定项目需要大量计算并且需要一个特殊的软件，那么它在短期内将难以实现。

现在来到计算机发展的下一阶段，读者对这一阶段一定不再陌生。这一步让计算机变得数字化和虚拟化：它就是云端。

云端服务起源于亚马逊。亚马逊的核心业务是电子商务，这里是全球最大的电子商务平台，每天都会有数百万名消费者在此完成交易。为了提供高扩展性、高可用性的IT设施，随时为消费者提供可靠信息，亚马逊发展了云端科技。亚马逊云计算平台（AWS）从一开始就针对企业提供相应的服务。

高扩展性和高可用性意味着：不再在企业内部配置所需的最大计算机容量，取而代之的是在计算机外部精确使用所需容量。理论上，人们可以随时使用无限的容量。使用者通过普通显示屏就能够审阅他不熟悉的计算机，他可能都不知道这台计算机在哪里，而他也没必要去管理这台计算机。这一概念适用于硬件，同时也适用于存储空间与软件。云端技术在这三个领域都有所体现。

第一种服务模式在上文中已经提到过。其官方专业术语叫基础设施即服务（IaaS）。消费者租赁一个虚拟服务器并根据需求使用它。这一虚拟服务器可以根据顾客个人需求添加或者减少容量。

第二种服务模式是平台即服务（PaaS）。例如，顾客是应用软件的生产方，他们将研发的平台用来升级、测试，甚至作为运行系统。相较于基础设施，平台更加抽象。平台的虚拟服务器会根据用户的不同需求提供不同强度的服务。用户对此平台并不了解，他们完全不知道他们所使用的应用程序正在哪一个服务器上运行，哪一部分负责程序的检测和编译，以及应用程序的运行调动了平台的哪些部分。

第三种服务模式是软件即服务（SaaS），即用户使用其终端上的软件。例如，根据这一原理，销售部门的企业资源计划系统可以正常运作。同理，每一种需联网的应用程序在任意一个联网的终端上都可以启动。手机里几乎每一个应用程序都基于此原理。

这三种模式建立在彼此的基础之上。以互联网为基础的软件需要一个平台，使其可以在网络中正常运行。该平台需要配备相应服务器的基础设施。

按照组织结构的不同，云可以分为公共云和私有云。所有用户均可联网享用公共云提供的服务，而私有云的用户群则有着十分明确的限定，例如，某公司的所有员工、商业合作伙伴或者客户。私有云的负责人将其与互联网分离出来，用户群对私有云的访问权限和云服务终端所在的地理位置毫无关系。

显而易见，云和工业4.0以及物联网都有着密切联系。想要分析及运用基于互联网技术的机器、设备或产品数据的人，也许在以此为基础进行服务的时候，并不知道他有多少客户需要此项服务。

他就仿佛在为客户提供消耗品或是劳务，他需要一个极其灵活和便捷的平台。只有极少的大集团可以为客户及合作伙伴搭建这样的平台。因此，一批供应商得出了如下结论（如同在人工智能那一章所描述的那样），云服务是他们的核心业务。

在不远的将来，我们将见证一系列平台从众多服务于工业生产的平台中脱颖而出。那些想要在物联网时代凭借其产品占有一席之地并想要提供相应的应用程序的工业企业，或许必须在众多平台中敲定一两个或者按客户需求挑选相应平台。与当前手机中的各种应用程序类似，生产商推出一款应用程序只能在某些手机生产商的平台上运行，而其他设备的使用者则不能使用。不然，生产商就必须努力使自家的应用程序在所有主流移动通信设备的操作系统上能持续运转。

目前，人们只知道，没有云技术，物联网就不能实现。在这一领域人们应继续深入研究。德国企业负责人有时会拒绝云技术。他们害怕丧失对企业知识与技能的掌控，比如一些为了利用工业数据而产生的应用程序中都带有此风险。实际上，这一现象在德国比在其他任何地方都更要明显。最终，企业通过采取适当措施以及选择可靠的平台来确保信息安全，其成功的背后，云技术功不可没。而德国的物联网技术将会扛起出口的大旗，如果失败，德国工业在物联网时代将无法领先。

第 4 章　工业 4.0：硬件大国的智能化、网络化之路

乌尔里希·森德勒

提　要

工业 4.0 是一个涉及众多工业企业、研究所、协会和联邦政府的项目，5 年的时间对于这样一个项目而言并不长，尤其是考虑到该项目所有参与者都来自企业、组织和机构，而且平日里他们之间往往存在着激烈的竞争。仅就德国三大工业协会：德国信息技术、电信与新媒体协会（BITKOM）、德国机械设备制造业联合会（VDMA）和德国电气与电子工业协会（ZVEI）而言，这次合作也是他们自各自成立以来的第一次合作。正因如此，工业 4.0 能在如此短的时间内就取得如此大的成果实在令人惊叹。但同时，在某些方面，这样一个如此重要的项目在网络更新速率如此之快的环境下却又十分拖沓。这一章讲述了工业 4.0 的发展、各方的合作、工业 4.0 平台的结构及其核心工作领域、向联邦政府递交的报告和第一项具体成果，包括国际活动。

从协会平台到政府平台

德国国家工程院与德国经济、科学研究联盟的工业代表希望他们所属的协会能够合作。对于一个需要各行业、各学科共同努力的项目而言，这样做似乎很有意义，至少从一开始，那些重要的协会就参与其中。

德国信息技术、电信与新媒体协会有来自信息技术和电子通信行业的 1 500 名成员。德国机械设备制造业联合会有着超过 3 100 名成员，是由涉足资本货物产业的主要中型企业组成的欧洲最大的工业联盟。德国电气与电子工业协会拥有 1 600 名会员，分为 22 个

专业协会，包括自动化和消费电子行业协会。

工业 4.0 平台是由这三家协会在 2013 年汉诺威工业博览会上提出来的。那时，它们已经共同为工业 4.0 平台发布了独立主页。工业 4.0 平台的构成以督导委员会为基础。该督导委员会由会员公司代表、运营商协会代表、科学顾问委员会发言人以及工作组领导组成。督导委员会的工作职责是安排工作组，并同各工作组领导一起监控平台。董事会委员会由会员公司的董事会构成并且负责规划平台的战略性路线。科学顾问委员会由研究与工业 4.0 相关专业科目的教授组成。

办事处作为工业 4.0 平台的执行和沟通机构，由来自这三个协会的正式员工组成。办事处的主管是莱纳·格拉茨（Rainer Glatz）—— 德国机械设备制造业联合会信息技术、研发和技术创新部部长。

按照工业 4.0 的定义，由德国国家工程院与德国经济、科学研究联盟就此共同拟定的执行方针将在 2013 年下半年启动。涉及的主题主要包括标准化、作业流程和组织结构、信息安全，以及科研和法律框架。在工业 4.0 平台建成后，这些主题将会逐一实现，相应的工作组将会成立。

督导委员会成员全权负责第一工作组的组建、战略的制定以及框架结构的搭建，工业 4.0 平台的总纲领、工作计划、目标和原则都以此为基础。例如，工作组用多长时间以何种方式实现怎样的目标？

概要

以下为重要目标：

- 每年经济的额外货币效益（如效率及营业额的增长）；
- 通过逐步改造现有基础设施实现转化；
- 知识与技能相结合，推行标准，为保证品质制定统一的 I40 质量标准；
- 只在竞争前合作，严格遵守反垄断法的规定。

同时，一篇题为“工业 4.0 综述”的关于工业 4.0 平台实施战略的文章对这些目标做出了详细解释。

第二工作组的主要任务涉及如下主题：参考架构、标准化和规范化，包括各种参考架构、各步骤衔接细节、物体和服务的描述、数据模型和通信标准，同时还有规范化的推动和协调。该工作组和围绕该组工作重心成立的下属小组委员会，以及参与其中的其他机构委员会，已经取得了巨大成果。

第三工作组，科研与创新组，也取得了丰硕成果。在德国联邦教育与研究部部长以及德国联邦经济与能源部部长的密切关心下，该工作组和科学顾问委员会共同拟定出科研创新路线图，涵盖一系列重要的、以工业 4.0 平台为出发点推动工业 4.0 的创新科研活动。

第四工作组的工作重心为网络系统安全性。其目标主要是展示工业 4.0 中过程、价值链或是价值网的信息技术安全问题。其成果用于参考架构和安全性能检测的测试系统。

此时关于其他方面还没有成立专门的工作组。法律框架应成为德国工业协会（BDI）和德国雇主协会联合会（BDA）成员未来的工作，并由法律前瞻工作组负责审查。顾名思义，法律前瞻工作组主要负责展望立法。同样，人类与工作这一主题由隶属BDI和BDA的未来小组负责。

对于商业模式创新这一主题，同样没有独立的工作组。一方面是因为这个主题和竞争息息相关，并且是工业4.0的战略性主题；另一方面，在激烈的讨论之后，该主题与联邦政府（由德国国家工程院提议）的未来项目，即“智能服务世界——以互联网为基础，为经济服务”并行。

两年的紧张工作之后，在2015年4月的汉诺威工业博览会上，联邦政府正式接管工业4.0平台。同时，各工作组以及其他参与者共同取得的成果可供使用。新闻发布会上，工业4.0平台正式启动。

在德国联邦经济与能源部的主页上有如下关于新的工业4.0平台的介绍：

> 随着经济的数字化和网络化，越来越多的衔接点在国内与国际共同研发、生产和销售的过程中产生。这需要利益相关方的合作及共同参与。新工业4.0平台的主导思想是协调数字结构变化。
>
> 迄今为止的协会平台将会在德国联邦经济与能源部部长西格玛尔·加布里尔（Sigmar Gabriel）[①]和德国联邦教育与研究部部长约翰娜·万卡（Johanna Wanka）的领导下进行拓展。在这个更大的联盟中，除了来自各种协会［VDMA, ZVEI, BITKOM, BDI, VDA（德国汽车工业协会），BDEW（德国联邦

① 加布里尔于2017年1月出任德国外交部部长。——编者注

能源和水资源协会）］以及工会［IG Metall（德国金属工业工会）］的政治代表外，还有研究机构（夫琅和费协会）。

图 4–1 展示了拓展后的新工业 4.0 平台的架构：德国工业协会、德国汽车工业协会和德国联邦能源和水资源协会三大工业协会加入；德国金属工业工会是德国工会联合会第一大工会，除此之外还是全球最大的工业工会；夫琅和费协会是大型科研机构之一。新工业 4.0 平台详细展示了德国制造业和加工业的情况，包括其员工和研发过程。

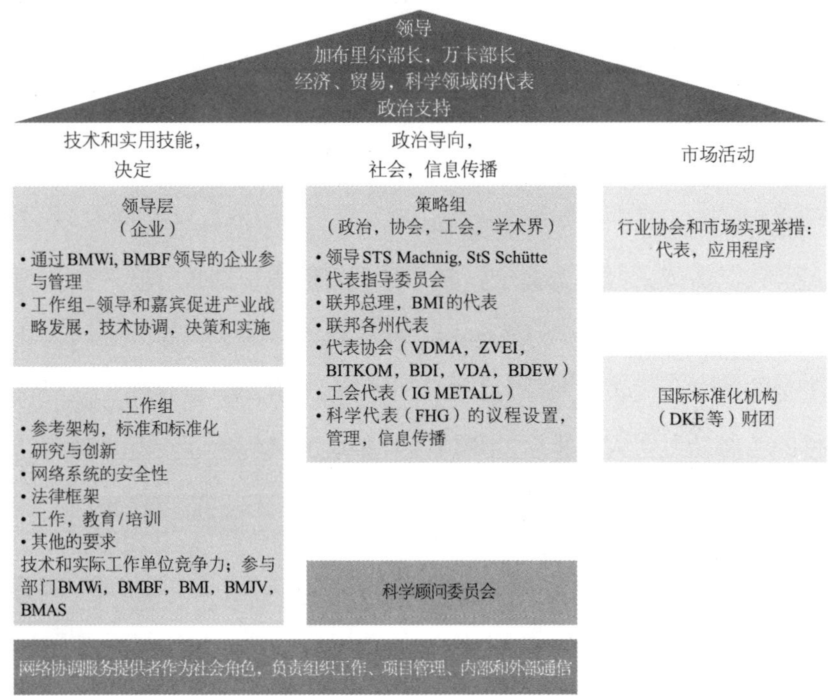

图 4–1　由联邦政府接管后，该平台的新结构

资料来源：BMWi

法律框架、工作培训是拓展后的平台的五大工作组的工作任务。工作培训这一工作任务具有十分重要的意义，德国联邦教育与研究部也参与其中。因为如果不改变中学和大学的培训制度，那么紧接着针对整个工业和经济数字化的措施就鲜有成效。而且依照现行法律，这是涉及众多国家的事情，对于这样一个有如此重要意义的活动，必须由联邦发起倡议。如今的授课模式已经过时，网络学习平台在学校里还未普及，院系还一如既往地集中于一些专业科目，中学生和大学生必须过早选择日后的专业方向。对于需要在国家层面上做出决定并进行的改革，德国联邦政府不能等到所有地方政府都认可这项挑战的迫切性再开始行动。

那些 20 年前的先进事物很少在今天仍不过时，因为那时的眼光还过于狭窄。工业 4.0 需要越来越多的专业人员，他们需要参与各个领域的共同合作、共同监控并领导多学科项目。总而言之，随着经济与数字化的发展，社会的工作模式必须做出巨大改变。若我们不想冒险，高失业率就会随之出现。

在汉诺威工业博览会上，联邦经济与能源部部长、联邦教育与研究部部长以及费斯托（Festo）、思爱普、西门子和德国金属工业工会的董事会代表一同登台介绍新平台（图 4–2）。但是除了已经讲过的革新，发言人在平台的构成及其拓展的目标方面没有讲任何新的内容，缺乏下一阶段的具体步骤。

图 4–2　2015 年 4 月，汉诺威工业博览会现场

博览会之后，《法兰克福汇报》科技专家、犀利的评论员格奥尔格·吉尔斯贝格（Georg Giersberg）发表了一篇名为“错失 4.0 良机”的文章。他在文中写道：

> 平台的董事会代表将创建网络地址和完成文件当成迄今为止努力的成果进行展示，经济与能源部部长报告等级制国家中的德国教育体系的根源。300 多名参与者将宝贵的 600 个小时浪费在了走向工业 4.0 的道路上。

文章中的担心是显而易见的，因为一个新的领导团体并没有加速这个项目和平台的进程。联邦政府在一些琐碎问题中接管了一个对工业和德国社会极其重要的任务，当联邦政府想要得到满足时，就必须始终为自己创造优先权。这涉及项目的安全性，政府政策也会因此在即将举行的选举中被评估。目前还不清楚，政府换届会对平台工作产生多大影响。

一年后，即 2016 年 4 月 26 日，汉诺威工业博览会展出新平台第一年取得的成果，所有参与者都十分满意。

这个项目证明国际合作是有效的。早在 2014 年 10 月，德国联邦政府和中国政府就联合发表了《中德合作行动纲要：共塑创新》的声明。其中提到：

> 工业生产的数字化（“工业 4.0”）对于未来中德经济的发展具有重大意义。双方认为，该进程应由企业自行推进。两国政府应为企业参与该进程提供政策支持。

这种政策支持还包括德国联邦政府同中国政府经进一步磋商后签订的一系列协议及合约。2015 年 7 月，《法兰克福汇报》以一篇题为“德国与中国共同实施工业 4.0”[①]的文章对此进行了报道：

> 德国和中国想要在现代数字技术产业领域进行密切合作。经济与能源部部长加布里尔和中国工业和信息化部部长苗圩，于本周二在北京签署了一份关于智能制造合作的谅解备忘录……苗圩说，这是阶段性胜利，是两国工业合作的一个新阶段。

来自工业和学术界的代表参加了政府层面的讨论和磋商。双方还将参观具体的公司，以确保深度合作。尽管如此，在外人眼里，却鲜有具体的措施可供实际合作参考。

科研

在 2014 年汉诺威工业博览会上，科学顾问委员会公布了 17 个命题，可以被进一步分成人类、科技和组织结构三大类。其中 4 个命题属于人类，包括工业 4.0 对工业行业的员工可能产生的有意义的影响。第一个命题是：“从自我组织和自主意识的角度出发，对工作组织进行多样的人性化设计，尤其是开放对老年人和有年龄限制的工作机会。”科技作为最大的类别包括 9 个命题。它涉及工业 4.0 的技术问题，第 9 个命题介绍了智能产品的特征：“主动的信息载体，涵盖所有生命周期和可辨认性。”工业的组织结构包含最后 4 个命题，从本质上讲，涉及价值的创造以及合作的新形式。

科研白皮书提出了重要类别中命题的实施，并拟定了大致的进

① 此处为报道标题的德文原文直译。——编者注

度规划。2015 年 4 月，该白皮书经过修订，成为实施战略的第 5 章：科研与创新。其中包括科研路线图，是 2015 年至 2035 年的执行方针（图 4–3）。

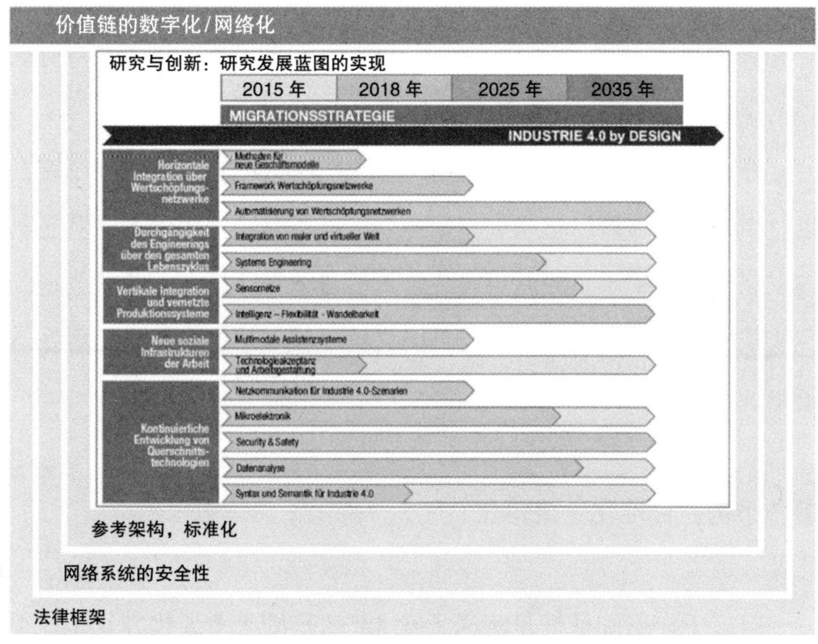

图 4–3　工业 4.0 研究路线图的核心组成部分

资料来源：BMWi

该路线图定义了五大主题类别，部分内容相互影响：

- 价值网的横向整合；
- 整个生命周期规划的一致性；
- 纵向整合和网络化生产系统；
- 新的社会工作基础设施；
- 持续不断的跨领域科技发展。

实施战略的第 5 章对这五大主题类别进行了详细介绍，并对科研创新的各个方面做了简单描述，同时对预期结果做了说明，是重要的里程碑。

如果从整个生命周期规划的普及性出发，可以进一步分为“现实和虚拟世界的融合”和“系统工程”。这是实施战略的一部分，根据规划进行产品研发和系统开发最为重要。

许多高校和科研机构也都参与其中。平台上列出了 46 个正在进行中的研发项目。这些项目最重要的任务是企业中的方法和工具的发展，这样中小企业就可以成功转型进入数字工业。那些为德国完成技术转让，成为开路先锋，研究这一领域的杰出代表已经在本书中展示了他们的成果。

参考架构，标准化，规范化

第二工作组的目标是定义工业 4.0 的基础参考架构并且由此得出标准化和规范化的必要性。参考架构是一个模型，它包括迄今为止因工业 4.0 而增加的工作任务和制造企业的制造流程。它应该尽可能地具有通用性，在产品和行业的任何情况下都适用。

这一主题需要各机构的专业知识。VDI/VDE（德国工程师协会和德国电气工程师协会）的测量和自动化工程学会（GMA）的“工业 4.0”和“信息物理系统”方向的专家们也参与了方针的起草。与此同时，ZVEI 成立的明镜委员会（SG2）也共同参与起草。德国电气电工和信息技术委员会（DKE）也参与其中，这使得规范化成为合作的一部分。

合作的成果成为实施战略的第 6 章，同时也是 2015 年 4 月 VDI、

VDE和ZVEI做的题为“工业 4.0 的参考架构模型（RAMI40）”的进程报告，有时被简称为RAMI。

三维的RAMI40（图 4–4）以为世人熟知的智能电网架构模型（SGAM）为基准。纵轴展示以不同视角出发的不同层面，例如功能描述或是沟通行为。横轴体现产品的生命周期及其价值链。等级层面的第三个轴整理出工厂内设备之间的功能和职责。

基于这个体系结构中的单个元素，“工业 4.0 组件”这一概念应运而生。为了能将某元素和其他对象或组件区分开来，ZVEI对工业 4.0 组件的第一版参考框架（图 4–5）进行了定义，并在之后的几年里进行完善。

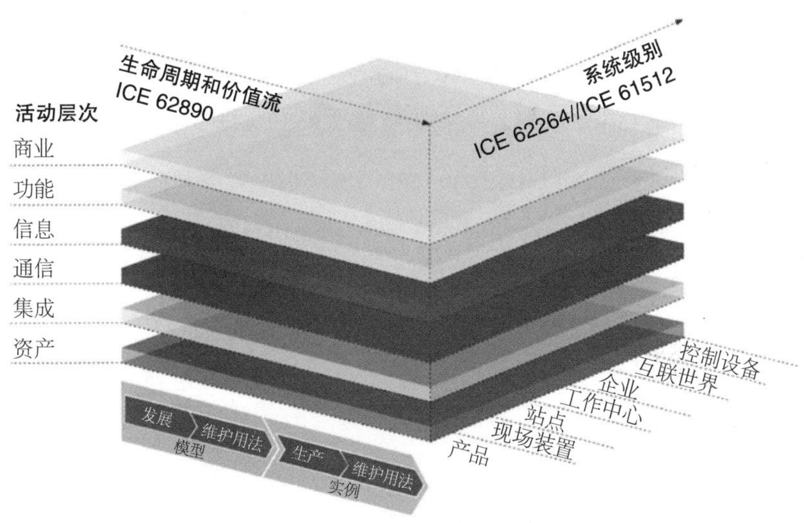

图 4–4　参考架构模型RAMI40（工业 4.0 实施策略）

合适的参考架构要展现工作组通过讨论确定的要求，就像各组件重要的IT系统可当作所谓的管理程序投入使用一样。其中，模块之间的通信接口涵盖现实模块中的所有数据，被称为“数字双胞胎”。

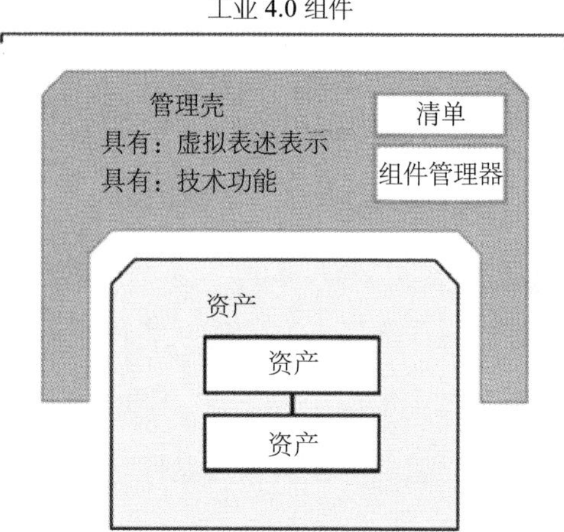

图 4–5　工业 4.0 组件参考模型（工业 4.0 实施策略）

除此之外，参考架构还为工业 4.0 标准和规范的使用和发展提供建议。DKE 出台工业 4.0 规范化路线图，并且在实施战略的第 6 章列出潜在的工业 4.0 相关标准的清单。经验表明，这将会很棘手。但是，对面向全球，以出口为导向的德国工业来说，确定全球通用标准体系中的技术要求十分重要，工作组将以此为出发点。

网络系统安全性

越发广泛的数字化为工业带来了日益明显的安全问题。2015 年 4 月，夫琅和费开放式通信系统研究所（FOKUS）公共信息中心出版该机构的宣传册，前言如下：

> 安全性以基础设施为背景，该基础设施防止外部入侵（防卫），同时确保内部越来越复杂的相互依存的结构正常运作（安全），我们的日常生活以此为依靠。随着信息技术在社会中

的不断渗透，不仅防卫和安全之间的界限日益模糊，两者还相互影响。

在生产过程与机器设备的控制和监管中投入标准软件大大增加了安全隐患，因为和办公电脑一样，工业流程也同样面临着黑客攻击的风险。投入信息物理系统和在工厂中使用移动终端同样会增加该风险。如今，已有数十亿台设备通过互联网彼此相连。各类设备、机器和产品中安装的软件使通过移动设备进行远程调控成为可能。

防卫已经不仅仅是使用个人电脑时，通过设置密码或安装防火墙来认证用户或是管理员这样的问题。当设备能够通过软件被其他设备操控，那么设备之间必须相互验证。否则，这就属于入侵工业流程，抑或是终端用户开启了产品使用之门。

安全和防卫两个概念的相似程度可以通过此问题体现：当设备间存在不安全的连接，企业技术设备和产品安全以及人们的安全就不能保障。因此，必须建立安全的通信连接。

此外，工业 4.0 实施战略的第 7 章和最后一章体现了挑战的重要性，主要涉及网络系统的安全性。实施战略虽然足足有 20 页，却没有任何实际的实施方法。为此，越来越多的假说出现了，比如典范性的实施方法和应对详细列出的威胁的建议。还有的和本章引言一样：

> 安全性是工业 4.0 价值网的推动者……当信息和数据确保能在证实过的合作伙伴之间正常而安全地交换时，就会产生信任。这是工业 4.0 安全性的主要任务。办公和生产系统的安全性若是得不到保障，工业 4.0 就无法实施，因为多疑的通信过程没有任何信任。

现实中，数据安全性这一主题不会随着日益增长的数字化而消失，反而会更加严重。对于因此而出现的许多问题，还没有相应解答，并且人们并不知道这个问题是否真的有答案。如今，软件越发重要，一切设备都能通过互联网相连，人们在越来越谨慎和小心的同时，也面临着更多的潜在危险。适应这一变化是工业 4.0 的挑战。整个社会完全免受恐怖袭击的伤害是不可能的，公司、员工或是产品使用者不再经历故意或是无意的技术系统故障，也愈加困难。

然而，我们不该在面对潜在危险和安全漏洞时紧闭双眼，祈祷这些危险不会出现在自己公司、自家产品或系统中。相反，现在正是整个行业共同应对这一问题的大好时机。

先进的工业企业和研究机构就此提出解决方案，包括物理不可克隆功能（PUF）。这样，互联网上的东西可以被清楚识别，也可以为网络和应用安全性提供安全解决方案，确保工业通信点的安全。

薄弱环节分析方法应该像永久安全监控，帮助人们尽快识别攻击和不必要的行为，然后尽快做出反应。实施战略中这样写道：

> 今天，检测出一次入侵的平均时间为几百天，还有更多的入侵未被相关企业检测出来。

企业必须完善各自的安全战略。科技和有条理的解决方法只是必要措施中的一部分。第二个重要方面是组织结构上的措施，减小或填补安全漏洞。对此，员工的培训十分重要。只有当他们知道他们什么时候能在什么地方为安全性做些什么，才能贡献自己的一分力。

第三个方面是产品和设备的复杂性和机器设备本身：它们的升级不仅仅有助于功能性要求的实施。升级必须同时减少（或者至少尽可能减少）其他比目标功能更明显的可能性。软件通过移动终端实现对设备的监控，必须同时防止出现对该设备非必要的监控。软件瞬间（运行过程中的更新和重新编程）进入新状态的同时，必须确保它不会因未经授权的行为而进入非正常状态。当然，不仅仅是机械模型和电子设备的电路应受到保护，该元件包含的知识产权也不能被剽窃。此外，软件和监控系统的源代码必须是安全的，以防止未经授权的访问和修改。

这意味着，安全性不仅仅是信息技术安全问题，它还是所有研发和生产参与者的永恒挑战。所需基础设施的中心进行数据管理，这里加密储存了关于整个生命周期的所有技术参数，可供有权限的用户查阅。产品生命周期管理（PLM）在工业 4.0 中的重要性非但没有减少，反而与日俱增。网络系统的安全性也是如此。

实际项目

在工业 4.0 平台的理论基础上，通过其第一个网站了解，工业 4.0 在实践中的应用以及实际上有代表性的已成为样本的产品和项目。在了解全面参与工业 4.0 的工厂或是企业网这一方面，该项目根本没有涉及。这也是不敢想象的。变革一开始涉及面广，很多领域牵扯其中，转变过程太复杂。在工业 4.0 的大旗下启动的一部分已经顺利完成的项目也有很多。

除了此前详细介绍的工业 4.0 平台，主要还有两种了解已经成功完结项目的途径。

1. 皮埃尔奥多音（PAC）咨询公司建立 PAC 创新网上注册，在这里列举出检测和评估的工业 4.0 相关的企业文件、生产方数据、范例研究和物联网。根据PAC所述，2015年年末，包括近200个项目的数据银行每月增加30个案例。它们将在检测、分类、达到基本成熟标准之后被公布。每人都可以注册并申报自己的项目，项目列表可公开下载。

2. 由联邦政府资助的卓越群体it's OWL（这一名称代表东威斯特法伦–利珀河智能科技系统）支持总共47个项目的实施，这其中包括机械制造、电气和电子行业以及汽车供应商的工业企业，连同区域性科研机构，为市场带来新产品、科技和应用。除此之外，73个所谓的转让项目已经启动或是竣工了，还有数百个项目将在2017年年末竣工。中小型企业没有自己的资源或是资源匮乏，这些项目使它们引进先进科学技术成为可能。在卓越群体的主页有对项目特征的简要说明以及与项目相关的详细描述。我们将在第12章介绍it's OWL的工作细节。

工业4.0平台的主页上，有对实际项目的研究及发展活动的准确概括。工业4.0地图以“实践中”为标题，目前进行中的207个项目，按照应用实例以及测试和能力中心分类，按照地点在德国地图上进行标注。一方面，参观者可以获得项目列表，不仅仅有简短说明，还有每个项目的详细介绍。反面还有对下列问题的简单回答：

- 什么挑战值得去面对，这会带来什么具体利益？
- 工业4.0的解决方案是什么？
- 这能取得什么样的成果？
- 通过什么措施能解决问题？
- 其他人可以从中学到什么？

另一方面，可以设置过滤，决定什么样的项目值得被展出。这是非常有用的，因为过滤可以将项目区分开来，可按应用领域，如制造业或物流业；或按价值链，如生产和供应链，或是设计和编程；再或者按联邦州、按发展阶段和企业规模。

从应用领域的角度出发，制造业以 104 个项目成为最受期待的代表。基础设施和物流分别各有 15 个项目，教育和培训（6 个）、农业（6 个）和其他类（4 个）只有较少项目。

令人担忧的是，迄今关于教育和培训的项目很少。它们分别有 3 个位于巴伐利亚州、巴登–符腾堡州、黑森州和莱茵兰–普法尔茨州。作为 SAP 2013 发起的倡议，位于莱茵兰–普法尔茨州的学院立方体针对专业人员匮乏和能力不足，通过特别资助的商业社团，为数学、信息技术、自然科学和科技领域搭建进修平台和网络平台。智能匹配系统将进修课程和公开职位相匹配，为求职者创造了更合适的机会。来自产业、政治和学术领域的超过 50 个合作伙伴支持该平台。

所有项目首先集中在三个州：巴登–符腾堡州（38 个），北莱茵–威斯特法伦州（30 个），巴伐利亚州（24 个）。其中北莱茵–威斯特法伦州之所以有如此多的项目，要归功于卓越群体 it’s OWL 的活动。仅从制造业的应用实例来看，各州数量排名几乎是相同的，前三名也是这三个联邦州，且顺序相同。

绝大部分的资助工作被投入到价值网的生产和供应链上，这里列出了 99 个项目。其次是设计和编程（30 个）、物流（21 个）、服务（20 个）和其他（16 个）。活跃的公司取得显著成功主要依靠快速实施，因为 79 个项目已经市场成熟且大有成效，还有 31 个项目处于上市或是试制阶段。相比之下，科研项目以及示范项目各有 20 个。

参与企业的规模让人印象深刻，从中可以看出，德国的工业4.0面临着什么样的挑战。超过15 000名员工的公司负责最多的项目（63个），其次是有5 000至15 000名员工的企业，负责59个项目。37个项目由员工数量在250名到5 000名的企业负责，另有59个项目由规模最小的企业（员工数量在250名以下）负责。超过半数的项目由大公司负责，迄今为止，德国绝大多数企业是中小型企业。当人们单看与制造业相关的项目，这种不平衡便十分明显。66个项目由拥有超过5 000名员工的企业负责，相比之下，44个项目属于小企业。

有些企业很活跃，并且是一些项目的引领者：西门子（16个），博世（14个），ABB（10个）和德国电信（8个）。引人注目的是，汽车制造业并不积极。作为唯一大型制造商，大众汽车名下的项目只有4个。重点显然是生产计划和控制优化，而不是产品和服务创新。项目集中于虚拟的计划书、物流和虚拟运作，以及计划中的手势识别。只有一个项目M.A.R.S.（无标记增强现实系统）应用现代数字技术来验证设计数据。

除了应用实例，地图上还有20个测试中心和5个能力中心。这5个能力中心位于柏林–勃兰登堡、黑森州、下萨克森州、北莱茵–威斯特法伦州和莱茵兰–普法尔茨州，是2015年德国联邦经济与能源部支持成立的，资助重点为“中小企业–数字–经济信息及通信技术”，资助那些投入现代信息通信科技的企业。其中已经有15个围绕信息标准的资助项目和15个以“中小企业可用性”为口号的项目。工业4.0地图上的5个能力中心，主题为“中小企业4.0–数字化生产和工作流程”。2016年还增加了手工业能力中心，其他的能力中心还在规划中。还有4个所谓的“中小企业4.0–机构”来传授专业知识。这些中心首先帮助中小企业，为工业 4.0 做准备。

20 个测试中心和应用实例的分布不同。北莱茵–威斯特法伦州凭借 6 个实验室位居第一，紧接着是巴登–符腾堡，有 5 个。巴伐利亚州只有一个实验室，和不来梅、勃兰登堡一起排在最后一位。试验环境大多是大学和研究机构的实验室。我们不能理解为什么巴伐利亚州的大学不设立自己的中心来参与平台的活动。

工业 4.0 平台的项目地图很有启发性。经过努力，已经取得了很多实际成果，包括产品、组件、软件系统和其他。在工业 4.0 的第一个五年计划内，市场因一些工业 4.0 产品而变得富足。西门子、博世、ABB 和德国电信等一众重要的参与者已经走在前沿，这对德国是有利的。

活动的重点显然是优化生产和规划，并增加其灵活性，来适应整个倡议的焦点。公司很少在意自己在产品方面的创新能力，以及在相关的服务方面的创新能力。这对德国是十分不利的。当工业在产品生产及所需的工厂和设施方面越发优秀和灵活后，对那些将来以它们的产品来盈利的人都好。这不一定只是对制造商本身，机智的服务提供商也可以从中获利，它们能更好地理解应用软件、云和互联网，而且也不一定只局限于德国。

事实上，中小企业对国家的贡献没有人们所说的那么有代表性。这一现实验证了许多政治家、分析师、研究者和 IT 厂商的言论，他们发现，作为工业 4.0 的支持者，中小企业满是猜疑、小心和无知。另一方面，5 个联邦经济与能源部的能力中心和中小企业 4.0 机构是否能提供足够的帮助也无从得知。

工业 4.0，不是生产 4.0

工业 4.0 作为德国倡议被世人熟知，经过了很多年。这期间，工业 4.0 已经成为工业领域中关于科技进步的讨论的驱动因素。这里的重点明显是生产，而不是整个产业链，这一事实导致工业 4.0 在国际上也被看成一项倡议，该倡议涉及自动化，而其他国家和其工业已经完成定位，并且指责物联网。

2014 年，美国 5 家企业成立工业互联网联盟（IIC），截至 2015 年年末，不到两年时间已经有和工业 4.0 平台一样多的注册会员，而且好多重要企业已经成为两个倡议的会员。2015 年年中，各专业媒体展开了一场激烈的讨论，探讨这两个协会哪个更重要，哪一个在标准化和参考架构方面领先一步。两个机构的领导人不是特别高兴地发表声明，从而点燃了这场讨论的导火索，虽然他们希望这场讨论是客观的。

之后，一场有建设性意义的讨论开始了。最终，工业 4.0 和 IIC 的代表共赴苏黎世进行非正式会面——特别是来自博世、思科、IIC、倍加福、SAP、西门子、史太白和 Thingswise（新思维）的代表。随后，2016 年 3 月 3 日，BMWi 和两个机构的代表在柏林召开新闻发布会。两个模型，RAMI40（工业 4.0 的参考架构模型）和 IIRA（工业互联网参考架构）联合，以便未来合作。双方希望在标准化方面进行合作并且使用通用测试环境。为此，双方要拟定一个共同的路线图。

关于工业 4.0 平台主页的媒体报道十分详尽，例如就包括实时创新（RTI）的负责人、IIC 指导委员会成员斯坦·施奈德（Stan Schneider）的声明：

> 工业 4.0 平台方针及其紧密联系的工业制造很好地补充了 IIC 方针，IIC 集中于医疗保健行业、交通运输、能源和智能城市领域的物联网应用。

汽车工业的例子体现出边界在何处：对于汽车和汽车生产，RAMI40 更胜一筹，而对于物联网中的汽车，IIRA 更适用。技术人员在他们的会谈中就此取得了一致看法，他们将对方的活动看作自身的补充。未来，非正式小组应该继续寻求靠拢。

站在德国的立场，这一步可能朝向错误的方向。制造业并不等于生产，手工制造也并不等于手工。德国企业是否全面分析了数字化并且同时考虑到了物联网，它们产品的开发和它们自己的商业模式是否也是如此，这对德国企业及其在物联网时代的角色来说是具有决定性的。否则，工业 4.0 平台和德国企业将成为美国物联网主角的附属品，一个针对制造业这一特殊领域的附属品。

2016 年汉诺威工业博览会上还出现了另一个倡议——法国未来工业联盟，之前被称为“法国工业 4.0”。会上，两个倡议的共同行动计划被递交给联邦经济与能源部部长西格玛尔·加布里尔和法国经济部部长埃马纽埃尔·马克龙（Emmanuel Macron）①。此外，RAMI40 基础上的国际标准化执行方案的第一版于 2016 年年末公布。尤为重要的是，两国企业可使用具体的应用实例——“最新的生产流程范例以及试点项目和研究项目”，首要的是生产流程。

各联邦部长和工业 4.0 平台代表同中方代表进行了不同领域的多次磋商。截至目前，双方都表露出了相互合作的意愿。

---

① 马克龙于 2017 年 5 月正式就任法国总统。——编者注

第 5 章　工业互联网联盟：软件强国的再工业化

乌尔里希·森德勒

提　要

工业化的历史并不是一部和谐的世界发展史。和作为开路先锋的欧洲相比，美国后期发力，迅速抢占第一经济强国的位置。但是几十年过去了，新的科技驱动者——计算机，使全球工业分离成硬件和软件。美国工业也在设法主导接下来的数字化进程。目前正值制造业和设备行业更新换代之际，此时谁将主导工业数据业务？工业互联网协会会帮忙吗？目前美国暂且放弃在硬件工业的地位，说明这是其弱项。因此，美国启动再次工业化。而德国长期专注于硬件，如今可以与复苏中的依仗其数字化主导地位的美国工业一争高下。

后来者居上

与英国、法国和德国相比，美国工业加入国际竞技场的时间明显迟了许多。1769 年，当詹姆斯·瓦特在英国发明蒸汽机时，美国尚未建国，并且还没有完全占领印第安人的土地。1765 年，9 个英国殖民地第一次拒绝向英国继续交税。1772 年在波士顿倾茶事件中，美国爱国人士登上英国人的船只并销毁他们的货物。1776 年，大陆会议批准了《独立宣言》，殖民者和殖民地之间的战争开始，并持续 7 年之久，直到 1783 年，战争才以英国正式承认美国独立而结束。此时，法国和德国也已制造出蒸汽机，并且处于工业社会的发展中。

在欧洲核心国家强化自身工业并将其转换成在各大洲扩展殖民

地的新力量时，美国正忙于制定国家宪法，持续扩展国家领土（由东北至西南），从而导致和墨西哥的战争。19 世纪反对奴隶制的斗争，是对美国宪法发起挑战的标志。靠农业和棉花种植而生的南方联盟在 4 年战争后，于 1865 年输掉了内战。而这个新国家的军事和政治重建长达 10 年之久。

直到那时，美国才开始集中推进工业化。1869 年，第一条从大西洋到太平洋，横跨大陆的铁路线投入使用，并于 19 世纪 80 年代初兴盛起来。丰富的铁矿石、煤炭和很多自然资源储备为刚刚开始的追赶提供了条件。19 世纪末 20 世纪初，美国的欧洲移民人数达到最高点，1924 年，美国的移民法案对此进行了限制。美国的人口数在 1870 年至 1920 年从 3 850 万增加至 1.06 亿。早期，美国发明者申报创新产品专利。在短短的 40 年内，美国工业超越了它的欧洲竞争对手。到第一次世界大战结束时，美国已经成为世界上最大的经济体。

这也是第二次工业革命开始的时间点。福特和美国汽车工业为之定下基准，电力、石油作为能源，流水线和批量生产是发展的核心，这使制造出的产品价格下降了，大众也买得起了。同时，泰勒制也在实施中。弗雷德里克·温斯洛·泰勒（Frederick Winslow Taylor）整理并总结出组织工作流程的方法，这是首个基于实际生产，针对工业生产的科学管理方法。工作分配横空出世，将专业人士进行专业分工，分配特定的工作和生产线，美国也因此改变了整个世界的工业。

汽车、飞机、火车、机械——直到 20 世纪中叶，确切地说是美国在第二次世界大战中取得胜利后，美国的产品以及研发和生产方法才成为全球工业的主流。同时，美国人的生活方式被贴上幸福的标签，好莱坞电影、爵士乐和摇滚乐就是很好的证明。

20 世纪五六十年代，计算机的出现推动了科技进步。随后，可编程微电子设备、微型集成电子电路和软件从根本上成为改变世界的科技。战后，德国工业因为马歇尔计划和美国全方位的帮助而再次强大起来，并被世人誉为经济奇迹。美国利用电脑和可编程存储的控制装置迅速完成生产及各种企业设备的自动化。如今，美国被称为第三次工业革命的引领者。实际上，德国工业在随后的几十年中，成功地在全球范围内多个行业取得领先地位，而美国或多或少地完全放弃了许多行业，并输给其他国家。

但是计算机本身也在发展着。软件，原本是计算机整体的组成部分，被独立出来。硬件变得越来越小，而其功能、运行速度以及内存容量飞速增长。计算机工业并不是能帮助德国占据领导地位的行业。相反，这个行业，就像计算机本身，起源于德国，在 20 世纪后半叶消失。而美国始终占领着这个高科技产业。

20 世纪中叶后，工业化的发展至少经历了两种不同的途径。首先，因为硬件和软件的分离，高科技工业出现了分岔路。其次，美国制造商将计算机生产和数据处理辅助仪器的生产外包。这最终导致亚洲生产商在这一领域占据主导地位。但是当计算机和微电子投入使用的时候，工业开始了第一次分离。一方是德国，首先使用电脑技术，来研发和制造各种高质量的机电一体化产品。另一方是美国，独自进行高科技的进一步研发。图 5–1 展示了最晚在 1970 年，这两种完全不同的工业发展分道扬镳的情况，那时正值计算机科技使可编程储存的控制装置投入自动化成为可能。

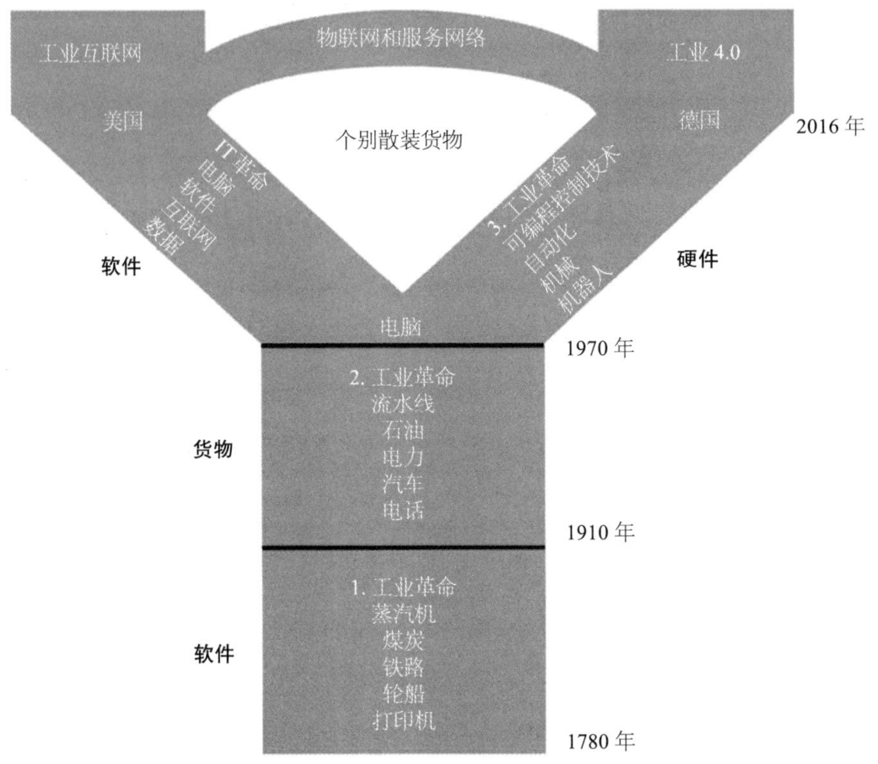

图 5–1 随着计算机技术的出现，该行业的硬件和软件分裂发展

软件发展的国度

有两个例子可以很好地解释已经提及的发展，从硬件到软件，从互联网到数据。同时，人们可以理解，为什么美国长时间无可争议地引领着世界范围内的数字化（即便不是在所有领域）。

一个例子是 IBM。赫尔曼·何乐礼（Herman Hollerith）于 1896 年创建制表机器公司，主要业务围绕用机器获取和评估通过穿孔卡片输入的数据。1910 年，他成立 DEHOMAG，即德国何乐礼机器公司（德国分公司）。1924 年该公司更名为“国际商业机器公司”，简称IBM，因为其产品线由进行打孔、检验、整理的机器，混合打孔卡和其他办公室机器组成。顺便提一下，通常这些产品会租给顾客。

第二个例子是惠普。1939 年，两个加利福尼亚州斯坦福大学的毕业生威廉 · 休利特（William Hewlett）和戴维 · 帕卡德（David Packard）创建了这家公司，他们的首个产品是音频发生器，首批客户之一是沃尔特 · 迪士尼工作室。在惠普成为国际电脑公司之前，其主要收益来源于各种各样用于计量科技，后来也用于医药科技的设备。

IBM早在 20 世纪 50 年代就已经投身于电脑生产，1960 年推出第一台晶体管线路、可编程存储的IBM电脑。惠普于 20 世纪 70 年代着手台式电脑生产，20 世纪 80 年代开始生产个人电脑。

休利特和帕卡德在一个车库组装了他们的第一个发明，这个车库就是后来硅谷的第一座建筑。硅谷最开始是 1951 年的斯坦福工业园区，一个位于美国西海岸、毗邻斯坦福大学的，离旧金山不远的研究和工业区。早期的电子工厂员工和大学毕业生在此创建小企业，研究新的理念并研发产品。随着 20 世纪 60 年代计算机技术的普及，高科技企业越来越多。

在德国工业致力于以计算机为基础的自动化的时候，美国发展着自己的高科技行业，并使其在不久后就超过了传统工业。20 世纪 50 年代，1/4 的美国人仍从事制造业。如今，制造业的从业者连 1/10 都不到。仅在 1989~2009 年，该行业工作岗位便锐减近 600 万个。美国制造业占 GDP（国内生产总值）的比重仅为 12%，是德国的一半。而美国在数字化领域拔得头筹，这比传统产业的低迷更令人惊讶。总部在美国的公司获得了全球软件收入的 80%。《南德意志报》这样写道：

> 也许没有哪个国家比美国更称得上世界第一的名号。其公民的创业精神、打破常规的热情和对计算机的激情给他们带来了良好开端。

大型计算机之后，台式机、便携式计算机、个人电脑和Unix计算机纷纷出现，之后，美国发明了互联网。第一代便携式手机，在当时赫赫有名（如诺基亚和索尼爱立信），当它们在欧洲和亚洲站稳脚跟的时候，来自硅谷的发明者在20世纪90年代以互联网为基础开始了新的尝试：凭借iPod播放器，iPhone手机和iPad平板电脑，苹果公司定义了一种通过消费电子产品的新型交际和通信。谷歌、亚马逊、脸书和许多其他一并出现的供应商，对这种新型交际，不再寄希望于硬件，而是投身互联网和数据。

20年前，数据业务是一项不涉及消费者数据的业务。供应商提供免费或是非常便宜的新应用程序来简化和提供更舒适和便捷的日常生活。使用和互联网相连的移动终端的用户不会关心，他们的使用数据被用在什么地方。数以百万计的用户数据经过过滤和分类成为信息，以此为基础出现了各种形式的业务及其背后新的迅速崛起的消费品制造商集团。主要业务是提供互联网广告平台，而越来越多的企业开始为此支付越来越多的金钱。

2013年，苹果已经取代可口可乐成为“最有价值品牌”，现在谷歌的母公司Alphabet是苹果最有力的竞争对手。消费品（饮料）之后是电脑（智能手机和平板电脑），硬件软件之后是用数据牟利的业务（搜索引擎作为广告平台）。几十年来，软件和数据业务已强大到足以弥补美国传统工业（如机械和设备制造）的亏损。

互联网新标准 IPv6（互联网协议第 6 版）使数据业务再次扩展成为可能。当每个产品拥有各自的互联网地址时，设备数据同样能成为商业模式，因为各式各样的设备能创造并提供新型服务。这是另一种商业模式，因为其主要业务是产品和投资货物的数据，仅在特殊情况下涉及消费者数据。但谁又能比美国的软件和数据业务创始者更有资格来定义这种新的商业模式呢？

微软借助软件设计业务，领先于像惠普和 IBM 这样的计算机时代先行者。苹果以移动设备和互联网业务超越微软。谷歌以纯数据业务超越苹果。新的企业家、机智的初创公司、勇敢的创新者不断涌现，确立了美国经济 100 多年来的领先地位。惠普和 IBM 努力在新时代找到并确认它们作为咨询和技术供应商的地位。但是在这个新的圈子里，它们的名字和品牌还不为人所知。

工业互联网联盟

2014 年 3 月 27 日，AT&T（美国电话电报公司），思科、通用电气、IBM 和英特尔在波士顿宣布工业互联网联盟成立，第一次新闻发布会的主题“优化物理世界和数字世界的融合”就是它们的目标。副题“更安全地使用大数据”是它们为促进这项业务而设立的进一步目标。

该联盟由电信集团、网络化产业引领者、电子和运输公司，以及两家 IT 公司发起。美国商务部部长彭妮·普里茨克（Penny Pritzker）[①] 在新闻发布会上表示：

① 普里茨克于 2017 年 1 月卸任。——编者注

> 奥巴马政府期待和像IIC那样的公有—私有合作联盟进行合作，使创新产品和工业互联网系统成为智能生产、医疗、交通等各个领域的就业机会。

每年为信息物理系统的研究和开发准备的预算为1亿美元，这也同时是美国联邦政府政策支持的一部分。但和德国不同，政策不会决定倡议，它只是持续观望。

督导委员会首先确保5个创始成员都占有一席之地，再补充6名成员：两名所谓的赞助会员企业，每4年通过选举产生，从目前到2019年是SAP和施耐德电气；还有两名来自大企业和一名来自中小企业的成员，每年选举产生；最后一名成员来自非营利组织和科研机构，也是每年选举产生。

委员会的业务领导由对象管理组织（OMG）负责，其主席兼首席执行官理查德·索利（Richard Soley）也是IIC的现任执行董事。他也领导督导委员会成员，是督导委员会非选举产生的第12名成员。

OMG于1989年成立，致力于开发针对所有生产商和系统的面向对象系统标准。OMG由IBM、苹果、太阳计算机系统等11家企业共同成立。其间，OMG有超过800名成员，并且创立了许多国际公认标准。除此之外，还有几年前由德国汽车工业要求的需求交换格式（ReqIF）。OMG的总部位于马萨诸塞州的尼德姆。

公共对象请求代理体系结构（CORBA）至少在IT专业人士间颇有名气，它简化了异构环境中的分布式应用，并创建了统一建模语言（UML），UML允许以标准的语法对面向对象系统进行建模和记录。

这样，IIC选择了一个非常有才干的国际公认机构来指导各项活动。难怪委员会在国际上的扩张不日而至。

2014 年 9 月对督导委员会进行选举的时候，IIC 共有 68 名成员。到 2015 年 9 月初的第二次选举时，委员会已经有来自 26 个国家的超过 200 名成员。许多积极参与工业 4.0 的公司也同时加入了 IIC，例如 ABB、博世、SAP 和西门子。

和工业 4.0 平台一样，委员会的工作是以小组的形式组织进行的。IIC 也有一个参考架构，工业互联网参考架构（IIRA）。虽然这多少会让人想到工业 4.0 的参考架构，但是它更为普遍（图 5–2）。IIRA 于 2015 年公布这一架构，并且可以在委员会主页上进行下载。

图 5–2　工业互联网参考架构

资料来源：IIC

IIRA 和德国的参考架构相比，缺少详细的技术方面的说明。一同公布的相关配图很容易让人想到软件架构和流程图。与此同时，IIC 发布工业互联网标准词库的第一版，通过概念和定义在 IIC 文件中的使用方法对其进行解释，同时标有出处。

委员会的主要工作任务是所谓的测试床（Testbeds），也就是测试环境，由一个工作组专门负责。对此，IIC 主页有专门的描述，翻译如下：创新和工业互联网的机遇、新科技和应用推动、新产品和服务在测试环境中诞生，仔细严格审查其市场实用性。

迄今已经公布6种测试环境（已计划了8种）。一个例子解释了什么是测试环境及其如何工作的：设备效率。测试环境配有一名督导成员，这里是印孚瑟斯（Infosys），以及辅助成员——博世、GE、IBM、英特尔和美国参数技术公司（PTC）。测试环境的对象是市场上的高科技、工业制造、独立和加工工业、自动化、航空技术等配有高品质的固定设备和流动设备的环节。其挑战是寻找新的解决方案。在这个例子中，只有15%的运营商能确保在这种情况下最有效率地实施了系统化的措施。作为应当实现的目标，及时收集有用、精确的设备信息，并分析得出正确决策。最终，会成为“实施中的测试环境”的实际例子来进行介绍和描写，在这种情况下是一个飞机起落架的例子。

在工业互联网联盟成立的半年内，联盟在实际措施的执行方面已经颇有成就，新产品和服务的研究得到了简化和支持。这种措施似乎在很大程度上借鉴了美国IT和互联网集团的研究方法。首先是十分有成效和专业的市场营销观念——这是美国倡议最令人拍手称赞的地方。人们可以在IIC的主页上立刻找到他们需要的东西，当然还有合适的合作伙伴。

谁将赢得工业数据之争

美国是2016年汉诺威工业博览会的合作方。《法兰克福汇报》在博览会开幕不久前进行了特别报道，标题为“未来的制造”，副标题是“美国定好基调”。

当时的美国总统贝拉克·奥巴马和德国总理安格拉·默克尔共

同为展会揭幕。在对“女主人”的盛赞声中，奥巴马强调了美国经济和工业的实力。默克尔微笑着回答：“我们已经全副武装。我们喜欢竞争，而且也会赢。”

美国有 465 个参展商，大约是前几年平均数的 5 倍，遍布所有展厅，当然也在自动化和数字工厂的 IT 大厅中出现。

竞争的对象究竟是什么，仍无从得知。当然，半个世纪以来，美国制造业（包括机械制造和设备制造）逐渐衰落。即使每年有数亿美元的投资，也没能改变这一局面。德国工业在研发、生产规划和制造方面大幅领先且很难被超越。而美国的高科技产业、互联网和数据集团的领先也同样很难被超越。

一场新的竞技已经拉开序幕，双方蓄势待发。美国的投票权遵从纯粹的少数服从多数原则，赢家和输家之间有着明显的区分，即“成王败寇”，这在美国广泛流传而且绝不只是政策操作。一个国家，用互联网和数据业务统治全球数字化数十年，如今瞄准工业互联网数据业务，这似乎很正常。尽管如此，人们常会忘记，美国工业集中于互联网，而其对数字化的重视程度还远不及德国正常的程度。美国在数字化领域是世界市场的领导者，但是大多数日常用品却远离物联网时代的现代产品世界：落后的机械学、机电一体化。就连互联网基础设施在美国的大部分州也很糟糕，而且绝不比在德国好。德国和美国一样有大州，那里理所当然可以轻松连上高速数据的宽带。德国和美国一样，几乎不可能在较短时间内创造出更好的条件。只要在火车旅行的绝大部分区段没有互联网信号，就不能把物联网看成大众市场。

但是，许多德国工业的管理者认为，在可预见的未来，没人能动摇他们的产品在全球市场上的成功。这也是错误的。因为企业的数字化以独立应用为基础，还不普遍，没有完全联网且不依赖互联网。首先，联网带来的新的可能性使德国产品如虎添翼，富有想象力的软件专家参与其中。同时，这些加分项是不可见的。

不管是为人还是货物设计并投入使用的电梯都有很长的使用寿命。在使用期限内，电梯需要定期维修。尽管如此，系统组件突然失灵的情况也常常发生，使用目的不同，故障会产生不同程度的后果。很多故障早在准备阶段就有征兆。电梯的运行声音不同以往，门不像往常那样开启或关闭，同时还伴有明显的杂音。显示元件和电子元件变得古怪。所有这些都是征兆，可以通过外部观察或是通过测量和设置传感装置来发现。而这种情况下，生产商的产品数据无须知道，也不用在电梯内部装入相应的测量装置。一个在电梯外部的小型智能设备就足以解决问题。

几乎所有和设备使用相关的数据，都可以成为侵入点，制造商和顾客间出现了第三方服务商，它们提供物美价廉的服务，接手维护和服务业务，极大地干扰和破坏了制造商和顾客之间的关系。

对第三方供应商来说，从事和生产商的原始产品数据相关的业务更加困难。原始产品数据不容易被截取，它们属于对其严加防护的生产者。相反，来自工程和来自模拟、测试的原始数据的连接是生产商强有力的加分项，因为可以就此提供和其他人完全不同的服务。电梯生产商已经从这些数据中尽早发现故障，不需要等到奇特的声音或是其他异常运行出现就可以确定，因为它知道额定值是什么，以及哪些在失灵状态下应该关闭。然而，生产商必须为此有持续的数据记录，可以随时获得工程数据和公司的数据。

这是即将驶入的名副其实的雷区。所有数据都不知道，不能接触到服务的理论基础，甚至用产品数据可以提供的服务也不为人知。想要在这一领域找到自身定位，除了产品、工程和生产相关知识外，还需要创意和为闯入全新领域所做的充分准备。

美国已经证实自己是软件业务、互联网业务和数据业务的沃土。在工业的进一步发展上，美国稍微超过德国工业。新业务的几个重要差异显而易见：

- 谷歌为在自己的主页上列出的企业运营十项原则中的第一项，名为“以用户为中心，其他一切水到渠成”。德国汽车生产商的最著名的广告来自奥迪，即使在美国报纸上仍用德语写着：“Vorsprung durch Technik”（突破科技，启迪未来）。全球软件和硬件方面的大师，行事方法的差别一目了然。
- 一方面，创新和勇于尝试并因不够优秀而放弃，成为硅谷创业的核心品质；另一方面，德国的工程师作为工业最重要的工作人员，始终以他们的严谨认真而出众，甚至有时苦苦钻研一个细节，直到竞争者已经成功推出更差的模型。
- 加利福尼亚的初创公司本身就是德国数千个中型工业家族企业的对立物。可类比的融资网在美国就像流水线，批量生产出创业公司，这些公司中总有像谷歌和脸书这样的企业，而在德国却没有。

所有人都紧张地注视着两个如此不同的工业国家，未来几年在新的领域的竞争。此时还没有人能够预言，谁终将取得胜利。

第 6 章　中国制造 2025：向制造强国迈进

乌尔里希·森德勒

提　要

自 20 世纪 70 年代末以来，中国已逐步向着工业化国家的方向发展。“中国制造 2025”传达了中国要成为全球第一工业国家的目标。虽然人们对此还持有怀疑，但在审视各个领域之后，会发现这一目标绝不是不可实现的。德中合作为双方创造了巨大的机会。

中国制造 2025

1911 年辛亥革命后，孙中山宣告“中华民国”成立，从而结束了 2 000 多年的中国封建帝制，而此时，西方世界已经开始了第二次工业革命。那时，中国几乎没有任何工业。经过抗日战争和解放战争，中华人民共和国于 1949 年成立，享有独立主权。

在过去的几十年里，中国迅速赶上了工业化的脚步。许多城市成为拥有数百万人口的大城市，中国从一个农业国家变成了工业国家。网上列出的全球拥有超过 1 000 万居民的 13 个大城市中，中国独占 4 个：北京（2 000 万），上海（1 920 万），广州（1 110 万）和深圳（1 060 万）。成千上万的人找到了工作，中产阶级开始壮大。但近年来，我们明显看到这种发展正经历着一场重大转折：劳动成本升高，增长减缓，中国不再是驱动全球经济增长的势不可当的力量。

2015年5月19日，中国为改革发布首个十年计划，标题为“中国制造2025”，之后还会有两个计划，如同官方公告中所写，为了使中国截至2049年成功进入制造强国前列。到中华人民共和国成立100周年时，中国将成为世界制造强国。两年半的时间里，共有150位科学和经济领域的专家共同着手进行这项计划的起草工作。2016年开始的面向经济各领域的新五年计划，是工业迅速现代化的标志。中国将工业4.0倡议视为典范和启发者（参见第7章）。下面的内容由新华网为本书提供，将在第7章进行具体阐述。

概述

《中国制造2025》提出九大战略任务，按优先级排序：

- 提高国家制造业创新能力
- 推进信息化与工业化深度融合
- 强化工业基础能力
- 加强质量品牌建设
- 全面推行绿色制造
- 大力推动重点领域突破发展
- 深入推进制造业结构调整
- 积极发展服务型制造和生产性服务业
- 提高制造业国际化发展水平

以下10个主要工业领域是高科技制造业和电子行业的核心领域：

概述

这 10 个核心领域为：

- 新一代信息技术产业
- 高档数控机床和机器人
- 航空航天装备
- 海洋工程装备及高技术船舶
- 先进轨道交通装备
- 节能与新能源汽车
- 电力装备
- 农机装备
- 新材料
- 生物医药及高性能医疗器械

批准的计划得到大量的财政支持，而资金额度还未公布。最初的《中国制造 2025》集中于五大项目，其中包括建立制造业创新中心，强化工业基础能力和推行绿色制造。到 2020 年，会进一步形成 15 个创新中心，到 2025 年，总共将有 40 个。

行动纲领中表明，该计划首先依靠市场，同时由政府资助。直到 2020 年争取达到，新产品的所有成分和所有原料的 40% 来自中国，到 2025 年这一比例将增长至 70%。知识产权法应该特别保护中小型企业。知识产权应当能够成为业务战略的一部分，企业应当获得许可，来自主定义技术标准，以加强其在国际标准化组织的地位。

2015 年 6 月 1 日，美国战略与国际研究中心（CSIS）发表了一篇关于“中国制造 2025”的文章。CSIS是华盛顿的专属智库，专注于美国的外交政策。作者斯科特·肯尼迪（Scott Kennedy）对中国和德国的倡议进行了评估。他得出结论，“中国制造 2025”的灵感直接来源于德国的“工业 4.0”。在对比了中国的倡议后他写道：

> 中国需要付出更多努力，因为中国制造商的效率和质量远远不足，而且要在这么短时间内完成如此多样的挑战。

中国政府和中国工业都没有试图直接复制德国工业 4.0。正如第 7 章所述，中国其实是在寻找自己的路，研究当前主要工业国家进行的所有举措中的有趣的部分。很显然，德国的倡议被认为更适合中国。或者就像第 7 章所写到的：“德国制造业具有强大的技术基础、产业基础，所以直接实施工业 4.0，但是中国是在工业 2.0、3.0 和 4.0 同时推动的情况下，要实现传统产业的转型升级，还要实现在高端领域的跨越式发展，任务比德国实现工业 4.0 更加复杂、更加艰巨，但是最终会实现中、德双方在 4.0 上的会合。”

中国的起跑线

中国工业正处在什么阶段，还很难断定。有些观察者说，中国正处于工业 2.0（也就是流水线批量生产）到工业 3.0（也就是电脑控制的自动化）的进程中。事实上，发展进程似乎比这些简单的评估更加多样。

近几年，绝大部分工业还在进行批量的廉价生产，这还没有达到工业 2.0，甚至还不及工业化前的生产水平。数千个非技术工人一起在单独的工作平台上高速捶打和拧紧产品，而不是在通电运行的流水线上进行批量作业。流水线是一个世纪前，西方世界的工业 2.0 的成果。

另一方面，在机器人科技、高速列车的建造和航空航天工程方面，中国无须隐瞒，已经领先于美国或是德国正在发展中的企业。但是这并不足以代表大多数企业，仅仅是个例外。然而，这一例外也证实了发展的迅速。从这两种极端之间，我们可以看到一切，从和我们科技程度相当的电子商务和互联网服务初创公司，到硅谷大企业的竞争对手。

以电气工业为例。按照ZVEI的定义，电气工业包括结构组件、信息和通信技术、自动化、家用电器、能源工程、消费电子、照明、电子医疗和其他供应商。2013 年，这一行业以 3.703 万亿欧元紧随化学工业（3.841 万亿欧元）位列世界第二，之后是汽车工业（2.831 万亿欧元）和机械制造（2.225 万亿欧元）。2013 年，该行业的从业者超过 2 400 万人，其中中国有 1 450 万人。10 年内，中国的电气工业从业者增加了两倍。全球最大的电气市场的发展，在比较中更令人印象深刻。1995 年，中国的电气市场还只是德国的一半。世纪之交时，中国排在美国和日本之后，位列第三。但到了 2013 年，中国电气市场规模达 1.293 万亿欧元，是美国（5 400 亿欧元）的 2.4 倍，并且比紧随其后的四大市场：美国、日本、韩国和德国的总和还多（图 6–1）。

此外，中国在电气产品方面也大幅领先，还有一幅相似的图显示了各国的全球市场份额。2013 年，中国在全球电气市场的份额

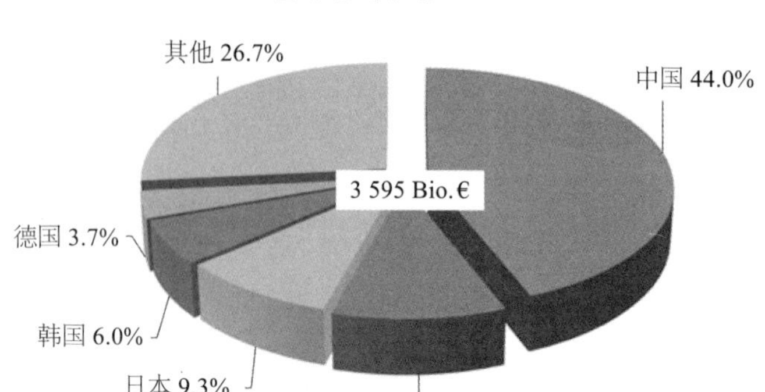

图 6–1 截至目前，中国是世界上领先的消费类电子产品生产商

资料来源：全球电子行业结构和发展，ZVEI，2014

攀升至 34.9%，美国以 14.6% 的份额远远落后，位居第二。10 年前，这一数据还完全不同：美国 23.9%，中国 13%，德国此时仅有 2.9%，只占较小份额，甚至还一度落后于韩国。2011 年被看成一个转折点，所谓的新兴市场和发展中国家（如中国），在全球电气市场达到与发达国家相同的水平，仅从所占市场份额来说，2013 年它们已经达到 53%。

像富士康这样的合同生产商（客户包括苹果、戴尔、惠普、微软、任天堂和索尼），2015 年有 130 万名员工，公司的大部分工厂设在中国大陆，虽然总部位于台湾地区。人们总是认为，这样的大企业在中国工业腾飞的过程中扮演着主要角色，这是错误的。还有像海尔（7 万名员工）和华为（17 万名员工）这样的赶超全球其他竞争者的企业，它们和竞争对手有着同样的价值创造流程，而且其产品比国内的大多数产品更符合工业 4.0 标准。自 1984 年起，海尔依靠和利勃海尔的技术合作，进军家电行业。作为全球市场的领导品牌，该公司 2011 年的营业额为 242 亿美元。为了普遍的数字化的生产链而投入IT，使海尔成为西门子PLM（产品生命周期管理软件与服务提供商）的重要客户。华为是一家电信供应商，总部位于中国深圳，2015 年净利润为 57 亿美元。华为每年的智能手机出货量超过 1 亿台，公司的重点是通信设备的研发和生产，如手机、光网络和终端设备。

另一个例子是汽车工业。刚刚提到的电气工业在其中起到了很大作用，因为电气和高科技产业的组合正被运用到汽车工业中。德国墨卡托中国研究中心（MERICS）进行了一项调查，刊登于 2016 年 3 月的第 31 期《中国观察》，聚焦中国发展的根本变化：

> 中国汽车工业的数字化和欧洲或美国的完全不同。此时，不是谷歌或是苹果定下了基调，而是创新的、有影响力的中国企业。它们督促着中国汽车工业以全新的商业模式迅速改变市场环境。

调查还指出，互联网行业的新公司将它们的动态工作方式推行至整个汽车行业。它们的优势是产品周期短，新业务领域开发迅速。中国购车者的对数字应用的浓厚兴趣也起到了很大帮助：当被问到是否会为了更好地应用程序、数据和媒体而选择其他生产商的汽车时，德国只有 20% 的购车者的回答是肯定的，而在中国这一比例竟高达 60%。

和在德国相比，汽车在中国可以更快地联网，而且不久后，中国也会为国际定下基调并超越美国，除非有一场严重的经济危机可以减缓这个进程，《中国观察》称。

“车联网”成为口号。除了自动驾驶，其目标还包括将运输工具嵌入数字基础设施，在以下几个方面建立联系：

- 汽车和驾驶员（还有驾驶员的智能手机）
- 汽车和汽车
- 汽车和智能交通基础设施
- 汽车和互联网
- 汽车和无线移动通信网
- 汽车和卫星（卫星导航）
- 汽车和在线服务

近日，中国工业和信息化部在“十三五”规划的框架下，拟定了推动车联网发展创新的战略。汽车的数字生态系统应该和中国的基础设施建设一道完成。政府要在全世界推行中国标准，包括智能交通系统的硬件和软件系统，以及卫星定位和电信基础设施。汽车和中国基础设施相连的接口越多，中国市场的技术框架条件也就会和美国与欧洲越不相同。

此时，德国、日本和美国的汽车制造商有了特殊的挑战，不仅仅是紧迫性的增加，汽车还要配备互联网服务并且拓宽它们的网络。需要补充的是，正在建设中的生态系统和西方世界的有很大差别。要想在未来几十年成功抢占中国汽车市场，就必须要能提供车联网的生态环境。

然而在这种背景下，很少有人考虑到中国经济发展的不同方面之间的联系，这是令人震惊的。《南德意志报》在2016年5月13日在其经济专栏里发表了一篇文章，指出：

> 4.7万亿元人民币，折合6 320亿欧元。中国领导会在接下来的三年，将这笔钱投入本国的交通网，为了更多的高速铁路、机场、高速公路……北京领导层的问题是自己的承诺。无

论如何，经济每年要至少增长 6.5%。投资的数万亿元在短期内能够帮助达成这个目标。

这项巨大投资的很大一部分被用于基础设施建设，这也是车联网的先决条件。

这是正确的：横向来看，中国制造业是有限的、自动化的和远离数字生产链的。根据《中国观察》2015 年 3 月的题为“工业 4.0：德国技术服务于中国工业的追赶？”的调查，60% 的企业使用工业软件如企业资源计划（ERP）、制造执行系统（MES）和产品生命周期管理（PLM）。在中国，目前大约每 10 000 名工业工人中，有 14 个是工业机器人。相比之下，德国是 282 个。研究得出如下结论：

根据中国工程院一项未发表的研究，中国可以在 2045 年赶上美国、德国和日本，成为全球领先的工业生产商。数字化对于中国来说是最佳跳板。据估计，工业 4.0 会使中国的生产率上升 25 至 30 个百分点，同时令不可预见的生产损失减少 60%。

自 2005 年起，制造业在 IT 方面的投资翻了一倍。与此同时，中国是全球工业机器人的最大市场。据推测，2017 年，大多数工业机器人将会投入中国。芯片（射频识别）、传感器和嵌入式软件系统的销售市场也将蓬勃发展。

政府层面刚刚起步的德中合作涉及研究和工业的众多领域，可以为双方带来巨大利益。放眼望去，还有不计其数的企业，它们的数字化转型几乎才刚刚开始。在过去的几十年里增长的 IT– 岛环境没有留下难以整合的问题，就像德国。为此，德国的技术和工具更适用中国。中国有可以推广的范例。并且在工业 4.0 标准完成之际，我们将会从技术供应商的旗舰项目中看到半数字化企业。

第7章　砥砺同行：当中国制造2025遇上德国工业4.0

田舒斌　潘治

提　要

习近平总书记在中国共产党第十九次全国代表大会上的报告中指出，要更好发挥政府作用，推动新型工业化、信息化、城镇化、农业现代化同步发展，主动参与和推动经济全球化进程，发展更高层次的开放型经济，不断壮大我国经济实力和综合国力。

总书记在报告中同时指出，要加快建设制造强国，加快发展先进制造业，推动互联网、大数据、人工智能和实体经济深度融合，在中高端消费、创新引领、绿色低碳、共享经济、现代供应链、人力资本服务等领域培育新增长点、形成新动能。

党的十九大报告，通过新华网（www.xinhuanet.com）这一全球最具影响力和传播力的媒体平台之一，迅速传播向全球，成为国际社会关注的焦点。

于2015年正式发布的《中国制造2025》，作为中国实施制造强国战略第一个十年的行动纲领，获得了“五大理念”的支撑和引领，被赋予了更加丰富的内涵和更加明确的目标。

中国政府对于制造业的重要性有着清楚的认识。在《中国制造2025》文件开篇即提出：“制造业是国民经济的主体，是立国之本、兴国之器、强国之基……打造具有国际竞争力的制造业，是我国提升综合国力、保障国家安全、建设世界强国的必由之路。”对于正在努力实现“中国梦”的中国来说，《中国制造2025》的分量不言而喻。

而在地球的另一端，德国政府于2013年4月在汉诺威工业博览会上正式推出了“工业4.0”战略。德国希望“推出工业4.0不仅能巩固德国的竞争地位，而且也可推动解决全球性挑战（如资源和能源利用效率）和国家所面临的挑战（如应对人口变化）”，“确保德国制造业的未来”。

虽然中、德两国这两个战略的名称不同，内容也不是完全相同，但是无疑都清楚地表明了以发展制造业为抓手，大力提升国家整体经济实力，实现在日益加剧的全球竞争中可持续领跑的雄心壮志。“中国制造2025”与“德国工业4.0”，就此相遇。

“中国制造2025”与“德国工业4.0”的相遇，并非偶然，而是必然。在2014年3月中国国家主席习近平访问德国取得成果的基础上，中国国务院总理李克强在柏林同德国总理安格拉·默克尔于当年10月共同主持第三轮

图 7–1 中国高铁（2015 年 6 月 1 日）

资料来源：新华社

中德政府磋商，并发表了《中德合作行动纲要：共塑创新》，里面就专门提到了有关“工业 4.0”的四点共识。而环顾全球，面对新一代工业革命的到来，世界各国经济均面临挑战与机遇并存的局面，国际产业分工格局正在重塑。作为全球制造业新兴力量代表的中国和全球传统工业强国代表的德国，在这样的背景下同时发力，毫无疑问是必然选择。

无须讳言，中、德两国的战略发展当然存在着一定的竞争。长期以来，在全球工业界享有重要领先地位的德国，一直是中国工业界学习的对象。然而不可否认的是，改革开放以来经济迅猛增长的中国，在如今不仅仅是令包括德国在内的世界经济强国羡慕的巨大市场，也已经成为全球工业界激烈竞争中实力强劲的角逐者之一。中国期待借助战略的实施，实现弯道超车。

德国同样清醒地意识到了竞争的存在。在德国联邦教育与研究部 2013 年 9 月发布的《德国工业 4.0 战略计划实施建议》中明确写道：“在制造工程领域，全球竞争愈演愈烈，德国不是唯一已经认识到要在制造行业引入物联网和服务的国家。再者，不仅仅亚洲对德国工业构成竞争威胁，美国也正在采取措施，通过各种计划来应对去工业化，促进‘先进制造业’的发展。”

然而，这场竞争并不只能是一场必须分出胜负的足球比赛，它也可以是一场相互激励、共同努力的接力赛跑。中、德两个国家，高瞻远瞩地选择了“合作”作为谱写未来的主旋律。

正如中国国家主席习近平于 2014 年 3 月访问德国期间在德国《法兰克福汇报》发表的题为“中德携手合作造福中欧和世界”的署名文章所说：“作为亚洲和欧洲最主要的经济实体，中德经济加强融合，将意味着亚欧两大增长极的强强联手。这将极大促进亚欧大市场的形成，带动整个亚欧大陆的增长，并对世界经济和贸易格局产生深远影响。”

中国制造 2025 与德国工业 4.0，砥砺同行。

从大到强：推动中国加快转向制造强国

“三步走”成为制造强国

经中国国务院总理李克强批准，中国国务院于 2010 年 5 月印发《中国制造 2025》，部署全面推进实施制造强国战略。

在德勤公司于 2010 年发布的《全球制造业竞争力指数》中，中国位居第一位。来自中国工业和信息化部的数据则介绍：“从国际对比来看，1990 年我国制造业占全球的比重为 2.7%，居世界第九；到 2000 年上升到 6.0%，居世界第四；2007 年达到 13.2%，居世界第二；2010 年为 19.8%，跃居世界第一。自 19 世纪中叶迄今，经历了一个半世纪的历程，我国又重新回到世界第一制造业大国的地位。”

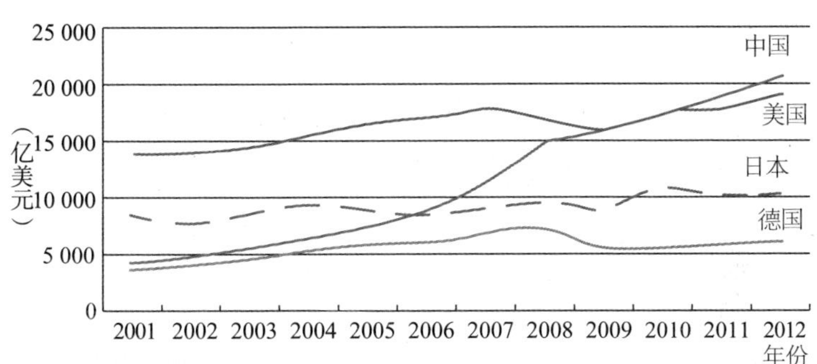

图 7–2 中国、美国、日本和德国的制造业增加值变化曲线

图片来源：工业和信息化部

但是，中国制造业目前仍然是“大而不强”。特别是与德国等全球先进国家相比，还有较大差距，这主要表现在自主创新能力、资源利用效率、产业结构水平、信息化程度、质量效益等方面。中国制造业的转型升级和跨越发展的任务紧迫而艰巨，中国正处于从“制造大国”到“制造强国”的升级阶段。

有学者研究认为，自中国实施改革开放政策以来的 30 多年历史中，中国制造业的发展历程，大体上可以分为三个阶段：第一阶段是 20 世纪 80 年代，主要特点是活跃的劳动力等生产要素；第二阶段是 20 世纪 90 年代，主要特点是制造业装备的现代化；第三阶段是 2000 年至今，主要特点是产品创新和信息化。

但是，随着中国社会的整体发展，原材料和劳动力成本价格较低的优势也在逐渐消退，与此同时，来自环境的压力不断增加，市场需求也出现了巨大变化。这些都使得中国此前所拥有的劳动力密集型、资源密集型、能源消耗型的产业发展模式自身已难以维系。与此同时，发达国家纷纷制定以重振制造业为核心的再工业化战略，促使高端制造回流。与此同时，中低收入国家依靠资源、劳动力等优势，以更低成本承接劳动密集型制造业的转移，对中国形成“双向挤压”的严峻挑战。

2015 年 3 月 5 日，中国国务院总理李克强在两会上做政府工作报告时首次提出“中国制造 2025”的宏大计划。他说，要实施“中国制造 2025”，坚持创新驱动、智能转型、强化基础、绿色发展，“加快从制造大国转向制造强国”。

而中国工业和信息化部部长苗圩随后在接受媒体采访时同样表示，实施“中国制造 2025”是推动中国制造业从大国向强国转变的第一步。在苗圩看来，中国虽然是制造业大国，但仍不是强国，中国“缺少一批具有国际竞争力的骨干企业，在一些重大技术和装备方面都亟待突破，一些重要产品在国际市场上仍未能占有一席之地。我们还不是制造业强国”。

实际上，中国计划要用 3 个 10 年的时间实现制造业的从大到强，“中国制造 2025”只是第一个 10 年的行动纲领和路线图。根据整体路线图，第一步，到 2025 年迈入制造强国行列；第二步，到 2035 年我国制造业整体达到世界制造强国阵营中等水平；第三步，到新中国成立 100 年时，我国制造业大国地位更加巩固，综合实力进入世界制造强国前列。

“中国制造 2025”的核心内容

“中国制造 2025”提出用三步走的路线图实现从大到强的这个目标，也提出了通过信息化和工业化两化深度融合发展来实现这个目标。此外，还提出了“市场主导，政府引导；立足当前，着眼长远；整体推进，重点突破；自主发展，开放合作”这四项原则，以及针对中国制造业五大短板的五条方针，即“创新驱动、质量为先、绿色发展、结构优化和人才为本”。

为此，“中国制造 2025”明确提出了要聚焦在新一代信息技术产业、高档数控机床和机器人、航天航空装备、海洋工程装备及高技术船舶、先进轨道交通装备、节能与新能源汽车、电力装备、新材料、生物医药及高性能医疗器械、农业机械装备这十个重点领域，重点建设五大工程。

在 2015 年 3 月一次专门就“中国制造 2025”举行的政策解读会议上，时任中国工业和信息化部副部长的苏波这样解释这五项工程：

> 一是要实施国家制造业创新中心建设工程。市场化以后，原有的许多国家级的研究院所都企业化了，带来一些基础领域的基础研究和创新工作削弱了。那么面对未来的十大重点领域的基础研究和产业化的工程，我们需要建设一批产学研用相结合的制造业创新中心，类似于美国要建设的 45 个国家级的创

新中心，这些中心不改变它原来的隶属关系，就是在现有的研究院所、大学和企业的基础上，以产业联盟的形式来承担制造业强国建设的核心任务，然后市场化地组建，阶段性地形成成果。

二是大力推进智能制造，智能制造是新一轮科技革命的核心，也是制造业数字化、网络化、智能化的主攻方向，通过智能制造带动我们各个产业的数字化水平和智能化水平的提高。

三是工业强基工程。我们总结，中国制造业落后，很大一部分是基础零部件、基础工艺、基础材料比较落后。在国务院常务会议上，有国务院领导还专门谈到基础工艺的问题，这方面我们要实施工业强基工程。

四是绿色发展工程。我们经济发展的最大制约就是环境和资源，中国作为世界第一制造大国以后，发展的质量和效益已经成为中心任务，在这方面，一个非常重要的问题就是要节约资源，保护环境。绿色发展在工业领域里有许多重大的任务，因为工业占我国能源消耗的73%，在节能减排降耗、提高资源利用率方面有巨大的潜力和空间，所以我们要实施绿色制造工程。

五是高端装备创新的一些工程。这里面有一些工程我们已经在做，比如说“核高基”、互联网、数控机床、大飞机等专项，我们还要推进一些新的专项来启动，来提高整个装备制造业的水平。

创新是“中国制造2025”的驱动力

相对于中国此前的产业发展规划或者战略文件的名称来说，以

“中国制造 2025”这样一个类似于“德国工业 4.0”的技术性名称来命名一个国家战略，本身就可以说是一个小小的创新。而创新，也恰恰就是“中国制造 2025”的核心驱动力。

众所周知，制造业是技术创新的主战场，是创新最集中、最活跃的领域。经过多年的积累，中国工业领域技术创新经过模仿创新、集成创新、引进消化吸收再创新等多个阶段，创新要素在总量上逐步接近世界前列，在水平上与发达国家的差距正在逐步缩小，产业总体创新能力明显增强，正在由跟随式创新向引领式创新转型。2014 年，中国全社会科研经费投入 13 312 亿元人民币，占 GDP比重达 2.09%，是 2008 年 4 616 亿元的 2.88 倍；按照汇率计算，中国经费投入总量位居世界第三，投入强度在新兴发展国家中居于领先地位。

特别是近年来，中国的社会创新要素不断向企业集聚，工业企业研发投入快速增长，自主创新能力显著增强。目前，中国已经在载人航天、探月工程、载人深潜、新支线飞机、大型液化天然气船、高速轨道交通等领域的技术上取得突破性进展。特高压输变电设备、百万吨乙烯成套装备、风力发电设备、千万亿次超级计算机等装备产品技术水平已跃居世界前列。

但是，对于在全球 500 余种主要工业产品中有 220 多种的产量都位居世界第一的中国来说，制造业整体素质和竞争力与工业发达国家相比仍然差距很大，自主创新能力不强，核心技术受制于人，科技成果对产业支撑不足的问题十分突出，创新能力不足依然成为制约中国制造业由大变强的瓶颈。一方面，技术创新能力整体薄弱，具有自主知识产权的产品少，核心技术对外依存度较高，产业发展需要的高端设备、关键零部件和元器件、关键材料等大多依赖

图 7–3 中国成功发射一颗卫星（2014 年 10 月 27 日）

资料来源：新华社

进口。例如，有统计显示中国制造业的技术对外依存度高达 50% 以上，95% 的高档数控系统、80% 的芯片，以及几乎全部高档液压件、高档密封件和高档发动机都依靠进口。另一方面，中国在国际分工中尚处于技术含量和附加值较低的“制造—加工—组装”环节，在附加值较高的研发、设计、工程承包、营销、售后服务等环节缺乏竞争力。以在中国工厂生产的 iPhone6 手机为例，每部手机的生产利润大约不到 5 美元，只是整体利润的 1% 左右。

创新驱动是《中国制造 2025》中建设制造强国的重要方针之一，提高制造业创新能力成为建设制造强国的首要任务。《中国制造 2025》提出，要完善以企业为主体、市场为导向、政产学研用相结合的制造业创新体系，围绕产业链部署创新链，围绕创新链配置资源链，加强关键核心技术攻关，加速科技成果产业化，提高关键环节和重点领域的创新能力。

从某种意义来说，中国制造业在过去的 30 多年里迅猛发展的主要因素是要素驱动，而面向未来，中国制造业将升级为创新驱动。

异曲同工："中国制造 2025"与"德国工业 4.0"的比较

"中国制造 2025"与"德国工业 4.0"的天生情缘

"Made in Germany"，在中国乃至于全球都是品质的代名词。当德国推出"德国工业 4.0"时，这个一如德国工业产品通常所具有的形式简约而质量过硬、技术丰富的词，并没有被两国之间的千山万水所阻隔，而是立刻就在中国风靡起来。

有媒体报道说，"德国工业 4.0"的推出，在德国知识界经历了大约 10 年的讨论。而《中国制造 2025》的发布，也历经了好几年的起草和准备。虽然很难确定两者之间究竟是谁最先萌芽，但从中国的国家领导人到企业工人，都不讳言对"德国工业 4.0"的青睐。

中、德两国领导人共同加强合作的强烈愿望，两国经济的高度依存融合，两国企业的长期紧密合作，都是中德两国得以在工业制造业发展领域携手共进的重要因素。而对于多数中国人来说，"德国制造"的品质从 1984 年大众公司的桑塔纳汽车开始，就一点一滴积累了中国人的朴素感情。如今，从大到汽车的奔驰、宝马、奥迪，到日常使用的博世、西门子电器，以及生命健康领域的默克雪兰诺、拜耳等，甚至到厨房用具的福腾宝（WMF）和双立人（ZWILLING），都见证着中国人对德国制造独有的喜爱。

正如中国国家主席习近平于 2014 年 3 月 28 日在德国科尔伯基金会发表演讲时所说："我相信，当'德国制造'和'中国制造'真诚牵手合作，我们所制造的将不只是高质量的产品，更是两国人民的幸福和理想。”

2014 年 10 月，在中国国务院总理李克强访德期间两国发布的《中德合作行动纲要：共塑创新》中，围绕“工业 4.0”合作，写明了包括工业生产的数字化（“工业 4.0”）对于未来中德经济发展具有重大意义、两国建立“工业 4.0”对话、两国将在标准问题上紧密合作，以及进一步深化两国在移动互联网、物联网、云计算、大数据等领域合作的四点共识。

仅仅一年之后，李克强在北京与默克尔共同会见记者时表示，中方将推动“中国制造 2025”和德国“工业 4.0”携手、“中国制造”同“德国制造”合力，拓展战略性新兴产业合作；而默克尔则明确回应，德方愿对接“中国制造 2025”和德国“工业 4.0”。

而放眼全球，与美国同类计划相比，德国计划显然更适合于中国，这是两国在制造业方面或强或大的优势所决定的。从全球

图 7–4 沈阳的一家机器人工厂（2015 年 4 月 5 日）

资料来源：新华社

角度来说，德国的优势在于制造业，而美国的优势在于科技业。换言之，“德国工业 4.0”是以制造业为主导，用以互联网为基础的物联网的应用和服务提升制造业水平；而美国则是以互联网为主导，向制造业渗透。美国于 2012 年启动的“先进制造业国家战略计划”，核心是鼓励创新，并通过信息技术来重塑工业格局，激活传统产业。这种从 CPU（中央处理器）、系统、软件、互联网等信息端，通过大数据分析等工具“自上而下”的制造业重塑，与德国从制造业出发，利用信息技术等手段改造制造业的“自下而上”的思路完全不同。

由此，“中国制造 2025”与“德国工业 4.0”两大战略的对接，具有天然的情缘。

“中国制造 2025”不等于“德国工业 4.0”

“中国制造 2025”的目标，是到 2025 年迈入制造强国行列，从这个角度而言，“中国制造 2025”不可能是简单的中国版的“德国工业 4.0”。

中国工业和信息化部部长苗圩对此有过一段简单的描述，“中国制造 2025”与“德国工业 4.0”在推动工业化和信息化深度融合方面有异曲同工之处，但德国工业总体上处在从 3.0 向 4.0 发展中，“我们的工业企业可能有些还要补上 2.0、3.0 的课，才能向 4.0 发展”。他说：“我们要注意到中国国情和中国工业企业的实际，才能选择好发展路径，走一条更好、更快、更健康的发展道路。”

换言之，对于中国制造业来说，在实施《中国制造 2025》的过程中，将兼顾跨越式发展和渐进式发展。中、德两国战略都是在新一轮科技革命和产业变革背景下针对制造业发展提出的一个重要的战略举措，然而德国制造业具有强大的技术基础、产业基础，所以直接实施工业4.0，但是中国是在工业2.0、3.0和4.0同时推动的情况下，要实现传统产业的转型升级，还要实现在高端领域的跨越式发展，任务比德国实现工业4.0更加复杂、更加艰巨，但是最终会实现中、德双方在4.0上的会合。

但是，中、德两国战略又有着许多相似之处。例如，“中国制造2025”强调的一个重点方向是“智能制造”，这也是“德国工业4.0”的核心内容之一；在此基础上，中国提出要强化作为智能制造基础的信息物理系统，也是德国认为的核心概念。而从时间维度上来看，德国实现“工业4.0”大概需要8~10年，和“中国制造2025”大体在同一个时间段。

此外，中、德两国的战略都十分强调互联网对于制造业的升级转型发展的作用。面对全球工业转型热潮以及新技术形态的挑战，工业化和信息化的深度融合是世界各国在新一轮产业革命中积极抢占的制高点，这也成为“中国制造2025”一再强调的内容。

中国国务院总理李克强指出：“总而言之，‘中国制造2025’突破的重点，主要应放在与‘互联网+’的融合发展上，加快推动中国工业的‘浴火重生’。”而德国战略中对物联网的强调，显然也有异曲同工之处。

正如前文所说，“中国制造2025”的根本目标是实现中国制造业“从大到强”，“德国工业4.0”的根本目标或许可以描述为“从强到更强”。两国制造业基础不同，决定了各自的战略细节有所不同；但两个战略的目标相同，决定了两个战略中有着许多类似的技术方法和发展路径。

绿色发展是“中国制造 2025”的主要方向之一

中国经济在过去 30 多年时间里的高速发展，也带来了许多问题，其中一个比较突出的问题，集中表现在环境污染方面。而“中国制造 2025”提出的五条方针中明确列入了“绿色发展”，清晰地表明了中国制造业在从大到强的转变过程中，要统筹环境与发展问题的决心。

2015 年 3 月 5 日，中国国务院总理李克强在全国两会上做政府工作报告时说：“制造业是我们的优势产业。要实施‘中国制造 2025’，坚持创新驱动、智能转型、强化基础、绿色发展，加快从制造大国转向制造强国。”这也是“中国制造 2025”的首次正式亮相，绿色发展就与之紧紧结合在一起，充分展示了绿色发展的重要性。

图 7–5　中国的新能源汽车（2016 年 5 月 20 日）

资料来源：新华社

绿色发展对于中国工业发展意义重大。工业目前占中国能源消耗比重超过70%，在节能减排降耗、提高资源利用率方面有巨大的潜力和空间。绿色发展在《中国制造2025》中不是空洞的理念，而是有明确的目标和量化的指标。在这份战略文件中，提出了规模以上单位工业增加值能耗下降幅度、单位工业增加值二氧化碳排放量下降幅度、单位工业增加值用水量下降幅度、工业固体废物综合利用率这四个标准，要求在2025年时比2015年分别下降34%、40%、41%和达到79%。

目前，中国制造业发展的资源能源、生态环境、要素成本等都在发生动态变化。从资源能源看，我国资源相对不足、环境承载能力较弱，人均淡水、耕地、森林资源占有量仅为世界平均水平的28%、40%和25%，石油、铁矿石、铜等重要矿产资源的人均可采储量分别为世界平均水平的7.7%、17%和17%。从环境压力看，长期积累的环境矛盾正在集中显现，目前全国有70%左右的城市不能达到新的环境空气质量标准，17个省（区、市）的约6亿人口受雾霾天气影响，水体污染较为突出，土壤污染日益凸显，重大环境事件时有发生。

借助《中国制造2025》，中国制造业的发展模式将摆脱高投入、高消耗、高排放的粗放发展模式，由资源消耗大、污染物排放多的粗放制造向绿色制造转变。

中国工业和信息化部节能与综合利用司司长高云虎对此有过较为详细的论述。他认为，从制造业来说，绿色发展就是要把现状和未来结合起来，具体途径包括：第一，对传统制造业进行绿色化改造，例如钢铁、有色、建材、化工、造纸、纺织、印染等行业。推广使用先进的节能减排技术装备工艺，使现有传统制造业的能源消耗和污染排放尽快降下来是当务之急。第二，在重点区域、重点行业、重点流域推行清洁生产。通过应用清洁生产技术和工艺，清洁生产能够从源头上解决污染排放问题。第三，推进先进制造业和战略性新兴产业的高起点、绿色化发展。从一开始就要重视绿色化，不能走过去的老路，污染了以后再治理，从一开始就要推动战略性新兴产业和先进制造业的高起点、绿色化发展。

共赢未来：亮点纷呈的中德合作

企业推进、政府支持的合作模式

中国国家主席习近平在 2014 年 3 月访德期间在《法兰克福汇报》上发表的署名文章说："近年来的中德合作一直领跑中欧合作。每天往返于中国和欧盟之间的 15 亿美元商品中，近 1/3 属于中德。每周，70 多个航班连接着两国 10 多个城市。中欧之间已经开通的 3 条联运班列中，有 2 条通往德国的杜伊斯堡和汉堡。每年有超过 100 万游客来往于中德之间。两国不仅已经成为对方国家在各自地区的最大贸易伙伴，更成为企业投资兴业的最重要目的地。迄今已有 8 200 多家德国企业在华安家落户，超过 2 000 家中国企业在德国站稳脚跟。"

中德两国政府在工业 4.0 方面的积极对接，为两国企业在各个层面的合作创造了诸多有利条件，也为中德经济合作的进一步发展开辟了全新的空间。

在 2014 年 10 月中国国务院总理李克强访德期间发布的《中德合作行动纲要》中清楚地写明："工业生产的数字化（'工业 4.0'）对于未来中德经济发展具有重大意义。双方认为，该进程应由企业自行推进，两国政府应为企业参与该进程提供政策支持。”

尽管具体合作应该由企业自行推进，但是显然，中、德两国政府的政策支持要更加迅速、积极和富有成效，并已在很多具体层面取得了明显的成果，推动了两国企业的合作。

2015 年 3 月，中国国务院副总理马凯在访问德国期间，与德国就两国政府在加强工业 4.0 领域的合作形成了六点共识：一是建立合作的机制，在中德两国政府间要建立工业 4.0 的对话机制，落实中德合作行动纲领。二是联合开展基础性、前瞻性的研究。三是工业 4.0 很重要的一点就是标准的制定，会合作制定一些新的标准。四是加强工业设计领域的合作。五是加强智能制造、试点示范的合作。六是大力开展人才交流方面的培训与合作。

图 7–6　中国的现代化工厂（2016 年 5 月 26 日）

资料来源：新华社

同年 8 月，中国工业和信息化部人才交流中心在北京举办“德国工业 4.0 战略解读”活动，邀请了包括德国政府工业 4.0 科学顾问委员会主席及发言人、德国国家工程院院士赖纳·安德尔教授在内的多位德国工业 4.0 专家来华详细讲解。会议邀请了中国政府主管部门领导、国内行业企业代表、主流媒体、投资机构、教育部门等各方参与，希望借助这样的活动帮助人们全面了解“德国工业 4.0”的发展路线图、实施战略和行动计划，为中国推动《中国制造 2025》的顺利实施，促进企业转型升级提供强有力的借鉴和参考。

而一年之后的 2016 年 3 月，在时任德国总统高克访华前夕，中国驻德国大使史明德透露，“双方已经成立了工作组，初步达成共识，在四川建立中德创新合作平台，在沈阳建立中德高端制造工业园”。

从 2014 年到 2016 年的短短两年间，中德工业 4.0 合作成果已经初显。

四川“智造未来”的雄心壮志

2016 年 4 月，新华网四川频道记录了这样一个小故事：“20 岁的职教学生杨金侨眯着眼，手工测量着汽车火花塞上的一条缝隙，如果超出 0.5 毫米就不合格。在他身后 3 米外，68 岁的德国前副总理兼外交部部长约施卡·菲舍尔向人群挥手，微笑。杨金侨看着约施卡，突然觉得自己好老。不是年龄老，是自己学的工艺老了，练出火眼金睛都没用。”在当天于四川工业科技学院现场举行的“中国制造 2025”与“德国工业 4.0”对接讨论会上，“旁听的杨金侨目瞪口呆——一个机器人，拥有 7 轴手臂，据称可实现零误差制造……机器人可以零误差，那人工测量的 0.5 毫米，还有意义吗？杨金侨有点儿恐慌。”

这名学生的恐慌，其实是落后产能对现代工业制造的恐慌，也是劳动力对工业制造升级的恐慌。但是，德阳积极与德国有关机构合作，对接德国工业4.0的成果，鼓励职教学生去获得中德两国都承认的技能证书，为解决这种恐慌提出了有效的办法。

位于中国大陆西南腹地的四川，是中国重要的经济、工业省份，省会成都在1993年被中国国务院确定为中国西南地区的科技、商贸、金融中心和交通、通信枢纽。四川现拥有已探明储量的矿产资源132种，占中国资源种数的70%，因物产丰富而被誉为“天府之国”，也是中国的工业大省。

围绕“中德创新产业合作平台”这个国家之间的合作平台，四川省正迅速在成都、德阳和绵阳三地进行中德合作项目布局，采取“平台+园区”“政府+机构+企业”的共享开放合作模式，依托共同制定的合作机制和标准，推动“中国制造2025”与“德国工业4.0”全面融合。

以位于成都东北部的德阳为例，作为中国重大技术装备制造业基地和全国三大动力设备制造基地之一，德阳市生产了全国45%以上的大型轧钢设备，也是世界最大的铸锻钢制造基地，发电设备产量全球第一，石油钻机出口全国第一。全国60%的核电产品、40%的水电机组、30%的火电机组、50%的大型轧钢设备和20%的大型船用铸锻件均由德阳制造。

2016年4月，中、德两国政界、工商界、学界300余位知名人士、企业家精英和专家学者汇聚德阳，共同参加“创新德阳”——中国制造2025对话德国工业4.0大会，探讨中国制造2025与德国工业4.0战略有效对接内容、机制等话题，共同为德阳制造向智能化、绿色化、服务化转型“把脉问诊”开出良方。

紧邻德阳的绵阳市，也在布局中占有重要地位。作为中国重要的国防科研和电子工业生产基地，绵阳拥有国家批复的科技城，长期以来一直在持续打造创新驱动发展的典范。绵阳拥有以中国工程物理研究院为代表的大型科研机构 18 家，以长虹、九洲等为代表的大中型骨干企业 50 余家，以西南科技大学为代表的高等院校 14 所，正以雄厚的科技资源和较好的产业基础，努力加快制造业的升级转型。近年来，绵阳已形成电子通信、汽车及零部件、生物医药、新材料和新能源等为主导的先进制造龙头产业。以中国（绵阳）国际先进制造业大会为依托，绵阳吸引了包括德国夫琅和费协会、西门子、SAP 等一批国际顶级科研机构和企业的加入，也正在成为中、德合作的焦点之一。

中德沈阳装备制造业产业园打造东北振兴新引擎

作为中德合作的另外一个重点项目，中德沈阳装备制造产业园正在蓄势而起，全力打造东北振兴新亮点和新引擎。

早在 2014 年 8 月，中国国务院就在相关文件中提出了建设这一产业园区的设想，2015 年 12 月 23 日，建设方案通过国务院批复。这是中国第一个以中德高端装备制造产业合作为主题的战略平台，也是中国制造 2025 与德国工业 4.0 战略对接的重要载体。

沈阳市是中国东北地区中心城市和以装备制造业为主导的国家重要工业基地，工业基础雄厚，产业体系完整，机械装备、汽车及零部件、电子信息、航天航空等优势产业在国内外具有较强竞争力。

沈阳市在与发达国家特别是对德合作方面具有良好基础，2014 年与德国进出口贸易总额达 50.2 亿美元，德国在同沈阳有贸易往来的 179 个国家和地区中居第 1 位。截至 2014 年，已有 132 家德资企业落户沈阳，8 家德国世界 500 强企业先后投资了 14 个项目，与宝马公司的成功合作已成为中德合作的样板和典范之一。

产业园位于沈阳市铁西区，该区是以装备制造业为主导的工业区。铁西对德开放合作具有良好基础，2012 年被商务部和德国联邦经济与能源部联合授予“中德企业合作基地”称号，2014 年成为中德经济顾问委员会成员单位。区域内聚焦了宝马、采埃孚、SEW（赛成传动）、巴斯夫、贺利氏、麦德龙等德国汽车、机械、电气及零售企业近 30 家。

产业园项目启动以来，在短短的时间内已经取得了十分显著的成果。到目前为止，园区已落户德国、欧美等企业 35 家。仅以德资项目为例，德国库卡机器人应用研发示范中心、德国纽卡特工业机器人行星减速机、德国品奇巴马克地铁车站安全屏蔽门、德国沙尔特宝轨道车辆零部件、德国瓦格纳细水雾消防灭火系统、德国西门子电控及信号系统、德国EWS公司数控机床刀具生产等项目或开工，或投产，或签约，而“中德工业 4.0 联盟”战略合作暨中德企业创新中心也落户于此。

值得注意的是，产业园建设方案中提出的基本原则首先就明确了“市场主导，政府引导”，要充分发挥企业主体作用，促进中德两国装备制造业及相关产业生产要素和创新要素向园区集聚。同时，更好地发挥政府的公共服务和社会管理职能，为企业发展创造宽松有利的政策环境。这与“企业推进、政府支持”的两国战略合作一脉相承。产业园摒弃了政府主导开发运营的老套路，借鉴国内外先进园区建设经验，进一步明晰了市场化开发建设路径方向。通过引入社会资本，按照政府和社会资本合作（PPP）模式推动基础设施建设、招商引资及综合管理服务，探索全新开发模式。

建设方案要求，中德装备园要实现中国制造与德国技术优势互补，打造成为国际化、智能化、绿色化的高端装备制造业园区。“全球 3 000 多家隐形冠军企业（包括德国的 1 300 多家），宝马的 200 多家供应链企业，都是我们的引资重点。”中德装备园管委会负责人李宝军说，“吸取慕尼黑、斯图加特等德国工业区经验，注重单位面积产出效益，以高端装备制造引领转型升级”。

未来 10 年，中德装备园将重点发展智能制造、高端装备、汽车制造、工业服务和战略性新兴产业五大产业组团，构筑东北振兴新引擎。

“中国制造 2025”对接“德国工业 4.0”，是两个国家之间高瞻远瞩的战略合作，是两国工业之间相互借鉴、相互启发、共同前进的长期进程。合作已经取得了积极而显著的成果，也有望在未来给两国人民、两国经济乃至世界经济，带来更大的福祉。

“互联网+”：读懂“中国制造 2025”的另外一个关键词

“互联网+”行动计划不仅仅只是聚焦制造业

2015 年 3 月 5 日，中国国务院总理李克强在两会上做政府工作报告时首次提出“中国制造 2025”的宏大计划，同时也提出了“互联网+”行动计划。“制定‘互联网+’行动计划，推动移动互联网、云计算、大数据、物联网等与现代制造业结合，促进电子商务、工业互联网和互联网金融健康发展，引导互联网企业拓展国际市场。”李克强如是说。

2016 年年初，李克强专门指出，“‘中国制造 2025’突破的重点，主要应放在与‘互联网+’的融合发展上，加快推动中国工业的‘浴火重生’”。因此，“互联网+”毫无疑问成为读懂中国制造2025的另外一个十分重要的关键词。

2015年7月，中国国务院发布了关于积极推进“互联网+”行动的指导意见。这份文件提出，“互联网+”是把互联网的创新成果与经济社会各领域深度融合，推动技术进步、效率提升和组织变革，提升实体经济创新力和生产力，形成更广泛的以互联网为基础设施和创新要素的经济社会发展新形态。

在制造业领域实施“互联网+”当然是一个十分重要的内容，但是“互联网+”适用的范围显然要更加广阔。《“互联网+”行动计划》一共提出了11项重点行动，包括：“互联网+”创业创新、“互联网+”协同制造、“互联网+”现代农业、“互联网+”智慧能源、“互联网+”普惠金融、“互联网+”益民服务、“互联网+”高效物流、“互联网+”电子商务、“互联网+”便捷交通、“互联网+”绿色生态、“互联网+”人工智能。

图7–7 “互联网+”（2015年7月4日）

资料来源：新华社

简而言之，如果说“中国制造 2025”描绘的是在纵向范围内聚焦制造业领域，实现信息化和工业化两化融合的发展蓝图，那么“互联网+”则是将互联网作为信息化发展的核心特征提取出来，要实现的就是在横向范围内包括制造业以及更为全面的工业、农业、商业、金融业、服务业等更多领域内的发展伟业。

与此同时，“互联网+”所提出的各个领域内目标的实现，无疑也需要“中国制造 2025”在制造业范围内取得的成果提供支撑。“互联网+”与“中国制造 2025”两者相互提供动力，相互提供支撑，协同并行。

“互联网小镇”：一个“互联网+”的宏观应用案例

为实现“互联网+”与多产业的深度融合，新华网近年来启动了一个名为“千家互联网小镇行动计划”的服务。这一服务是直接应用“互联网+”的宏观案例，依托对各中小型城镇在按照《中国制造 2025》规划发展各自制造业的同时，实现信息化与政务、民生、基础设施的融合，从而提高互联网对一个地区在各个领域综合协调发展的提升能力。

2015 年 6 月，在国家权威机构、行业领先公司的协助下，新华网在“2015 中国互联网+创新大会·河北峰会”上正式提出了“互联网小镇”这一全新概念，启动了“千家互联网小镇行动计划”。

“互联网小镇”强调与地方政府合作。在项目定位、顶层设计、资源导入、能力提升四个层面加强与地方政府的协同共通。以明确小镇的发展需求、确定小镇未来的发展战略目标为先导，完全采取市场化的运营模式，引入互联网小镇建设所需的政策资源、资金、土地，及必要的人才等资源，实现公共管理和服务信息化，实现产业聚合后的质变与飞跃，推进信息产业与传统产业的深度融合，促进区域经济转型升级。目前，全国已有近300家乡镇级以上单位完成了“互联网小镇”建设的申报工作，试点建设逐步展开。

为实现互联互通、信息共享，“互联网小镇”的建设将实现四个统一，即：基础设施统一、数据平台统一、应用平台统一、门户统一。但与此同时，互联网小镇也根据各个地方自身的特点进行有侧重的建设，例如，在中国传统钢铁行业大省河北省的唐山市打造的“互联网钢铁小镇”，就是根据当地产业结构特点而实施的方案，在唐山现有钢铁产业的发展基础上，采用先进技术和现代化管理，实现钢铁产业与互联网的创新融合与转型升级。

但是整体而言，“互联网小镇”作为“互联网+”解决方案的综合应用网络平台，是新型城镇化的基本载体，是智慧城市和物联网的典型应用。通过在城镇、乡村、社区、街道、开发园区、学校等不同的区域模块中广泛采用“互联网+”解决方案，实现工业、农业、政务、安全、教育等与互联网的泛在连接与充分融合，带动社会治理水平、政务服务能力、经济发展活力、居民生活品质的全面提升，为大众创业、万众创新提供了有力支撑。

“溯源中国”：一个“互联网+”的微观应用案例

近年来，中国食品安全、物品制假贩假问题频出，给企业和消费者造成了巨大的损失和伤害。在“互联网+”行动计划的指导下，结合《中国制造2025》在食品机械工业方面的具体要求，新华网打造了一个开放、共享的食品、物品信息追溯平台——“溯源中国”服务，成为一个“互联网+”的微观应用案例。

“溯源中国”服务，以互联网、物联网、云计算、大数据等信息技术在生产加工和流通销售各环节的推广应用，强化上下游追溯体系对接和信息互通共享，不断扩大追溯体系覆盖面，实现农副产品“从农田到餐桌”全过程可追溯，保障“舌尖上的安全”。

目前，“溯源中国”平台以射频识别及二维码标签为载体，联结物品生产、检验检疫、监管和消费各个环节。已打通包括上游农产品种植及畜牧养殖、中游食品加工、下游产品经销在内的产业链全程追溯，发展出包括农产品种植监管与质量安全追溯解决方案、畜牧养殖及屠宰加工追溯系统解决方案、食品加工溯源防伪及营销系统解决方案、物品信息追溯解决方案及冷链配送解决方案、区域电商交易平台、区域信息化建设和质量监控解决方案等多维度定制方案。

从政府层面来看，在提供溯源信息的基础上，“溯源中国”平台还将与政府、生产者、消费者形成生态互动，对接所有托管在溯源中国云平台上的所有数据，提供精准的统计分析报告，深度融合并挖掘规模化的生产、流通数据和资源，进而构建健康的生产、流通、营销和直接认购等产业链。

“溯源中国”项目成为政府对食品安全及物品防伪监管的有力抓手，是多家政府机构实践监管服务信息化的首选。通过对平台上产品全流程的严格把控，不仅令当地名特优产品的流通路径发展为生产有记录、信息可查询、流向可跟踪、质量可追溯、责任可追究、产品可召回的良性闭环，更进一步推动了“互联网+”在全国的落地。

“溯源中国”服务一经推出，就获得了广泛认可。目前，新华网已经与多个政府部门合力建设了包括甘肃省国家级玉米制种信息监管平台、河北省农村电子商务交易平台在内的以农特优产品为主

图 7–8 “新华网溯源中国平台”正式启动（2014 年 9 月 13 日）

资料来源：新华网

的综合信息服务体系。

此外，“溯源中国”项目为企业提供了更加完善的质量管控服务，为消费者提供了真实、透明的产品追溯信息。消费者通过智能手机等工具可即时查询标签产品的追溯信息，解决了信息不对称的难题。切实有效地降低了各类安全风险。

通过携手政府主管部门，“溯源中国”平台力求解决市场运行和商品供求状况监测、整顿和规范流通秩序、发展现代流通等问题，逐步建立并完善更加开放、竞争、有序的现代市场体系，以最终达到全社会产品质量总体平稳向好的共治局面，构建人人参与、社会共治的消费新环境。

INDUSTRIE 4.0 GRENZENLOS

第二部分 新工业，新生态

工业 4.0、物联网和工业互联网，无论这些概念是否还有其他的称谓，一直都是我们研究的主题。就算在此期间出现了首批试点项目甚至是一系列的生产运用的实例，我们所谈论的也只是将来的事情，而不是科技的现状，也不是我们目前在大多数工厂中所能碰见的。

我们这里所说的研究指的全是与工业企业密切相关的科学机构的基础研究、应用研究，当然也有来自企业内部的研究，有些是以合作社的形式，有些是针对企业自身的特色。这里的研究也指在工业及其产品数字化领域越来越重要的跨学科研究。

接下来的三个章节的研究成果主要来自与工业界密切合作的三个研究中心。这些研究有时候也会涉及社会心理学等其他学科，但主要是对工程学、生产计划、生产及运营的方法技术研究。

由达姆施塔特工业大学设计数据处理专业的赖纳·安德尔、奥列格·阿诺欣和亚历山大·阿恩特教授撰写的章节是关于高效工厂 4.0 的。这里的工厂指的是一座模范工厂，其目的是通过一系列演示以及切实可行的解决方案来帮助中小型企业找到适合自身的引入工业 4.0 计划的方法。该章介绍了几个应用场景，包括作为信息载体的部件和生产设施、无纸化的质量保障、数字化的价值流程图、状态与能量监控以及通过实例分析的灵活的智能机床工人辅助系统，这个辅助系统是为了帮助工人完成越来越复杂的工作任务。

凯泽斯劳滕工业大学虚拟产品开发专业的马丁·艾格纳教授在他所撰写的章节中重点介绍了工业互联网及其所需要的过程工程和IT解决方案，重点在于考虑产品的整个生命周期。在马丁·艾格纳看来，未来的集合工程需要新的设计方法和发展流程。从信息技术及其在工业价值创造过程中应用的方面来说，也需要新的解决措施。

来自柏林生产技术中心（PTZ）的赖纳·施塔克、托马斯·达梅劳，凯·林多教授介绍了信息化工厂的概念。信息化工厂是为信息化生产与发展所提供的运营环境，它使对技术系统与流程的分析、操控与改变越来越自动化。

这三个案例绝不是研究的全部，但是它们能很好地阐明，工业4.0到底在研究什么。

第8章　高效工厂4.0：中小型企业的机遇

赖纳·安德尔　奥列格·阿诺欣　亚历山大·阿恩特

提　要

工业4.0对于生产型企业来说已成为一个重要的成功因素。随着工业4.0的迅速发展，标准化工厂作为示范已做出了重要的贡献。达姆施塔特工业大学应用高效工厂4.0，运用工业4.0的理论提出可行的解决方案并将其运用到工业实践中，为制造业竞争力的提升做出了宝贵的贡献。

导言

2010年，德国政府的未来高科技战略项目“工业4.0”形成。这一未来项目的结果在题为“德国工业4.0战略计划实施建议”的论文中被公开发表，在此之后工业4.0平台建立。该平台在2013~2015年由德国信息技术、电信与新媒体协会，德国机械设备制造业联合会与德国电气与电子工业协会共同运行。通过这一所谓的“协会平台”，工业4.0的基本定义、目标与动机得以发展。2015年，这一工业4.0协会平台已过渡为如今的工业4.0平台，自那以来，该平台致力于走“将工业4.0转化到公司中去”的道路。

工业4.0是第四次工业革命，它是整个产品周期内普遍价值链环节的组织与调控的新阶段。工业4.0的关注点在于以消费者愿望为基石提高产品灵活性，要求及时掌握所需信息，以便优化价值流的调控。其根本前提是拥有联络以及沟通能力的系统。这就要求生产、组件与生产员工相互联系，构成联络。因此形成了所谓的IT系统“横向集成”与“纵向集成”。横向集成是不同生产过程与生产计划间的整合。在这其中，材料、能源与信息流，公司内部与公司外部可以有机协同。而纵向集成则是在整个IT系统中不同级别之间的整合。这一在不同信息流与物流、不同产品的工业步骤以及计划中建立的双系统是一个崭新的切合主题的概念。这一概念通过所谓的“信息物理系统”被人们所熟知，保证每一个实体与生产过程中的每一个真实的过程及生产后续阶段都存在一个独立的数字图像。

在此种背景下，工业4.0通过以下技术基础展现对实物的定义、定位以及定址。物体可以是与此相关的生产设施、步骤，以及产品部件等。

- 定义意味着有一个明确的名称，运用条形码、二维码、射频识别，或者互联网协议地址（IP地址）记录等定位技术对物体本身进行定义。
- 定位是对物体所在地进行确认。这可以通过GPS全球定位系统以及在工厂中必不可缺的本地定位技术得以实现。
- 定址的目的在于，赋予实物以明确的地址，使其具有联络与沟通能力。在这一方面最重要的科学技术就是网络技术，位置可以通过网络进行追踪与记录。通过网络地址的定址，实物可具有沟通能力，通过所谓的网络服务发送数据，也可以通过调控业务实施调控功能。

互联网技术实现了各领域的融合与沟通。其基础是互联网协议第6版（IPv6），可分配地址数量为2^{128}个，按照十进制换算的话约

为 3.4×10^{38} 个。

IPv6 地址的可用性是实现所谓物联网的根本前提。这意味着，所有被赋予了 IPv6 地址的实体都具有关联性和沟通能力。

物联网和网络服务与网络数据紧密相连。以互联网为基础的服务确保了沟通。如今它主要遵循着两个概念。第一个概念是简单对象访问协议（SOAP），另一个概念是表述性状态传递（REST）。SOAP 概念基于 XML（可扩展标记语言）的协议，它被设计成问答格式被使用。而 REST 借助统一资源标识符（URI）的帮助撰写客户端，通过超文本传输协议（HTTP）进行编码，其内容可以为任意格式，但是大部分为超文本标记语言格式（HTML）。

此外，数联网（IoD）概念的提出，目的在于使庞大的数据信息量在短时间从实物传感器发送到服务器上，从而在服务器上进行分析并通过得到的信息实行监管功能。

部件与装备是信息的载体。这意味着，从组件、部件到整个生产出的产品都必须被清楚地定义并且承载信息。根据要求，组件与部件应被定义、定位和定址。通过定址，生产部件与生产设备之间的联系与沟通成为可能。信息代表着部件本身，除此之外它还叙说了其制造历程。而生产设备，像制造设备（如机床、工具、器材）、检验设备、装配设备和运输设备，也可以被理解成是信息的载体。它们都被详细定义，并且承载着信息——哪种工作在哪一时间点被执行。

信息网的形成基于这样的理解，即部件与装备是信息的载体。信息网详细描述了生产，通过信息网，人们可以了解过去的生产是如何进行的（产品语义记忆），其实际状态是怎样的，以及对未来生产步骤有着怎样的期许。

新兴的安全文化概念使生产过程中对干扰因素的抵御能力得以提高。安全文化概念主要涉及四个方面，包括IT安全、可靠性与坚固性、私人性以及知识保护。

为了保障IT安全所提出的方案包含众多成熟的技术。如防火墙、病毒防护、数据保护、账户、密码和Pin码概念、数据流的加密、电子签名、企业风险管理等；可靠性与坚固性服务于网络系统持续性运行准备的保护，以及单个部分系统失效时对于整个系统可用性的确保；私人性确保了个性化数据的授权使用，知识保护同样保障了数据的授权使用以及对未经授权的数据审阅的抵御机制。

除此之外，新兴的安全文化也在员工与领导者中引起了高度重视，它对工业 4.0 生产环境领域的保障有着重要意义。

达姆施塔特高效工厂 4.0

在提出工业 4.0 以后，德国企业，尤其是中小型企业将在激烈的国际竞争中面临无数的变革。新技术与组织形式的出现将为企业在提高生产效率上提供巨大的可能性。为了将这些新技术引入中小型企业，达姆施塔特工业大学创建了高效工厂 4.0 项目。企业的投资是由欧洲区域发展基金，黑森州和黑森经济与基础设施建设银行（WIBank）资助的。

高效工厂 4.0 计划的目标是对信息和通信技术（IKT）及其与现有的生产技术结合的分析、发展与实施。高效工厂 4.0 向各企业及工人、企业协会生动地展示了工业 4.0 的解决方案将会给他们带来哪些机遇与发展潜能。这个项目的特别之处在于，不需要专门构建一个新的生产环境，整个项目在达姆施塔特工业大学的工业生产中心（CiP）进行。从事金属加工和安装的中小型企业可以在该中心进行生产活动和对最终产品的检测。这里被观察的产品是在工业生产中经常被投入使用的气动缸。这个产品主要由企业内部生产，并加以外购件组成。这样企业才能置身于生产环境之中，亲身体验工业 4.0 可能给他们带来的机遇与挑战。这样企业才会了解，如何借助工业 4.0 的解决方案来实现先进的生产和资源的有效配置。

高效工厂 4.0 项目根据一项研究做出了不同的实施方案。工业 4.0 的这些应用场景通过硬件和软件的有效集成被运用到高效工厂 4.0 的项目中。这些场景在高效工厂 4.0 这个项目中相当于一个连接点，通过信息与通信技术的融合来提高现有生产体系中的效率。以下是高效工厂 4.0 项目中的 5 个主要的应用场景：

- 部件和生产设施作为信息载体
- 无纸化的质量保障
- 数字化的价值流程图
- 状态和能源监控
- 灵活的智能机床工人辅助系统

图 8–1 将 5 个应用场景与高效工厂的工作站分别对应起来，下面会对这五个应用场景进行详述。

基于项目中已被实施的应用场景，知识转移也随之产生。一方面，这个转移是向相关企业传授知识的平台；另一方面，之前提出的实施方案和已经执行的解决措施经整理后可用来举行专题研讨会。这既是为了适应员工们在新建的社会技术系统中与工业 4.0 的解决方案互动的要求，同样也是达姆施塔特中小企业 4.0 能力中心的基础。

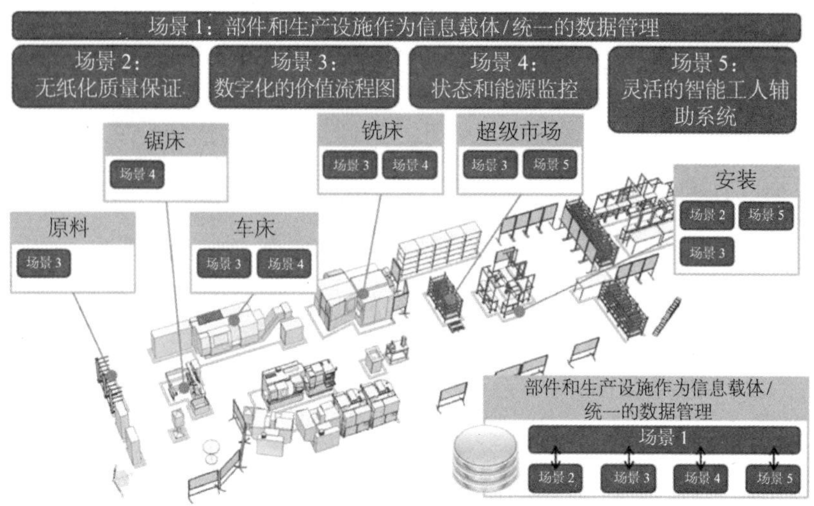

图 8–1　高效工厂 4.0 应用场景综述

资料来源：高效工厂 4.0

应用场景 1：部件和生产设施作为信息载体

从工业 4.0 的层面上来说，价值创造过程中数据的搜集与处理对于高效、面向未来化产品的实现有着重要的意义。在未来工厂，此类任务不需要中介就可以实现数字化，并在理想条件下能够进行全自动化生产。为了这一目标的实现，除数据搜集与将其融入生产之外，所有实物与人员之间的联系也显得十分必要。

2014 年 4 月，工业 4.0 平台科学顾问委员会就已经通过了被纳入工业 4.0 实施战略的命题。其中的一个主题针对未来产品提出，指出未来产品应该智能化并作为活跃的信息载体而存在，为的是在整个生产生命周期中同时保证定位和定址。为使这种高效信息物理系统在生产过程中的应用成为可能，就必须对实物和与其相关的虚拟数据进行确切分类。实体部件与产品的明确以及可机读性这一特性是工业生产的重要方面，因为对系统的其他要求在消费者领域被提出。

现在，如若让生产环节中的所有部门都具有可识别性，那么就要让搜集来的信息与其相结合。尤其是实体间不同信息的实时整合，使生产部件作为信息载体被应用成为可能，这样一来，逐字记录就显得多余了。这表明，鉴于产品与行业的多样性，仅对生产部件进行观察是不符合工业 4.0 的要求的。许多企业，尤其是中小企业并不熟悉它们所生产出的产品的发展过程。部件间的结构整合对于产品来说是必要的，但是却不能因此对产品负责。因此生产设施也要包含在这一概念中。个别信息的结合就可以像载流子一样被过渡到与部件结合的生产设施中去。这一做法也适用于对产品的追踪，产品的个体信息不具有重要意义，其意义是将批量生产、装料以及包装过程综合在一起。

在系统执行过程中，这一想法被运用到高效工厂 4.0 中。实物标记的科学技术和运用此技术的工艺步骤是指在整个系统的使用过程中尽可能实现高成本效率。在用条形码标签标记并用光学扫描仪识别原材料的同时，射频识别技术被投入使用。不同扫描仪在效率工厂 4.0 中的分布如图 8–2 所示。

将应用场景转移到高效工厂 4.0 中的最高目标是，将生产过程中的信息和与之相关的物体部件紧密结合，这些相关部件通过信息可以被进一步描述。通过这种方式，以高效、面向未来的方式对价值创造中进行的收集与处理将成为可能。此外，这一概念使与部件和生产设施相关的传播以及产品中不同生产步骤信息的集合成为可能，这一概念从数据流中获益，是无数应用场景的基础。

从长期来看，部件与生产设备作为信息载体的使用与时间、空间不同的生产过程的结合，可以在没有中心监控的条件下被实现。这一

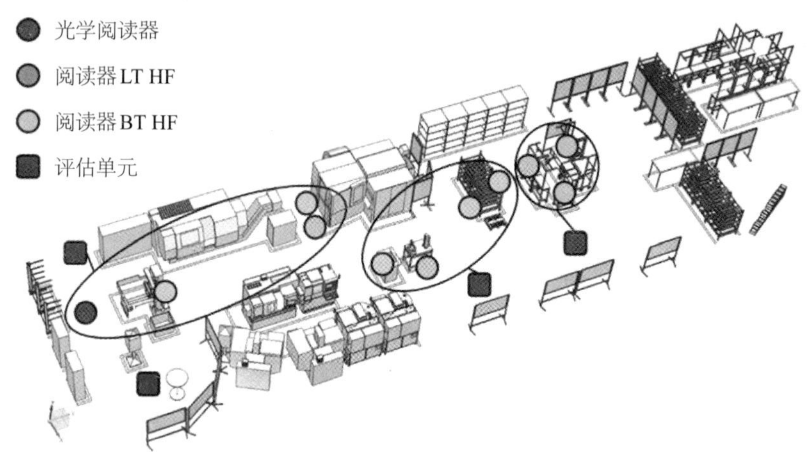

图 8–2 在高效工厂 4.0 中的识别装置概述

资料来源：高效工厂 4.0

概念除了可以在生产领域提高效率外，也在整个产品生命周期的信息处理方面蕴藏巨大潜力。它是企业之间沿着价值链合作的新阶段。

应用场景 2：无纸化的质量保障

在生产过程中，数据与信息流的数字化可以使大量的生产流程变得更有效率。高效工厂 4.0 项目中的这个应用场景向我们展示了工厂 4.0 的自动化质量保障方案是如何被运用到人工安装流程中去的。这里我们把要安装的部件作为信息载体投入使用，以便给所使用到的工具配以必要的说明。具体的操作在安装车间中进行，每个车间都配有一个电子拧紧工位（图 8–3）。

一旦车间安装了某个部件，与该车间及其员工有关的信息将通过 RFID 射频识别直接提取出来。一方面，操作工人可以获取关于下一个加工步骤的信息，另一方面，拧紧工位也能获知接下来要启动哪些程序。

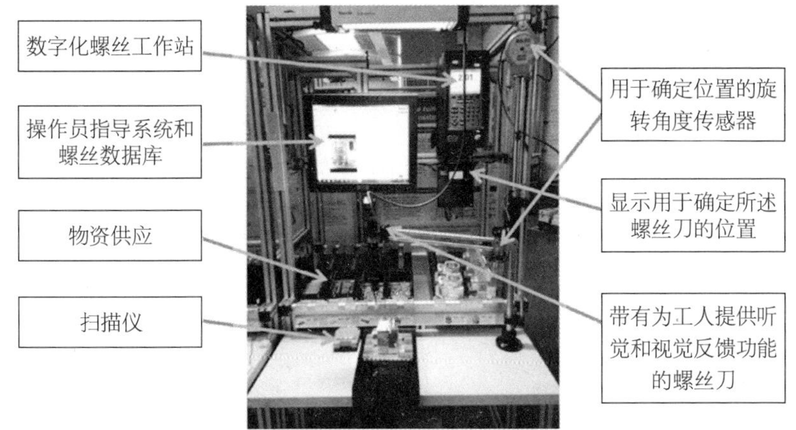

图 8–3 装备螺丝工作站和 RFID 扫描器的组装工作站

资料来源：高效工厂 4.0

通过部件上明确的标签启用指定的拧紧程序，工人们也可以由此知道当前要执行哪些安装工序。这样做可以保证产品质量，因为对于每一个部件，都会启动与之相匹配的拧紧程序，可以避免人工操作的失误。

这个协助系统指导工人一步一步进行安装操作。为了进一步提高产品质量，可以在安装工具中装入传感器，以便更准确地掌控工具的位置。这样就可以避免拧紧过程中的失误，因为只有在定位正确的情况下，拧紧工具才可以被使用。

管理系统与拧紧工位间的双向信息流，是这个应用场景相对于传统方法的另一个关键优势。除了可以通过收集信息来操纵安装流程，也可以通过提取传感器上的数据对安装过程进行无纸化的记录。每个拧紧过程中工具的位置、扭矩和旋转角度的变化过程都可以通过数字化的方式获取、储存，并通过 RFID 标记与各自的产品连接起来。这样就能实现所有拧紧过程的全自动记录。

应用场景 3：数字化的价值流程图

部件与生产设施的结合使得生产数据库变得日益庞大，利用这个数据库，便可绘制出记录所有生产程序以及价值流的数字化流程图。这里的数字化价值流程图的应用领域与其他类似的价值流程图并没有本质的差别。它的主要作用是使整个生产流程变得透明化，以便支持有效的决策，发掘优化的潜能。与其他流程图不同的是，它的核心组成部分是从所获取的实时信息到企业上一级体系的纵向融合。只有通过对完整信息数据的整理，才能增强流程的透明度，为有效决策奠定基础。高度透明化不仅仅是通过对流程价值的描绘实现，而是通过对上一级参数的计算来实现，这些参数可以为观察者提供重要的相关信息，并成为决策的关键参考。自动化的实时数据采集与加工显著提高了数据的时效性、校准溯源性、持久性、明确性和可比性。

执行过程中主要涉及以下几个参数和领域：

- 全程运行时间
- 循环时间
- 准备时间
- 静止时间
- 库存
- 设备综合效率（OEE）
- 质量
- 交货准时性
- 生产效率
- 安全性

这些参数的实时价值可以借助作为信息载体的部件与生产设施以及流程管理系统的机器数据采集计算得出。通过与之前确定的参数目标值进行对比，可以实现生产状态的评估与目视化显现。在图

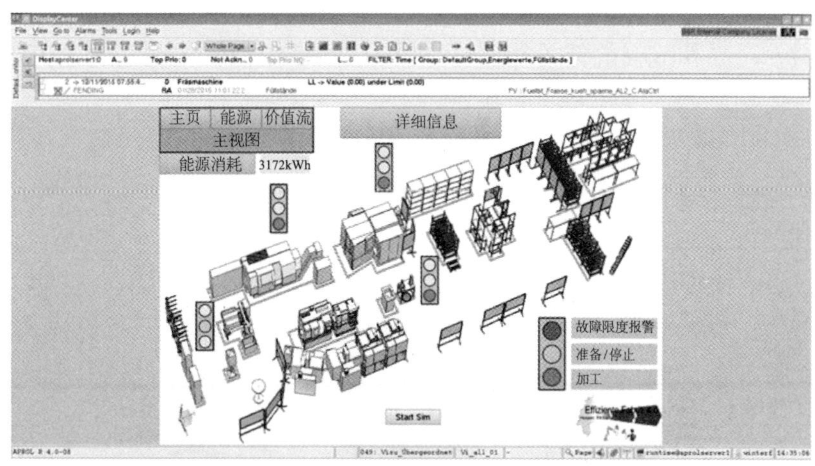

图 8–4　高效工厂 4.0 不同生产过程的状态

资料来源：高效工厂 4.0

8–4 中我们可以看出高效工厂 4.0 管理系统中生产的可视性。

从流程图中我们可以大致了解整个生产流程，此外，机器的状态也一目了然。不同的操作人员进行操作，所显示信息的详细程度也会有所不同。

应用场景 4：状态和能源监控

提高企业效率的一大关键因素就是信息交换的质量。为了在恰当的时间、恰当的位置提供相应的信息，在工业 4.0 的范围内需要提出新的方法。传统的自动化金字塔是一个分等级的通信系统。这意味着在一个平面内或者在几个平面之间也可以进行信息交换。工业 4.0 的解决方案消除了原有的等级，因为 IT 系统与生产系统之间

会进行横向以及纵向融合，这会使整个价值创造链中任意两个端点发生联系。随着生产过程中的本质转变，也出现了许多检测产品状态的新方法。未来的传感装置与促动器将具备运算能力并包含一个互联网接口，这样就能实现整个网络中的活跃沟通，这些监控机器、产品和流程的新可能性在高效工厂 4.0 中得以实现。通过观察

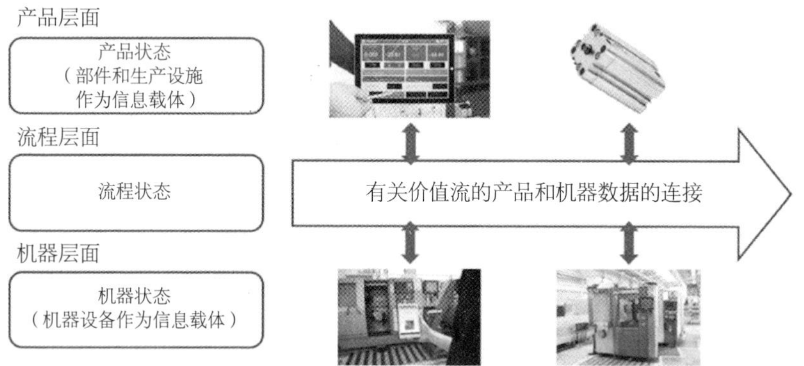

图 8–5　效率工厂 4.0 中三个层次的状态和能源监控

资料来源：高效工厂 4.0

三个层面可以总结出一张关于加工流程质量的图表（见图 8–5）。

产品层面是用来监控并描述产品的实时状态的，这样可以保证产品的质量。作为信息载体的部件和生产设施是基础。错误在形成过程会立刻被发觉并及时阻止。通过数字化，可以实现融合性的质量检测、及时传导发生错误的信号并使操作者能够发现这些错误。机器层面（机器和设备作为信息载体）的主要目标是阻止设备运行过程中给机器、人以及环境带来的损害。这样可以避免机器意外的停工时间，工具的磨损也能够及时被发现。此外，对机器的监控是根据机器状态对其进行维修的基础，这样最终可以降低成本，缩短机器的停工期。为了掌握部件加工过程中的能耗，每个部件都被备注了它们在生产过程中的能耗数据。通过获取产品与机器层面的数

据可以丰富流程层面上的流程数据。流程控制的目标是掌握流程的实时状态，也就是流程的进展以及部件的物理位置。产品状态数据与机器状态数据的结合使人们能够对整个流程进行以价值流为导向的观测。例如，如果显示一台铣床在加工某个特殊的产品变体（产品状态）时能耗增加（机器状态），那么我们可以通过分析得出，这台铣床被磨损了（流程状态）。

为了从三个层面（产品、机器、流程）上获取数据，在高效工厂 4.0 中，实施了很多不同的应用。比如在机器上安装外部传感器或者直接从机器的控制单元中获取信息。这里被使用的不同的通信技术一方面向企业展示了掌握数据的不同方法，另一方面是为了提供状态与能源监控的基本功能。总结起来，通过高效工厂 4.0 的实施，实现了以下几项功能：

- 融合的质量检测
- 产品质量指标的实时显示
- 跨企业的流程干涉
- 机器与流程状态的实时获取（确定机器故障，开启或关闭加工程序，分析冷却润滑剂的液面高度，显示能耗等）
- 对部件位置、状态、历史的了解
- 每个部件的能耗和质量证明

应用场景 5：灵活的智能工人辅助系统

如今生产中涉及众多领域，如生产过程、产品或者生产设备，这其中存在着相当一部分数字化信息。尽管如此，人类还没有被全面考虑进去。在智能辅助系统的发展过程中，人们很少将员工作为整个系统的一部分考虑。成功应用于实践的辅助系统着眼于具体场合而非使用者，辅助系统中不会容纳员工的资料。这一问题的解决方法是将重点放在员工身上，储存员工的专业信息，然而这一方法还未投入使用。其中的重要原因在于有关员工信息收集的法律规定。在高效工厂 4.0 中这一辅助系统将会得以发展，它的核心目标是使员工通过社会–技术领域的辅助更好掌握工业 4.0 的解决方案。这其中的优点与机遇包括：

- 工作的灵活性
- 工作环境的信息化
- 员工能力的发展
- 员工的辅助

灵活的智能辅助系统只有在装配辅助系统、员工信息模型和装配信息质量都十分扎实之后才能得到长远的发展。图 8–6 展示了辅

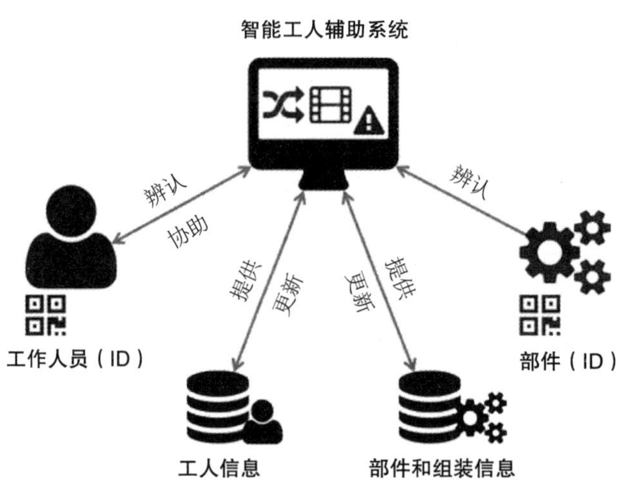

图 8–6 辅助系统示意模型

资料来源：高效工厂 4.0

助系统的操作流程。

每位员工都有属于自己的ID，ID由用户名与密码组成。当然这其中还有其他可能性，如二维码或者RFID芯片登记。辅助系统通过员工ID得到员工信息。由于德国金属工业工会与不同企业工会的积极合作，员工信息模型的发展成为应用场景的重要组成部分。若员工信息被提供给工人辅助系统，那么员工可以在下一个运行步骤之前得知要装配部件的信息。零部件作为信息载体拥有明确的标记，人们可以通过RFID读取，之后就可以从中获得详细的装配信息。

图8–7展示了高效工厂4.0中应用场景的执行过程。左边的图片向我们展示了辅助系统的构造，这一构造包括工作场所本身和用于员工交流的输入板。当员工在系统中报告时，使用界面就会跳出

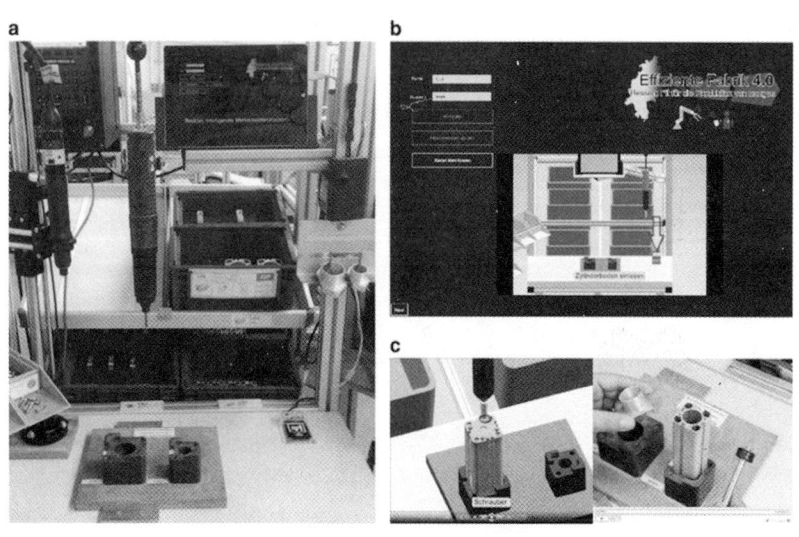

图8–7 在高效工厂4.0实现的灵活的智能工人辅助系统

注：图a为物理结构，图b为用户界面，图c为组装信息（左：虚拟资源，右：真实视频）

来（见图 8–7b）。这里会显示哪些是员工在装配零件时必须要输入的数据。之后装配辅助就开始了。根据使用情况，是涉及小规模批量生产还是大规模批量生产，此类信息都可以直观地通过三维CAD数据或者凭借真实视频片段获知。

员工信息与辅助系统的智能结合使装配供应量符合要求，不管是虚拟的还是真实的。在这里，符合要求指的是每一个员工根据他们自己输入的信息从系统中得到所期望的辅助。将员工放在中心位置对于执行过程来说是很重要的，员工需要自己决定周期时间与信息类型。

“灵活的智能工人辅助系统”这一应用场景的引入推动了以员工为基础的装配辅助的发展，它将部件与生产设施作为信息的载体，支持并推进了装配过程中的工作轮换，从而使得员工工作灵活化，员工可以在装配中实现自我学习。

第 9 章　工业互联网：工程过程和 IT 解决方案

马丁 · 艾格纳

提　要

工程界正经历着巨大的转变：智能系统与技术、网络电子产品、物联网及工业 4.0 背景下的大数据和云计算。各大媒体都在报道新出现的第四次工业革命（在美国是第三次工业革命，《经济学人》，2012 年 4 月）。相比德国的工业 4.0 概念，美国的工业互联网概念能够更好地描述第四次工业革命。工业互联网考虑产品的整个生命周期，不仅针对投资品与消费品，也涉及服务。本章阐释了工业互联网这个很有前景的主题，同时让我们对未来融合的工程界的设计方法、流程以及 IT 解决方案有一些基本的了解。

引言

物联网［凯文 · 艾什顿在 1999 年第一次运用了“Internet of Things”（IoT）这个概念］以基于互联网的相连物品（things）为出发点。到 2020 年，在互联网协议第 6 版的基础上将有 370 亿个物品（通常是具备沟通能力的产品或系统）与互联网连接。人们也把这称为信息物理以及网络电子产品或系统。在此基础上会针对各自的应用开发出新的、往往是颠覆性的、以服务为主的商业模式，比如智能产品、智能工厂、智能能源、智能交通、智能农场以及智能建筑。系统内的服务成为成功的核心因素（服务互联网）。在这类产品与服务中，电子部件和软件中的价值比例将持续增长。据保守估计，到 2020 年，这一细分市场的全球投资规模将达到 5 000 亿美元。在工业以及政策积极鼓励引导投资的前提下，根据乐观的预测，这个领域到2030年创造的价值可达到15万亿美元。到2030年，德国国民生产总值的累积增长可到达7 000亿美元。

以上列举的目标通过工业协会、研究联盟、德国国家工程院被列入德国联邦教育与研究部与德国联邦经济与能源部发起的未来项目“工业4.0和基于互联网的经济服务”中去。对于这些活动，我们要予以肯定，但是过于注重生产的自动化反而不能完全发挥其潜能。美国概念“工业互联网”的涉及面比德国概念工业4.0以及第四次工业革命更广，能够覆盖更多种可能性。工业互联网一方面涉及产品从开发、过程设计、生产到售后服务的整个生命周期，另一方面也涉及消费、投资商品与服务。原本的变革是在基于互联网的新技术以及电子部件持续缩小、成本降低的基础上开发、生产、上市相互连接的创新产品、生产体系与服务。一个典型的例子就是带有芯片、传感器和天线的隐形眼镜，这三个部件可以测量血糖的含量并通过互联网或者BTLE（低能耗蓝牙）将测量结果传送到被移植的胰岛素泵。然而这一变革必须首先在参与产品研发、设计、生产、销售的所有人的大脑中进行。只有完全改变思路并进行横向思考，变革才能成功。我们必须思考以下几个问题：在优化和系统化产品开发过程，尤其是在变体与调整设计以及以此为基础的流程自动化领域中所取得的重要成果对于经济的革新能力来说已经足够了吗？等级制的组织结构对于创新产品、生产系统和服务来说足够了吗，还是说我们还需要一些小的创新工作室？我们工程过程和IT解决方案足够灵活吗？它们又是否具备跨学科的能力？我们以学科为导向的纵向企业以及学术培训体系是否能顺应未来的发展？

对于现代产品设计过程的要求

除了发展、生产以及销售在世界范围内的联网，产品原本的功能性与复杂性也进一步增强。如今，技术性产品是由多个工程项目组成的多学科系统合作得出的产物。机械学、电气电子学、软件与服务领域的可视化、集成化与多学科化以及产品生产周期内各阶段的跨越式合作成为现代产品设计过程的基础。产品中信息与通信技术的集成以及与服务的结合引发了范式变化。人们所提及的智能工程指的是新的方法、过程以及IT工具链，比如用于产品诞生过程的系统生命周期管理。在研发、生产以及营销中，所谓的革新指的是，获取相应工业互联网中的核心要素，实现以新科技为基础的产品、生产系统与服务的联合，在这里，新科技是以互联网为基础的。然而，产品诞生过程不受工业互联网重大改变的影响。图 9–1 展示的是与产品诞生过程相关的社会变化。多重联网以及各发展方向的独自性是问题所在。未来几年，接受并实施这一发展趋势，让其在社会范围内得到认可是一大挑战。

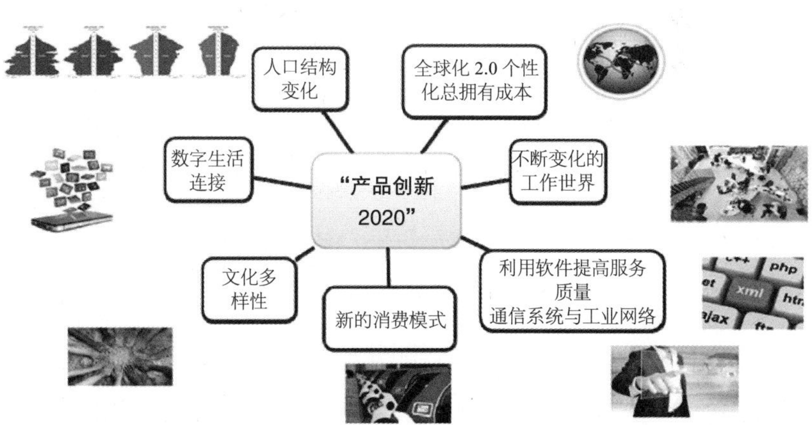

图 9–1　产品诞生过程（PEP）的整体趋势

如今，整体的网状式系统发展要求人们对工程中的发展方法进行全面考虑，比如设计、过程、IT解决方案以及组织形式。电子部件软件系统以及服务越来越成为产品的重要组成部分。所有学科中的设计与构思方法，如机械设计、电子部件设计、电子部件研发以及软件研发，都必须进行检验以确定它是否适用，若适用，它们将最终成为普遍的跨学科的方法。根据被调查企业的评估，IT与自动化技术对企业竞争力的提升有着重大意义。其影响大小由变化的市场条件和消费模式、对智能产品和系统的新要求以及顾客而决定。系统复杂性的提升一方面源于全球化，以及多样性导致的产品个性化的增强，另一方面源于电子部件与从属的嵌入式软件的持续性增长。如今，自然世界只有1%连接在一起。在未来，运用互联网协议IPv6将有430×10^{36}个互联网地址可供使用。到2020年，大约有370亿个物体和服务将会与网络相连（数字化生活，连通性）。

工业互联网

工业互联网创造出了一个网络化的、可以彼此沟通的系统和以此为基础的服务平台。在实际中，机电一体化系统的服务范围通过相互的数据连接以及影响而扩大。若谈到系统间的相互沟通，我们就要提到信息物理系统与信息控制系统（CTS）。与CPS不同的是，CTS更多出现在工程领域，它是机电一体化系统在智能与沟通能力方向上的进一步发展。它可以在公开网络中与其他生产系统进行沟通与合作，此联络是智能化的，部分是自动化的，可以自动选择合适的系统。尽管如此，目前依旧缺乏此类系统信息发展和管理的方法与IT工具。目前人们正在研究CTS跨学科集成化的发展方式，其中既包含产品又包含生产系统。能够进行高质量数据分析、以服务为目标且具有规模性的云平台，能够改善生产企业的系统及程序质量，从而在质量管理中实现专业化的反馈。在未来，软件将会使大量新功能的应用成为可能，功能上的复杂性会进一步提升。而另一方面，由于硬件到软件的过渡，发展与制造的复杂性将会部分降低。中心生产控制会变成分散的、由自身进行组织的程序，结果产生了自动化智能化的机器。

如今，全方位服务这一概念（见图 9–2）还不能被完全实现，因为这其中存在着很大的不确定性，同时具有高风险性。其原因在于生产过程中整个系统信息的缺乏及不透明。通过数据的使用和智能化评估，包括状态信息的推论及使用以及具有沟通能力的生产系统，不确定性可以被消除，风险也可以被进一步降低。除此之外，投资产品中的信息产品的个性化也有了更多的可能性。顾客专业化以及机器专业化的全方位服务概念的出现令使用计划的完善、备用品潜能的测定以及服务过程中的自动化推动成为可能。

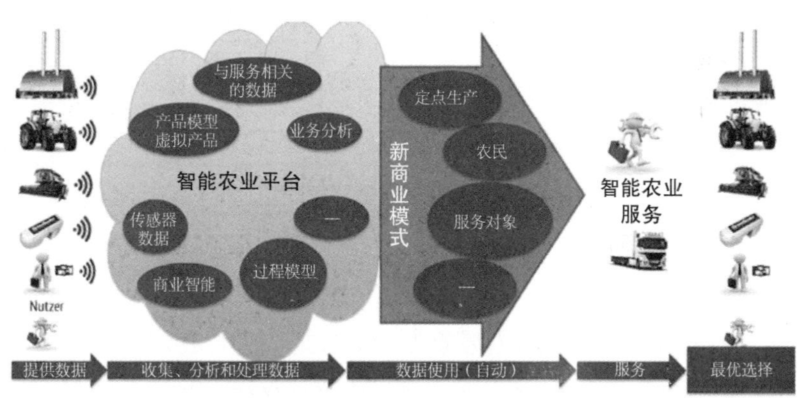

图 9–2　全方位服务概念，以智能农业为例

伴随着物联网与服务互联网的工业互联网的扩大的决定性因素

是传感技术、促动器以及嵌入式智能的发展。只有这样，产品才能感知环境并融入环境。无线网络如宽带无线通信或者RFID都具有重大意义。因此服务与能力的语义描述很重要，它保证产品与机器以智能的方式与方法相互作用。“智能制造”与“即插即用”使机器能够自动识别其所在领域，且可以与其他机器连接并相互作用。通过这种方式，订单信息、装载信息以及优化的制造信息的交换得以成功。专业化的云基础的核心概念作为中心组成部分被建立起来，它可以帮助管理层掌握生产系统（关键词：大数据）在整个生产周期内信息的复杂性。图 9–3 是一个经典事例，它向我们展示了消费品和投资品中传感器与执行器的结合与智能数据的准备是以服务为导向的商业模型建立的基础。

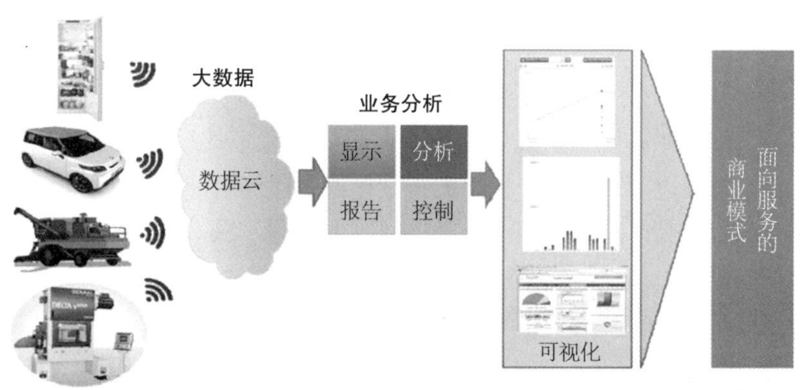

图 9–3 面向服务的商业模式的基本结构

资料来源：Eigner

总的来说，智能系统开启了生产创新以及商业模式新纪元，在社会、经济与生态领域都有着重要的意义。它使以智能化与连通性为基础的互联网成为可能，其中智能化通过低成本的传感器与执行器实现。智能系统中的核心技术是传感器技术与执行器技术、智能硬件、通信技术以及嵌入式技术。基于这些技术，互联网系统与服务平台得以建立，从而使聚集、联合、智能化评估、优化调控，以及图表可视化成为可能。这一层面的基础是软件技术（商业分析、云计算、大数据、保障、安全、上下文相关系统等）、系统理论和数学模型、分析与模拟方法。这一层面发展了新的以服务为导向的商业模式，优化了企业（服务互联网），并实现了参与伙伴与系统间的结合（商业智能）。该层面越来越具有实用性，通过与其服务结合，针对所有应用领域，比如：智能农业、智能能源、智能产品、智能工厂与智能建筑。这五个层面构成了一个复杂的职能矩阵（见图 9–4），它是由凯泽斯劳滕大学由 17 位科学家组成的智能工程项目中心总结出来的。工业互联网的问题可以通过五大学科领域（机械制造、经济学、计算机科学、电气工程以及建筑学）解决。

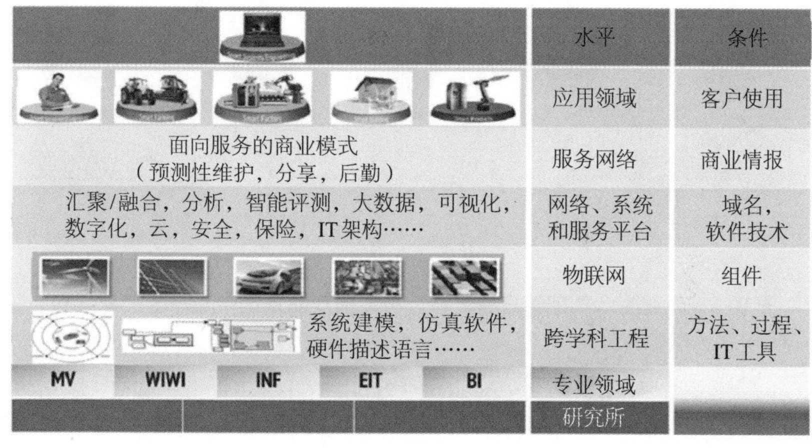

图 9–4 凯泽斯劳滕大学智能系统工程参考模型中心

资料来源：凯泽斯劳滕工业大学

从 PLM 到 SysLM

产品生命周期管理［Product Lifecycle Management（PLM）］战

略中的复杂性目前已经达到了很高的程度，产品系统及其开发的复杂程度也在持续加快增长。为了克服这种复杂性，并确保能够满足新的要求，必须时刻保证它们在整个产品生命周期（以闭合流程链的形式）中的可追溯性。现在通用的PLM解决方案中的可追溯性常常局限于产品要求与ERP物料清单（E–BOM）中部件的结合。在这里，系统生命周期管理（SysLM）作为PLM的下一个发展阶段被完善，并作为描述工业互联网背景下复杂的智能产品的关键概念被提出（图9–5）。两个由德国联邦教育与研究部资助的研究项目（mecPro² 和InnoServPro）可以促进这些工作。

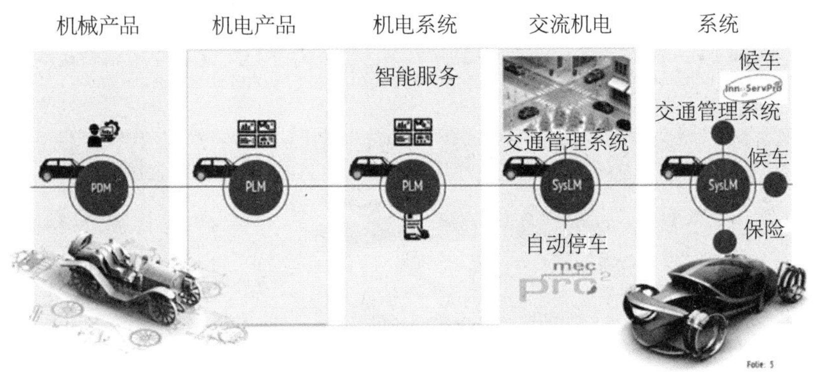

图 9–5　系统生命周期管理在复杂、智能的产品系统中是一个关键概念

系统生命周期管理不提供任何智能产品与生产系统，但是可以在管理层面上在恰当的时间、恰当的环境中提供恰当的信息来支持设计过程。系统生命周期管理是一种普遍的信息管理，它在产品生命周期管理的基础上进行拓展，在重视包括服务在内的所有学科的前提下对发展的前一阶段（→向上）以及后一阶段（→向下）进行详细的观察。这个概念是基于对不同系统沿着产品以及系统整个生命周期方向的直接或间接融合。系统生命周期管理作为技术与管理的支柱，负责产品与系统模式、工程流程，尤其是沿着供应链方向的数据交换，授权、更改管理以及配置管理。

从以上几点中可以推断出一系列对SysLM解决方案的要求，我们必须对这些解决方案进行扩展，以辅助适合工业互联网的产品设计流程。

对SysLM解决方案的要求

跨学科

跨学科是基于在整个产品生命周期，也就是从需求定义、产品开发、产品规划、生产、操作到回收的整个流程中，跨越所有的学科（机械学、电气电子学、软件与服务）与企业的部门界限对工程工作进行组织和系统技术上的支持（如图 9–6）。

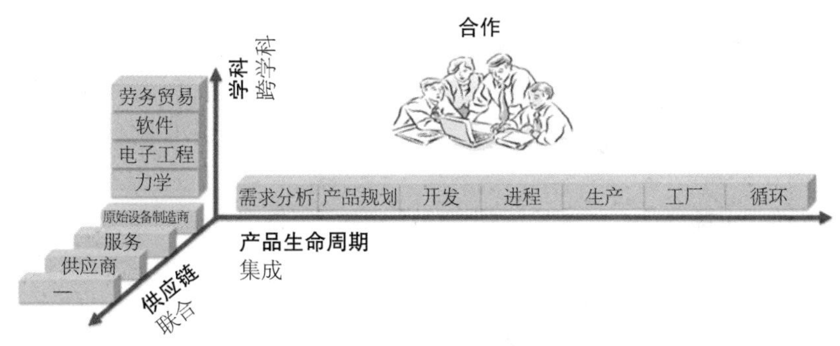

图 9–6 跨学科、联合和集成的产品生命周期

对SysLM解决方案来说，最关键的是将不同的系统沿着产品的生命周期和不同的学科结合在一起。最原始的做法是将PEP（产品诞生过程）、CAD（计算机辅助设计）和CAE（计算机辅助工程）引入机械、电气和电子科技领域以及软件开发上。这里要尤其注意机械学、电子学和软件发展过程中差异性。融合过程不会止于PEP，而是将产品生命周期中随后的领域融入SysLM解决方案中。生产规划和售后服务就属于这样的领域。

概要

跨学科对SysLM来说意味着什么：

- 通过为所有阶段提供集成接口覆盖产品的整个生命周期；
- 通过跨学科的研究方法（基于模型的系统工程）覆盖早期研发阶段；
- 通过连续推出的产品型号以及由此建立的生产和工厂规划进行产品生产；
- 通过为机械、电气电子和软件开发提供相应的CA接口，整合所有学科；
- 整合VDA的四层架构，实现一体化工厂基础架构；
- 应用开放的接口及标准（OSLC、ReqIF、AP233、AP242、SysLM……）。

数字化

如今，复杂的科技产品与生产系统的开发包含着包括机械设计、电子设计以及顺着产品生命周期并通过供应链实现的软件开发在内的多学科的相互作用。数字化，即通过数字模型对一个产品进行完整描述，是在早期阶段将这些学科结合起来的好方法。这个概念的一个子集就是基于模型的系统工程（MBSE）。工程师和设计师们通常在产品开发的早期就着手研究数字化模型。顺着产品生命周期，有时候也通过多学科结合（图 9–7）的数字化模型的普遍性可实现所有开发成果的融合。产品描述主要由功能、逻辑以及构成等级或网状结构的行为要素组成。通过这样的方式可以在 SysLM 层面上建立需求与具体设计之间的联系。同样，这也可以克服开发设计、生产规划与生产阶段之间的系统断裂。它的前提是将数字化工厂的功能与制造执行系统（MES）更深入地结合。ERP 系统在这个应用场景中充当了执行者的角色。

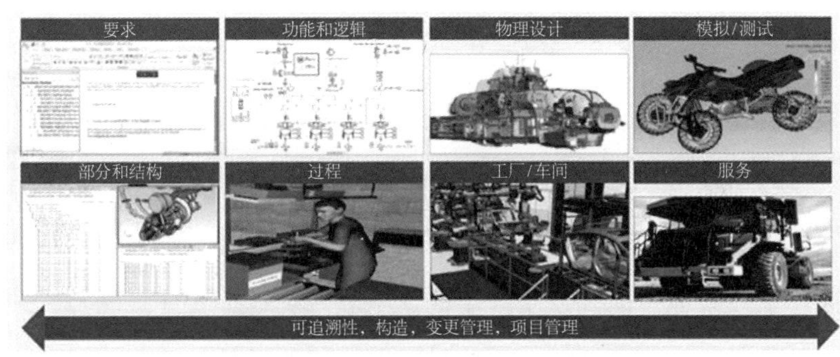

图 9–7 提高产品开发过程的数字化

资料来源：西门子数字化工厂

在 20 世纪 80 年代初对产品的描述还主要以文件为主的时候（由于将 CAD 引入机械学和电子学），根据物料清单的等级化的建模与几何描述同时进行。如今，随着机电一体化与网络电子意义的加深，这样的方法已不足以描述一件产品，我们还必须借助线性（软件）和网状（MBSE）构建方法（如图 9–8）。

硬件（机械学和电气电子学）在管理最高层通过分级的物料清单被描述。在电气电子学中，由 CAD 系统可以产生网络状的模式与布局规划，但是这些规划在 TDM（团队数据管理）层面上就已经被转化为分级物料清单的形式。然而在这个层面上，无论如何都会

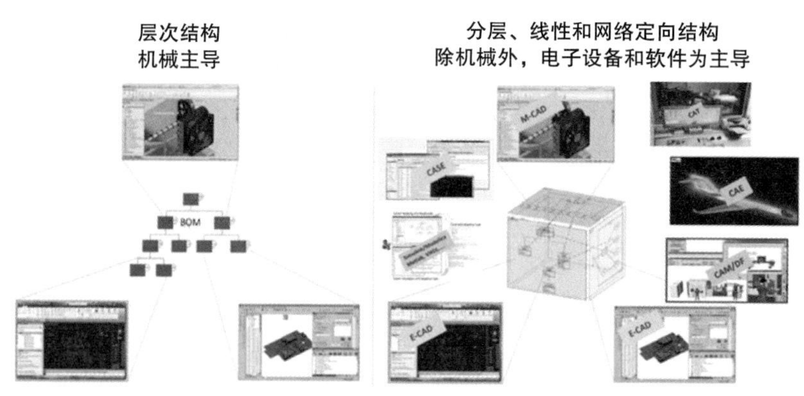

图 9–8　基于文件和材料清单的数字模型

发生实例化，因为装配的位置也会被管理。在软件开发过程中存在着平行的干线（Trunks），分支（Branch）以及融合（Merge）。配置在软件开发过程中通过几个物理文件的连接来实现（基线）。图 9–9 就描述了在具体产品开发阶段中的这些联系。这里要注意两点：一方面是跨学科的产品授权、更改与配置流程的设计与执行，另一方面是根据 VDA 的四层面概念接入企业的系统体系结构中。

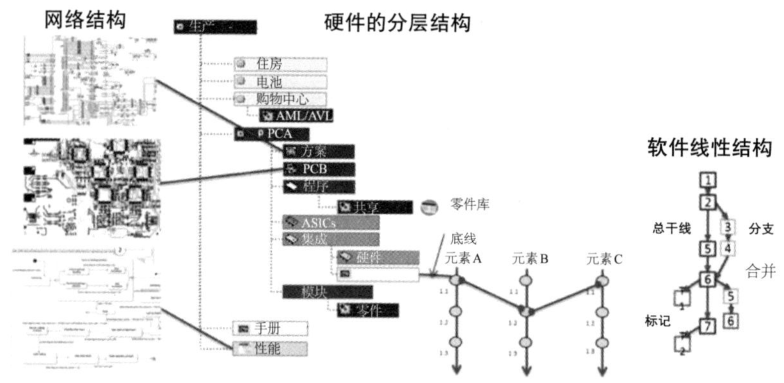

图 9–9　在产品生命周期系统中，连接MCAD、ECAD、SW（Case）的跨学科数字产品模型，由分层的、网络状和线性结构组成

概要

数字化对SysLM意味着什么：

- 通过为每个阶段提供数字化模型覆盖整个产品生命周期；
- 覆盖跨学科模型以及在之后的阶段中与学科相关的模型；
- 通过学科间普遍适用的发展方法覆盖早期的发展阶段（基于模型的系统工程）；
- 覆盖生产规划、生产以及售后服务阶段；
- 使所有的阶段都具备融合接口；
- 开放的接口和标准的应用（OSLC, ReqIF, AP233, AP242, SysLM……）。

实例化

出于多种原因，数字模型的实例化是非常重要的。在复杂的产品与系统（例如设备、船只与飞机制造）中，多次使用的零部件必须做到可追溯，其中每一个零部件都要可识别。一种特殊类型的零部件，如水泵 4711D，在反潜护卫舰上多个方位与其他不同部件一起使用。除了物品编号与型号，人们还可以通过序列号来辨认对象。重要部件都有对应的追溯系统。每一个部件除了物品编号外还拥有序列号。借助序列号的帮助，每个部件的信息都可以被完整地记录下来。一艘船只上所有水泵的型号通过对象的分类实现（物品编号、校正–型号，序列号），最终得出船只的序列号。这其中的联系见图 9–10。

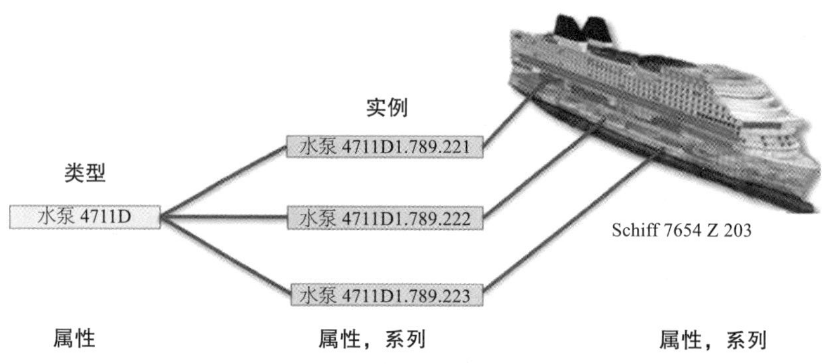

图 9–10 不同序列号的各种类型、实例和差别之间的关系

在大部分情况下，给予对象相应的序列号就已足够。在大批量制造的产品的最上面一层都会标有序列号。在电子部件中，对象通常都有定位指示器，因为每一个部件的定位都与装配过程息息相关。通过定位指示器进一步识别有价值的相同的零部件（如有相同承载量的冷凝器有辨认号、型号，标有C1、C2、C3），在示意图、平面图纸和物料清单中都很普遍。

通过工业互联网，以服务为基础的商业模式的新要求出现。因传感器产生的价值可以通过上下文关联来阐释（图 9–11）。借此，IP 地址的明确分类以及每一个传感器与机床的上下文关联可以得到保障。

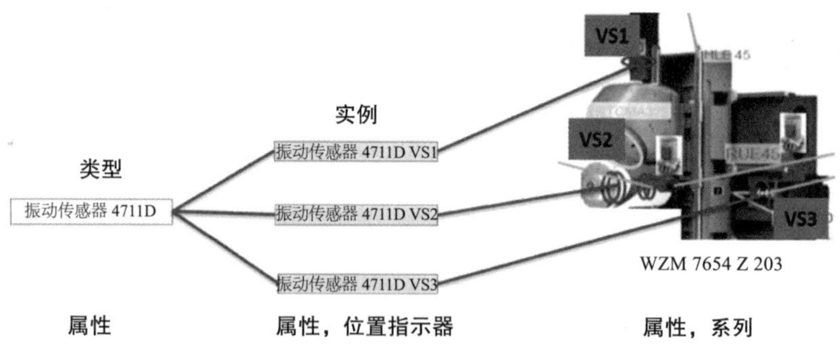

图 9–11 不同位置指示器的各种类型、实例和差别之间的关系

概要

实例化对于SysLM来说意味着什么：

- 数字化系统模型必须具有专用的类型与实例化概念；
- 典型代表是序列号或者位置指示器；
- 如为了维修信息与企业经营信息，与数据库记录的结合必须成为可能；
- 对产品、零部件、传感器与IP地址的准确分类，只有通过相互联系才能使准确分类、识别与评估成为可能。

合作

跨学科产品开发不可避免地导致全球化趋势日益加剧，其中所包含的价值链之间、原始设备制造商之间、原始设备制造商和供应商之间的合作关系也因而变得更加复杂。网络化的劳工组织和进程（见图 9–12）意味着产品数据和典型的工程流程将在整个供应链中发布。在所有合作伙伴中，跨越不同文化和不同时区，跨部门的沟通交流扮演着越来越重要的角色。此外，基于互联网的客户和供应商之间的相互连接也必须是系统生命周期管理工程合作平台的一部分。

维基百科中关于“合作”的定义为共同工作，作为“递归程序，在两个或者更多的人之间，或者一个阶段中各个组织单位之间向着一个目标协同工作的过程”。在系统生命周期管理层面则简单地解释为利益相关者之间的联络和协作。使用共享库的所有设计人员可以在相同的设计条件下工作。所谓正确的访问权逻辑，

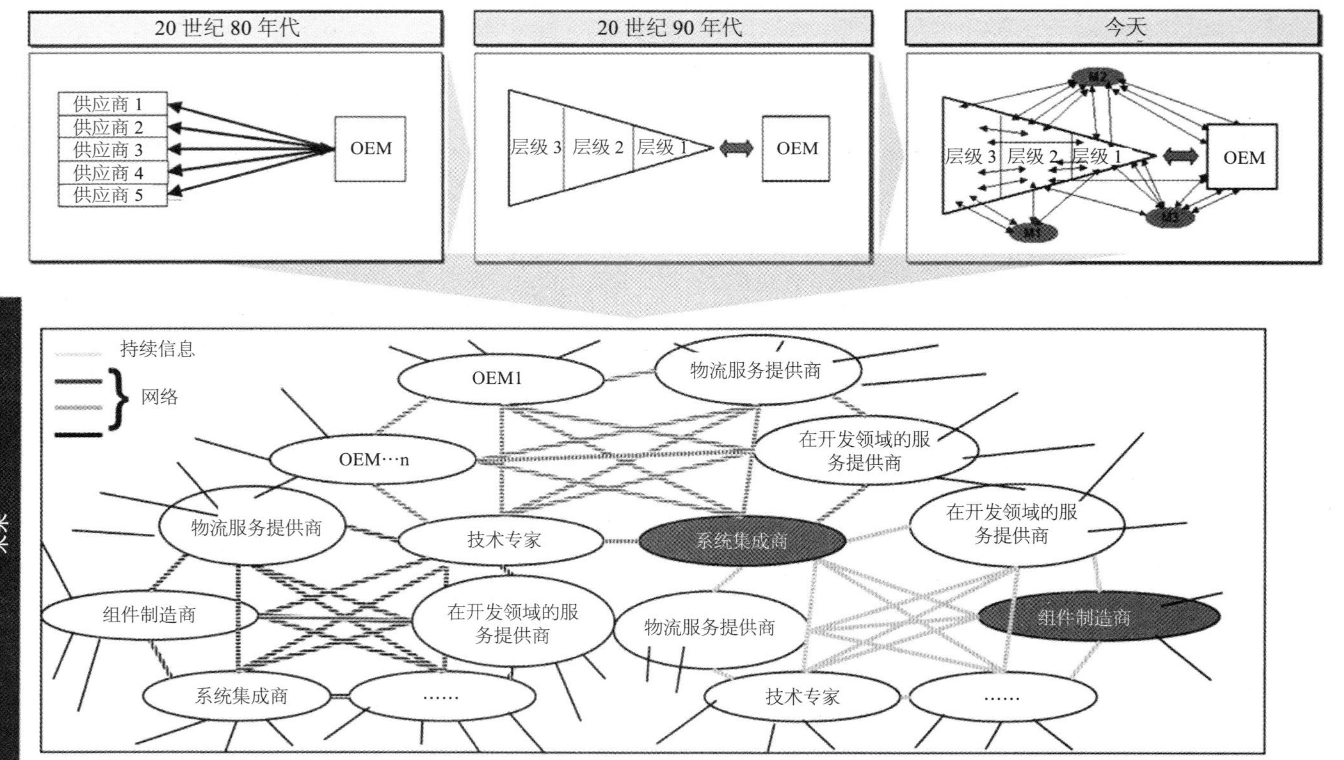

图 9-12 汽车制造业供应商链

就是选择正确的员工，在正确的时间、正确的地点或者在他们允许的范围之内，给予他们信息，并且开展工作。系统生命周期管理为此提供了大量的工具，利用这些工具，在公司内部和外部都能开展协作。而另外一部分工作将被简化，并且由现代社会化媒体的沟通机制提供。

概要

协作对于SysLM来说意味着什么：

- 提供了一个虚拟的设计和信息交流平台；
- 提供了一个基于小型化格式（JT，TIFF、PDF……），有利于可视化管理的方法；
- 访问权问题的解决办法，有了这个办法，可以有效保护参与PDF制作的组织和个人的“知识产权”；
- 为共同数据访问权限而建立的统一的Vault系统；
- 类似于社会化媒体系统的通信结构。

产品生命周期的初期整合阶段（上游阶段）

与工业互联网相兼容的产品及相关的工业设计流程一方面要求PEP早期阶段就要引起人们重视，同时要求必不可少的跨学科能力，另一方面要求具备在产品研发中应用基于模型的系统工程的能力，两者为机电一体化和网络电子化产品提供了最佳条件。由此可见，新的模型元素表明一方面要求管理，另一方面由工业设计流程所决定。这些包括要求、职能、行为和逻辑系统模块等。在产品研发中产生的部件一体化问题可以通过类似建模语言的应用尽早解决，由此定义运行

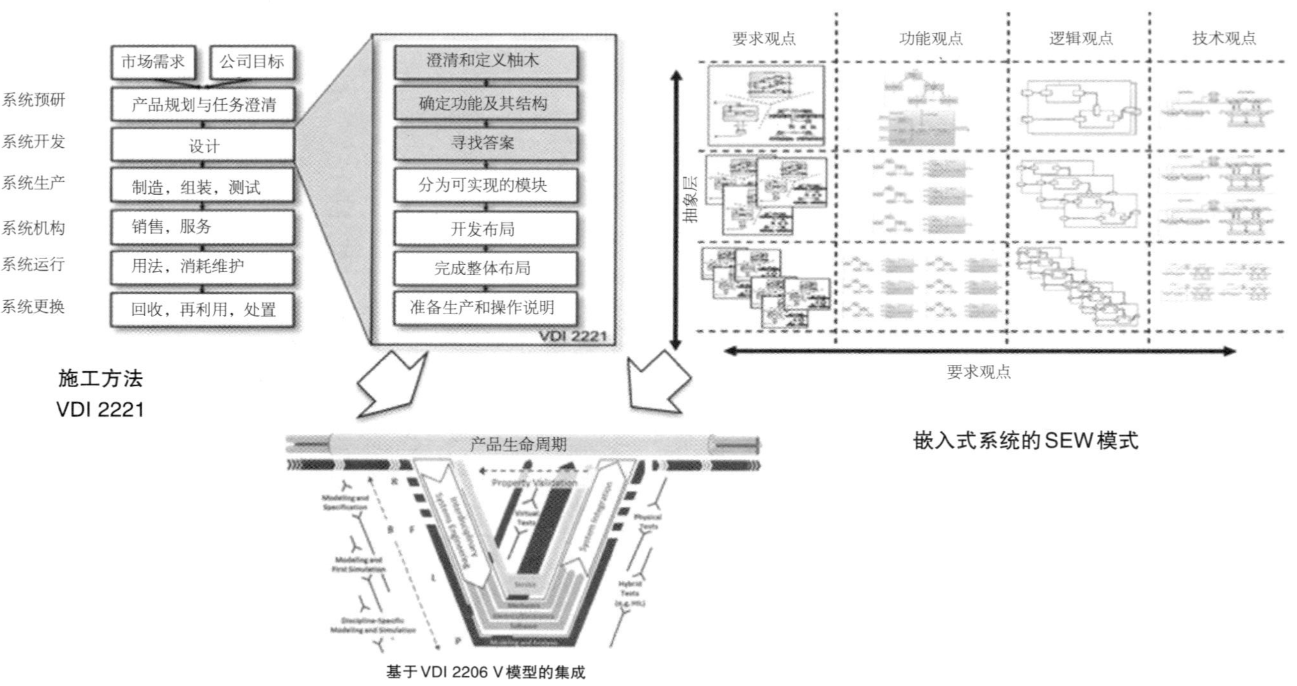

图 9–13 嵌入式系统与 mecPro^2 以及扩展的V模型

环境要求、职能、运行和结构之间的相互关系。集成化、基于模型化的研发在虚拟产品研发中占有至关重要的地位，并为PEP系统的优化，尤其是机电一体化和虚拟化产品，或者说得更准确些是机电一体化和虚拟系统带来了非常大的挑战。基于模型的系统工程可以对多学科产品进行概念化的描述。为了机电一体化系统的发展，VDI 2206 定义了一个系统化的途径。“VDI”缩写的焦点就是左侧字母“V”，并且随着基于模型的系统工程的工具进行了扩展、延伸。在BMBF要求的研究项目mecPro[2]中，嵌入式系统软件平台的开端把机械学设计方法集于一体（图 9–13）。其结果是一个扩展的V模型。

它可以识别三个层次的数字建模（图 9–14）：

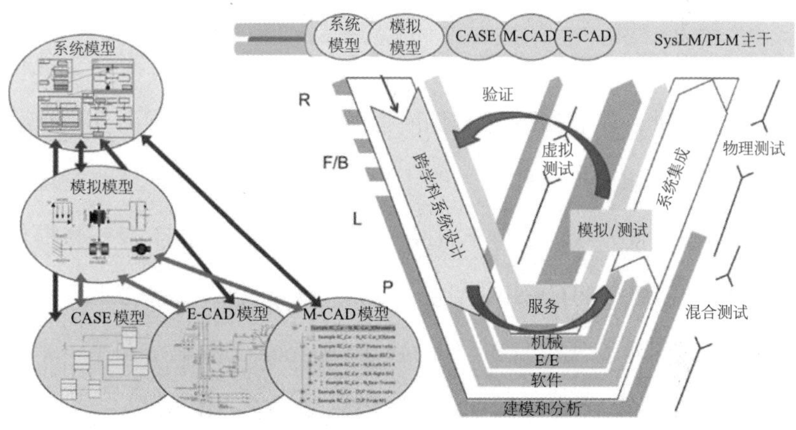

图 9–14　带有SysLM支柱的基于模型的系统工程

• 建模和规格

系统将通过定性模型进行描述，包括要求、功能、行为或逻辑体系结构。这些模型是可描述的，但是不能进行模拟。图形编辑器，例如SysLM系统将作为创作工具使用，利用它的功能便于对定性模型进行描述。

• 建模、初步模拟和生效

大多数定量的、可模拟的模型建立在此层面，它包含多功能物理模拟模型，涉及很多学科。模拟编辑器的作用就是一种创作工具（像Modelica、Matlab/Simulink、VHDL、Verilog和C语言）。

• 具体学科建模、详细的模拟和生效

在这个层面中，几何模型或者CAE模型将被创建，它含有非常具体的学科特点。CAD系统或者特定学科的计算和模拟软件将作为创作工具使用。

以初步模拟和功能描述为基础，特定学科开始发展，它是这套系统的物理层面，如同硬件设备和软件代码（在图9–15中标记为P）。在通常情况下，CAx（计算机辅助）过程规定了虚拟产品的研发。在这个层面上，今天PLM解决方案可有效地发挥作用。对于SysLM的基本要求是，建立研发新产品所需的要求、职能、行为和逻辑系统模块，建立和支撑与此相关的工程过程（许可管理、更改管理或者结构管理，图9–15）。与SysLM同时研发、并行的还有一些提供方，他们来自最初的CASE（计算机辅助软件工程）应用方面，通过他们的需求管理系统和追加购货的MBSE Tools，重新定义了一个应用范围：ALM=应用生命周期管理（IBM和PTC–MKS）。

类似从CAD到PLM的相互连接，凯泽斯劳滕工业大学VPE（虚拟产品研发）教授办公室的PLM系统研发中心纳入了SysLM创作系统研发中心，反之亦然。通过与最初的PLM服务范围（包含设计的基本数据和商品清单）的连接，实现了要求、职能、逻辑分程序以及E–BOM的一体化。这次一体化以现代SOA（面向服务的架构）结构为基础，使整合劳动力成本相对较低、接口开放，通过使用基于模型的源数据库，使定制和分享系统使用起来非常简单。

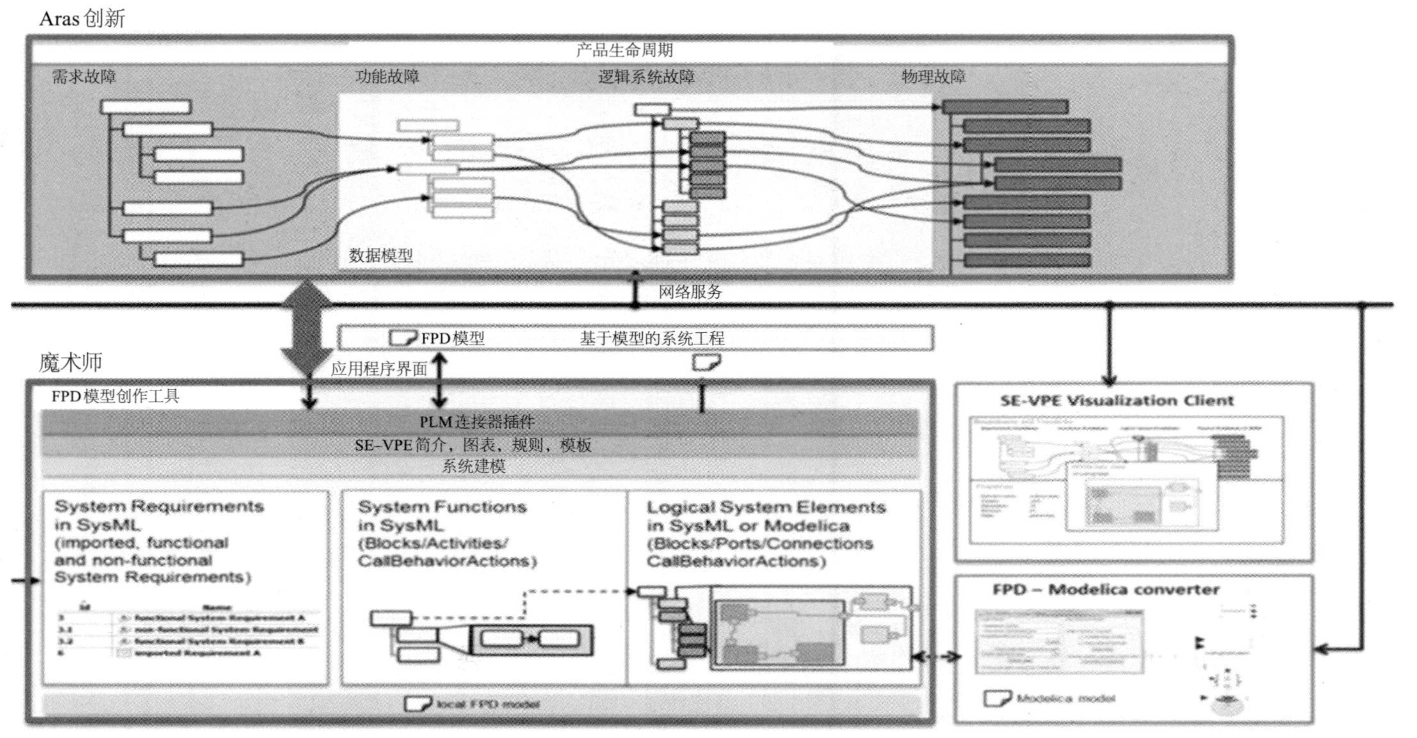

图 9–15 创作系统、团队数据管理与 PLM / SysLM 相互作用

概要

连接在SysLM系统早期阶段的意义：

- 提供了扩展的产品型号，内含要求、功能、行为和逻辑单元；
- 提供了与SysLM相连的集成接口和早期阶段的模拟系统（Simulink、Matlab、Modelica、VHDL、Verilog、C语言……）；
- 为研发新产品来转换适当的工程流程；
- 通过配置简易SysLM系统可以整合新的对象和各个对象之间的关系；
- 系统带有OSLC（生命周期协作开放服务）和ReqIF功能。

产品生命周期的后期整合阶段（下游阶段）

基于网络建立的服务性行业的现代化应用，是在交互使用的产品上形成的，往往来源于在生产和运营阶段对质量数据的评估。这意味着SysLM的拓展解决方案一直深入到了服务业领域。直到今天还在隔离这片领域或者阻碍服务生命周期管理系统（SLM）的一体化进程。富有意义的是基于共同主数据和结构数据的SysLM系统解决方案的拓展。系统生命周期管理的拓展，不仅应用于初期阶段，在后期整合阶段也可以应用。图 9–16 显示了装备有互联网–功能传感器和激发器的产品的哪些反馈回路与其相关。同时，它也关注与PEP系统的优化，关注哪些部件和系统导致了质量和运行错误。在服务性行业中，可以对维护和备件供应流程直接进行优化。

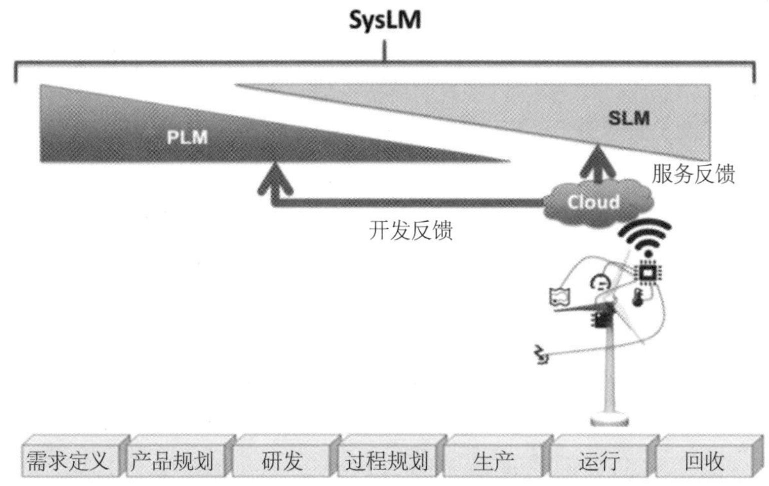

图 9–16　基于互联网的产品可将面向服务的信息发送给研发和服务部门

这种反馈回路在前文建立的类型和主体草案中已经进行过假设。因此，任何部件都可能直接投入服务（图 9–17）。

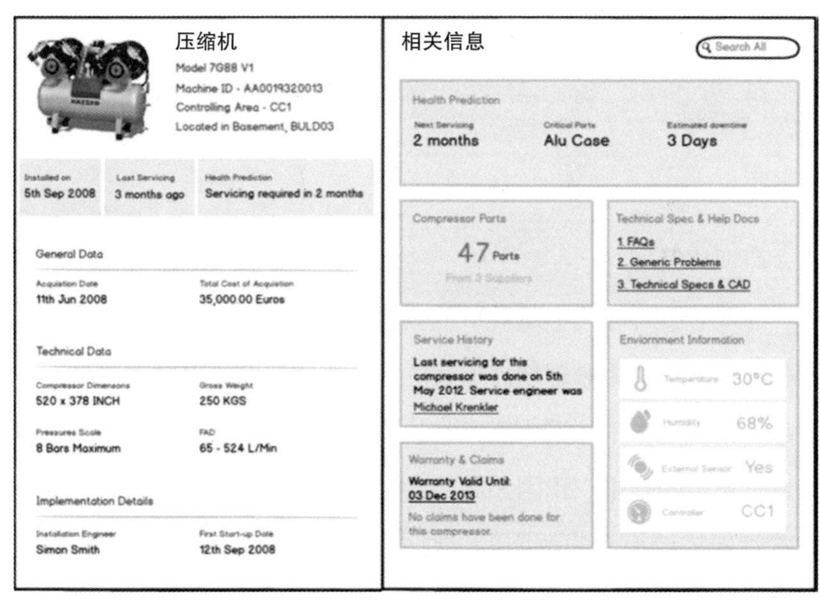

图 9–17　面向服务可以始终保持最新的部件报告

显而易见，使用这个数据表，所有与系统生命周期管理相联系的信息，比如3D图像、材料清单和维护计划都将显示出来。用户可以使用这项服务，随时得到关于产品以及产品相应零部件的静止和图像化信息。

概要

连接在SysLM系统后期整合段的意义：

- 为生产过程计划系统的集成和数字化工厂系统提供支撑；
- 服务生命周期管理系统的运行准备，或者是基于共同产品数据的服务生命周期管理解决方案的一体化；
- 解决方案的准备，使安装有互联网功能传感器和激发器的设备之间的沟通成为可能；
- 附加功能，如云集成、业务分析和数据挖掘，必须进行整合；
- 图形界面，显示了静态和动态信息的整体环境。

可视化管理

通过前面所有关于SysLM的要求，例如跨学科、实例化、合作和整合整个产品生命周期，数字类型产品的复杂程度变得很高，工程师在日常工作中几乎不能完成、解决一些复杂的问题。接受问题是合乎逻辑的结果。正因如此，典型的工程流程，如授权、变更和配置管理需要很高的透明度，要表明哪些对象在哪些流程中受到影响。图形在这里非常有用，可以把复杂的结构变得可视化（图9–18）。我们当然可以假定，通过连接实现不同类型商品的应用和管理系统。与该节点相关联的数据必须以典型的“轻量级”数据的形式出现（例如TIFF、PDF、JT……）。

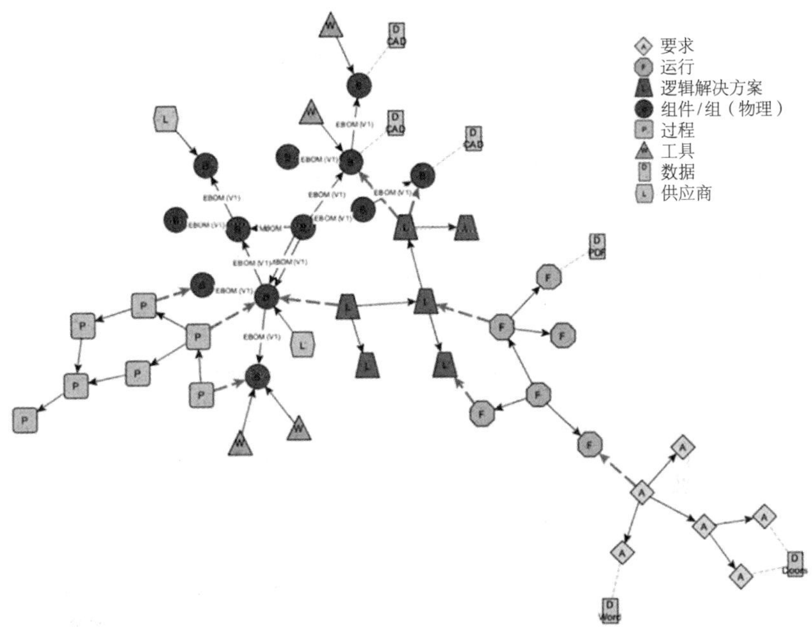

图 9–18　基于图形建立例子，关于共同产品生命周期相关联的产品模型

概要

简单和透明的可视化对于SysLM的意义：

- 通过图形定向和可视化工具建立连接；
- 开放的、已经注册的接口、数据格式和标注；
- 尽可能统一的变更和配置管理（前提条件：所有应用系统中所有的目标等级必须经过审核或者在有效性允许范围之内；
- 基于模型的语义网络建立不同应用系统的（ALM、PLM、SLM、MES、ERP）连接。

嵌入在公司的IT架构

跨学科、集成化的PEP支撑着工业互联网相关产品和制造系统的研发，它在产品生命周期的各个不同阶段，基于多样化的计算机辅助系统或者不同的学科而建立。在一个共同的产品和生产主要过程中，它必须连接一个适用的结构，连接一个或者根据复杂程度而确定的超过两个的层级。它的特征是以下在VDA工作组内通过四个层级而确定的概念：

- **计算机辅助系统**（MBSE、MCAD、ECAD、CASE、CAP、CAM、Office）、计算和模拟系统；
- **团队数据管理（TDM）**，是一个管理层面，管理与操作系统相关联的信息，或者直接分配计算机辅助系统。通常情况下，这个层面负责管理操作系统的原始格式。如果计算机辅助系统架构相对简单，这个层面可以被省略或者合并到其他层面。
- **SysLM–PLM 支柱**，是PEP系统的核心，它包含跨学科的产品结构和所有相关的数据，通常情况下，产品结构和所有相关的数据位于一个相对中立的平台中，由此建立研发技术上的更新和结构管理。它实际上是SysLM的解决方案，或者是ALM和SLM的补充。
- **PPS（大型企业用于产品入库的管理系统）支柱**，管理来自多个地区产品的全球化分配，由不同的、合适的PPS系统构成。在这个层面，后勤技术和产品制造技术部分转化为更新和结构的管理。

图9–19和图9–20显示了带有目标的两种示范性IT架构的应用。一种是集成化的授权和变更管理（工程发布/变更管理ERM–

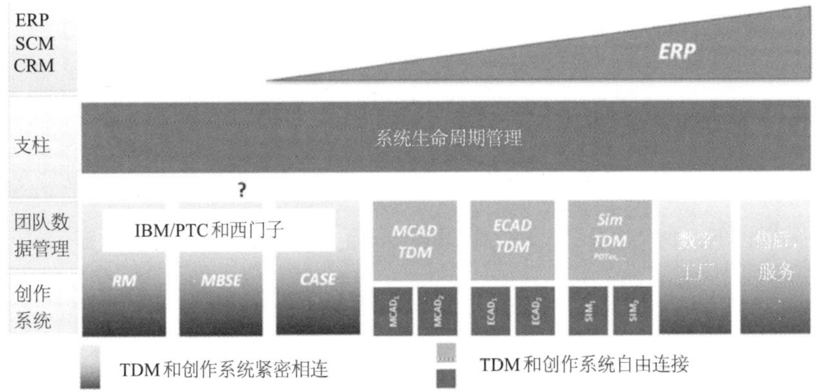

图 9–19 有优势性的SysLM系统结构、ALM与在TDM层面建立的SLM或RM、MBSE和CASE的一体化

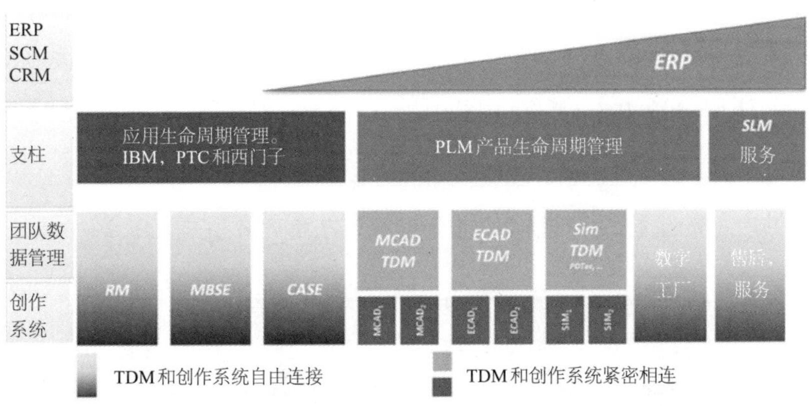

图 9–20 结构、ALM、SLM和PLM共同建立SysLM支柱

ECM），另一种是结构性的配置管理。与此同时，我们需要考虑，之前我们给出了一个新的IT联合解决方案。典型的CASE TOOL（计算机辅助软件工程工具）包括供应商需求管理（RM）和MBSE工具的解决方案，即所谓的ALM（应用生命周期管理）。然后ALM会被转换到TDM层级或支柱层级。更多的情况是，这三种应用是按照公司历史格言“最好的品种”选择出来的，现在必须通过SysLM系统进行整合。同样，在SLM中定位于产品生命周期后期阶段。

作为一个中间层，TDM层面服务于数量众多、集成化的计算机辅助系统，同时管理与计算机辅助系统相关信息，例如，原始的RM、MBSE、CA和CAE 文件。只有对于工程设计过程绝对重要的产品数据，才可以划分为PLM支柱。这个层面的可视化管理以原始格式工作，例如TIFF、JT、PDF。

这个结构的主要问题，往往出现于通过SysLM系统确立的设计链和通过PPS系统设计的供应链之间的信息和过程协调方面。而且，PPS系统不具备急需、灵活的结构可能性，对公司产品和流程模型没有针对性适应能力。因此，往往需要建立一个基于最小公分母的设计流程，而不是最佳设计流程。通过控制过程的扩展为这个问题提供一个革命性的解决方案，更确切地说，基于更高的系统，例如使用SharePoint系统（图9–21），作为替代方案。这个项目将通过与ILC和ARAS公司的合作来实现。如果没有通常关于设计链和供应链的工程设计过程，所有集成方法都是不完善的。一个真正

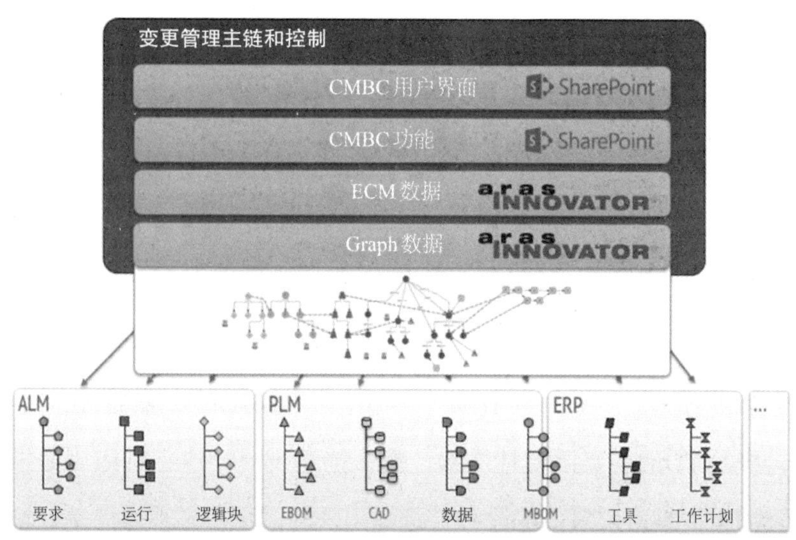

图9–21 在SharePoint中使用市场资料库建立的变更管理

革命化的解决方案是将生产计划和生产资料连接到SysLM支柱上。这就要求数字化工厂系统和MES（一套面向制造企业车间执行层的生产信息化管理系统）进行高效整合。ERP将在这个场景中承担执行系统的角色。因此，所有的工程设计流程将有可能转换到同一层面。

总而言之，必须重视IT基础架构的定义，通过物联网以及与物联网相连接的子系统可能产生大量的数据和界面。SysLM系统供应商需要根据这一要求，不断优化自己的软件技术。VPE教授办公室正在为这一概念而工作，SysLM支柱不作为不可分割的带有自然数据库的共同系统，而是作为建立在语义网络上、基于模型的资源库。数据保留在包括TDM在内的应用解决方案中，并且通过OSLC相连。在图 9–22 中，解决方案建立在SharePoint项目的经验中。它可以转换为由基础数据和联网数据组成的、带有永久物理数据存储的任意混合解决方案，以用于其他应用领域。根据图 9–18 所示，这种结构为可视化构造提供了最佳条件。

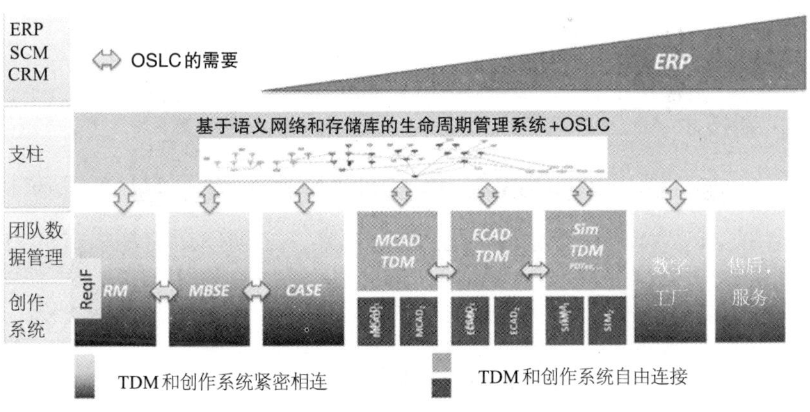

图 9–22　基于模型的语义网络和OSLC模型建立的SysLM研究项目

概要

在公司开放的IT结构中建立连接对于SysLM的意义：

- 选择一个基本的体系结构类型；
- 开放和稳定的界面；
- 开放以及记录数据的格式和标准；
- 尽可能统一的变更和配置管理（前提条件：在所有应用系统中，所有的目标等级必须经过审核或者在有效性允许范围之内；
- 简单的定制可以通过设置简化自定义标注，而不是通过编程；
- 自定义的向下兼容性；
- 未来没有整体的数据库，而是建立在基于模型的语义网络中的模型；
- 该架构的目标应该是，完成具有决定性意义的工程过程，而不是在一个平面上进行割裂。

新技术

今天，现代化的SysLM–PLM解决方案已经在SOAP和基于Rest建立的Web服务器上进行使用。未来，必须使用更加先进的IT技术：

- 基于模型的语义网络（MSN）；
- 内存数据库和网格计算（IMSBM）；
- 云计算；

- 大数据；
- 安全状态/安全保障；
- 互动和演示（可用性）的新方法；
- 严格执行相关标准。

关于MSN的想法，在前文中已经介绍过了。只有在一定技术条件下，通过减少自定义费用和升级费用，才能实现降低总体拥有成本的基本进步。

内存数据库（IMDBM）计划的主要想法就是，一个公司的主数据库在主存储器中以IMDBM的形式或者主存储器数据库的形式保存。

网格计算是自主计算能力的共享基础设施。网格技术的愿景是得到网络处理能力，特别像从电源插座中获取电（电网）。IT资源巨大的运行范围、不断强大的网络将在云计算概念中得到实现。这意味着，用户不再需要独立自主的计算能力或者逻辑演算，而是在“云”中进行IT进程的全部扩展。这项技术吸引了越来越多提供有益服务的服务提供商。

在工业进程中，越来越多投入使用的IT解决方案使数据库越来越大。这个数据库将沿着共同的产品生命周期逐渐聚集。在工业方面，人们往往将处理和智能分析大量的数据所带来的挑战简单地称为“大数据”。数量特别大的数据才被称为“大数据”。其主要思想是，通过使用智能算法和程序（如数据挖掘、业务分析），智能化评估这些“数据宝藏”。在SysLM系统中，用户也可以访问和使用这些结果，为用户提供SysLM–PLM系统的运营解决方案。

根据卡巴斯基研究院提供的数据，2014年每个月大概发生了

13 000起事故，这些电脑都应该受到了自动过程控制系统的感染。这些关键系统的数据必须具备高可用性和绝对安全。然而，随着信息技术的日益一体化和生产在物联网中的体现，关键词“工业 4.0”意味着在安全方面面临更多的挑战。对于工业 4.0 来说，底层IT系统的安全是绝对必要的。安全是人身安全和在操作机器或者生产过程中的劳动保护。对于安全系统的建立和运行，有着相应的规则和指导，例如DIN EN ISO 13849 机械安全–控制系统安全相关部件设计准则。

通过用户执行PLM系统，对使用的方便性产生显著的影响（可用性）。这些将从人类与计算机之间互动的可能性中获益。数十年来，人类与自然环境的“接口”（语言、手势、触摸、视觉、听觉等）在软件研发中被人们忽视了。如同自带设备（BYOD）或自选设备（CYOD），这种潮流将对设备的操作产生深远的影响。

在很多地方，标准已经引起了人们的兴趣。伴随历史成长起来的老系统对于融合、一体化来说，绝对是一个先决条件。图 9–23 给出了适合工业互联网IT架构所必备的标准概述。

图 9–23 关于实现工业互联网相关标准的概述

小结

2030年，更加智能化的、通过网络和其他业务网络系统的连接将遍及所有工业，传统的、机械的和机电一体化产品将被替代。这一领域的发展将通过科学技术的快速进步和环境实践继续向前推进。哪些趋势将在未来实现并受到用户的认可，将在未来几年中被证明。现在已经可以坚定地认为，不断增加对未来SysLM系统解决方案的其他应用和用途的兴趣，实际的生命周期系统设计方案也是成功的。

系统生命周期管理是作为PLM的下一阶段建立并不断扩大的，并被人们看作按照“工业互联网”应用要求明确指明的设计方案中的关键概念。我们必须抓住这个难得的机会，让我们改变思维，拆除壁垒，从现在开始……

第 10 章　信息工厂：新的数字工作平台

数字化改造和创新带来的挑战及其解决方案

赖纳·施塔克　托马斯·达梅劳　凯·林多

提　要

截至 2015 年年末，德国范围内大约有 449 项工业 4.0 研究和实施项目。这带来了多方面的巨大挑战，即如何使之转化为解决方案、新认知、部分地区范围内的结果以及标准化应用，而在另一方面的“白色斑点”必须被识别和进一步研究。本章为现实的和数字化的工厂提供了创新型的工业 4.0 项目以及来自柏林生产技术中心（PTZ）的产品运营模式，并且提供了相关活动的分类研究图。借助阶段模型加以说明在实际工作中如何完成和实施未来所必需的信息管理，以达到预定目的。借助引领潮流的信息化工厂概念来加以说明，如何借助数字化双胞胎和智能数据，在产品开发和生产阶段提升效率和效益。

工业 4.0——不仅是智能化生产

工业 4.0 的概念如同它本身一样复杂，围绕这一概念产生了很多的研究领域。现在，这个研究领域正处在扩散的阶段，在德国各地，每天都会出现新的研究和成果，具有非常广泛的研究和应用范围。2015 年年底，全德国范围内大约有 449 项研究和实施项目与工业 4.0 息息相关。随之带来了多方面的巨大挑战，即如何使之转化为解决方案、新认知、部分地区范围内的结果以及标准化的应用，而在另一方面的“白色斑点”必须被识别和进一步研究。工业 4.0 研究的跨学科性质，以及关于所有创造新价值的过程全部数字网络化的基本远景，使得合并、巩固所产生的发明创造与创新变得非常重要。这样做的目的是为了消除利益相关者思想世界和有效沟通之间的壁垒，提供一个实用的工具，以分辨相互连接和未来的协作。这个工具使得一项具体活动快速的、主题性的本土化成为可能。如何能够在二维工业 4.0 研究地图的帮助下实现这项功能，将在柏林的生产技术中心为大家展示。

PTZ 作为夫琅和费研究所的复合型研究所，研究生产设备、设计工艺（IPK）；作为柏林工业大学研究所，研究机床工具和工厂管理，它拥有 400 多名员工，并作为引领者在德国首都的工业 4.0 进程中起到决定性作用。通过与各个工业行业的密切协作，一同进行介于基础研究和定向应用之间的研究，自 1979 年开始，为各行各业提供从未来工厂的虚拟产品创新到医学技术领域的问题解决方案。在首都柏林所有 17 个工业 4.0 项目中的 4 项由 PTZ 负责，下面将对其中的几个项目进行介绍。

柏林生产技术中心项目

首先，我们选择工业 4.0 研究和发展项目中的几个。现在它们正处在研究阶段，由研究生产设备、设计工艺的夫琅和费研究所与研究机床工具和工厂管理的柏林工艺大学研究所负责，以此为大家描述工业 4.0 的核心解决方案要素，并且通过研究地图进行定位。

IWEPRO：智能化自组织生产车间

需要大批量生产的行业（例如汽车制造业）主要依靠生产线完成工作，生产线主要用于生产特殊零部件。灵活性需求的增加，特别是在持续反应能力、负荷程度和供货信誉方面，促使刚性生产系统达到极限。在车间生产加工阶段，各个工业行业使用分散控制从而实现自主组织，在特定情景下，生产产品驱动代替死板的分配方式，从而挖掘制造资源的潜力。制造将更加灵活、健壮，针对没有计划的事件，反应更加迅速。智能化系统、所包含的子系统和组件，都从属于信息物理生产系统（CPPS）。车间工作人员及其所拥有的知识和经验的整合，提供了一个大有希望的解决途径。

制造业公司希望通过生产流程的优化，特别是在小批量和不同的产品领域，达到生产过程逐个运行的目标。一个智能化、自组织的生产车间将提供更大的灵活性，自适应地控制生产加工过程和对没有计划的事件做出动态反应。

我们的目标是制定解决方案，智能化自组织生产车间将为我们提供这种可能性，即智能网络化产品、生产设备、运输系统和制造资源相互之间交换生产和程序信息，并且把任务、情况与车间工人三者相互协调配合。这种“智能化”的车间生产使得前瞻性管理成为可能，包括为排队等候的生产订单提供及时的供应。在控制中心，分散控制和中央控制同步进行，通过虚拟信息和与真实物体相关联的通信网络实现监控功能。在信息物理生产系统中，通过采用这种解决方法，车间工人对计划、控制和监控等相关任务进行整合，对多人一起参加的设计任务提供有计划的保障。必要的是，使用这套系统工作的企业职工必须为他们的新任务做好准备，因为这套系统要求具备高度的灵活性。

在一个分割的生产车间中边界条件已经趋向末期，人们开始构想、模拟带有智能化、可沟通部件的未来生产车间场景，即分散中的相互配合，分布式生产控制与系统组件，整个系统的行为将根据模拟情况进行检测。这个项目中创新了生产工具：建模与仿真，自适应的生产管理系统，适当的沟通联络基础设施，以科技知识为基础、自主学习的车间控制，自我管理，分布式软件代理，可互操作的机床工具和智能设备。这种开发工作与社会学研究工作相辅相成，以便管理人员（例如生产工作人员）从一开始就在人性化的企业中工作。他们作为参与者与生产系统顺利地联系在一起，并为获得合格资格而做准备。

由此，一个迁移草案将与分级、分散式管理和子系统的网络化一起制定。这包括全面的技术、业务流程和合格证明，通过带有产品、机器、工具、设备和运输系统的可扩展壳模型的形式体现。在汽车制造业中，与相关工作人员一起进行的新型自组织生产车间的测试和验证实现了在零部件生产应用场景中的高度灵活性。预期的结果还可以通过其他的系统供应商和不同种类、质量的产品制造行业进行应用，例如在金属加工行业中的供应商，机器制造业、汽车行业或者医学技术行业。自组织生产车间的解决方案为中小型制造企业提供了广阔的技术转让潜力。

VIB-SHP智能混合原型的虚拟调试

在跨学科的团队中，虚拟现实（VR）适合作为相互协调的媒介。所有参加项目的多学科团队，都可以从它强大的视觉效果中获益，甚至还有导航系统提供的可能性和空间搜索、操作策划和创意支持。经济效益，例如减少早期可视化产品和产品测试的变化，通过VR在工业发展过程中的应用给出了答案，这也是经过实践证明的。

对于大型制造企业，数字化工厂规划的方法、工具也属于现有技术领域的状态。例如，他们推进的虚拟调试（VIBN）也与VR技术相结合，借此验证视觉触控特性。由于缺少交互技术使用，任务定向和运行定向相互作用在VR系统的运用中还没有实现。

应用这些虚拟技术所面临的挑战主要是数据断裂，无论是生产系统的CAD数据转移到VR，或者作为VIBN工具出现，虚拟技术的广泛使用至今仍受到阻碍，缺乏连续性，例如在运动方式信息或者来自PDM（产品数据管理）系统的中继资料转移到VR和VIBN系统中的时候。

作为合作项目的一部分，“智能混合原型的虚拟调试–制造系统的有形保护模块化系统”中的模块化系统将被研发，在模块化系统的帮助下，中小型设备制造商和供应商可以快速、轻松地创建带有虚拟技术的制造系统功能原型。在其生产和制造之前，这些混合原型应该参与所有的研发过程（设计师、工人、客户、管理、生产–设备规划人员）功能测试，并且进行性能提升。后续用户应该包含在生产系统和生产过程的发展中。

该项目的目标是为虚拟设备原型建立交互式研发环境。在此环境中，可以测试机械、电气和软件相互作用时的运行状态。为了进行协调工作，不同领域的研发人员使用同一个中央模型作为研究讨论的基础。研发过程将由SHP工具包提供支持。它旁边是自动化技术组件（mCAD、eCAD、行为模型）特定领域的部分模型，其中部分模式已经为触觉交互做好了准备，客户与未来供应商一起参加的设备控制元件测试已经进入研发阶段。这个项目的另外一个要求就是，在设备的研发阶段充分考虑工业4.0带来的需求和影响，并使控制技术得到保障。为了在产品研发的早期阶段就能考虑到产品的网络化，设备的早期行为模型和周边产品–IT系统已经在系统控制保障过程中进行使用。此外，为了第一个虚拟控制器转移到真实的控制器中，研究出来一种方法，经过详细、具体的测试之后，它能够顺利地与现实设备进行连接。

pICASSO：基于云的控制器

在机器人和复杂自动化系统领域的每一台机器都是自己的终端，也就是所谓的单片控制。其本身所拥有的计算能力在正常操作中很少使用。然而，应该把这些代价高昂的算法进行流程优化，但至今生产能力不足。尺度，即根据计算能力调整要计算的算法，直到今天还是不可能的。因此，带有信息物理系统的生产系统的功能集成无法实现。随着智能手机的出现，问题有了答案，计算密集型的语音识别算法不是在手机中进行计算，而是进行云计算。

pICASSO研究项目的目标是，在工业化生产过程中，为信息物理系统提供一个可以扩展的控制平台。这个平台提供了可以扩展的计算能力，而计算能力取决于算法的复杂程度，并且能够被自动使用。单片控制技术将被打破，并且由云计算代替。它必须满足生产技术的严格要求，比如实时能力、可用性和安全性，才能继续使用。此外，除了改进可扩展性和通用性，它同时还降低了成本，比如节约了部分控制硬件。为了应用基于云计算的工业化控制平台、应用信息物理系统，需要建立一个服务器级控制器平台，它具有独立于硬件的计算控制功能。这些先前的控制功能被模块化，并扩展至云计算机制，例如中央数据处理。为了将本地执行器和传感器连接到控制平台，合适的联络机构将进行评估和扩展。在此基础上，建立用于提供生产效率的增值服务，例如研究复杂生产过程的模拟和可视化以及与人的互动。整个共同项目将会考虑到敏感数据的安全和操作人员的保护。

总体项目的结果将通过机器人和制造系统进行展示，而且这个结果将通过云进行控制。总体项目的结果将以开放资源的形式出现。在其他的行业，比如医药行业，要求整体生产过程的数据文件，控制平台还可以应用于这个方面。这为自组织生产转化为新型商业模式提供了可能性。

MetamoFAB：向智能网络化工厂转变

未来，理想化企业的生产模式是基于共同价值链之上的高效交流与合作。企业引进信息物理系统可以增强生产条件的变化能力，同时也能够提高生产和物流的灵活性。所有参与生产的环节，例如人员、机器、工件和信息技术必须被计算在内。所以，企业有必要通过引入程序为向工业 4.0 迈进做准备。现在的企业只有制定明确的策略，向信息物理系统转变，才会避免巨大的企业经济战略损失，成功转型成为智能企业。

该研究项目旨在使智能网络化工厂在目前的企业条件下成为可能。按照信息物理系统的构思，生产性能与灵活性将会大大提高。三种应用（“自动化生产”“半导体生产”“电器元件生产”）以及相应的供货和结算途径构成了信息物理工厂的转变。

伴随着网络生产的是分散的智能化，其转型期间的规则释义被认定为重要的解决方式。对此，将会出现一个重要的模型，该模型涵盖了网络化工厂结构中的所有生产要素。这就需要不同计划周期和最佳目标的协调规则，例如生产计划过程。人员素质不断提高，解决问题型人员的重要性不断增加，技术层面的生产能力持续发展，这些都得益于未来工厂的新式网络化、灵活化的运作机制的发展。通过潜在选择的平行实时投影和计算，所有重要组件的行为会随着规则的变化而得到保障。转换程序计划的方式和工具会在充分考虑现实生产环境进步程度的情况下不断发展。

该项目的总体成果是未来工业 4.0 意义上的智能网络化生产的引入与实施。虚拟和现实实验会测试由 MetamoFAB 演变而来的行为方式和工具的可行性，并根据企业所处的现实环境对相关保障进行演示说明。为了保证工业的转换，计划、引入和实施的行为方式和必要的合格化程序会随之出现，并通过引入信息物理系统为德国企业的生产提供重要的支持。

柏林生产技术中心的研究

以上四项研究项目表明，工业 4.0 是一个广泛的领域，而不只是涵盖智能生产。它不仅涉及生命周期，还涉及数据、人际和人机交互以及战略整合和商业模式的发展。工业 4.0 的研究蓝图（见图 10–1）构成了 3 × 4 的矩阵。在纵向上划分了产品和服务、设备及工厂、生产经营、使用与服务领域。横向则是技术、合作与战略。

图 10–1 展示了工业 4.0 横纵双向的复杂运行结构。研究结果表明，具备发展能力和生产能力的企业是如何一步步走向工业 4.0 的。柏林夫琅和费 FOKUS（开放通信系统研究所）、IZM（可靠性和微集成研究所）、HHI（通信技术研究所）和 IPK（生产设备和结构技术研究所）合并重组成数据连接中心，加速整体数据的转换。以后，柏林的研究会涵盖流动性、未来城市、医疗技术、健康、能源等关键基础设施、生产和工业 4.0 的融合。工业的共同目标是解决数字互联的困难，例如信息和交流网络的安全性、鲁棒性、速度和质量，以及对信息使用的再加工。信息如何超出程序和价值链，

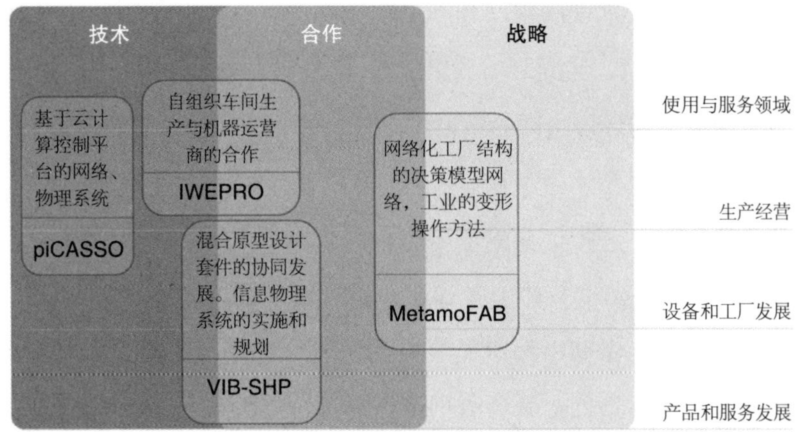

图 10–1 工业 4.0 研究地图

从原始的生产理念转向可回收利用以及如何有效使用，IPK 将在其“服务工程学”的视角下对这一问题进行研究。毋庸置疑，信息及其交换是数字创新、新的服务和商业模式，这是对世界的一种新的理解，并由此开创了一种全新模式。

工业信息技术——工业 4.0 的指挥棒

工业 4.0 以生产和使用过程中不断扩大的产品数字化和网络化为标志。随之而来的是未来价值链和商业模式的改变。同其他报告中描述的一样，在工业和研究中早已出现对它的认知。大部分企业早就有意向在战略层次进行一次巨大的改变，这种改变整体上尚未凸显，但在小范围内已经出现了。但是，这并不意味着企业能够自主工作。工业信息技术对企业的行动能力做出了重要贡献，它致力于在虚拟生产中用数字方案的发展促进工程能力的改善和提高。也就是说，从生产理念延伸到生产规划，确保生产和企业的运作。数字化和网络化要求提高生产和产品的智能性。对于工业信息技术而言，这既是挑战，也是巨大的潜力。信息管理成为智能产品和生产、智能产品与环境之间的重要主题。

在工业信息技术意义中，工业 4.0 的重要目标是虚拟与现实世界的无缝连接。虚拟世界的重要因素是建模、规划和解释模型，工业 4.0 工程在未来设备和生产体系或是领域内进行的生产必须达到自控运行。解释模型中构建了一个数字化、虚拟化的现实世界。例如现实生产程序这样现有的模型，能够进行虚拟构建，在运行中还能继续改善，并不断优化资源利用率。在规划模型中则与之相反，首先构建虚拟世界，接着将其现实化。工业信息技术的目标就是使两个模型互相整合，以此产生现实化、数字化工厂与生产企业之间的共生。在理想情况下，从虚拟工厂规划出现实工厂，或从一体化的产品服务系统中通过 IT 服务转化成真正的物流。在工业 4.0 进程中，纵向和横向都能进行整合。横向一体化体现了在工业 4.0 参考架构模型中生命周期和价值流的数字化普遍性，纵向一体化则描述了不同层面的等级划分（图 10–2）。能够看出，遵循 IEC 62890（工业过程测量控制和自动化系统及产品生命周期管理标准）规划蓝图的生命周期被大幅简化，在这种情况下，生命周期技术体系不适合复杂的现实。“式样”和“实例”的区别意味着，一个产品首先被虚拟生产出，然后再进行现实化。

考虑到不同层次，未来必须解决目前部分方案中的互通性问题。

借助数字化–虚拟化模型，可以在纵向和横向的价值链上建模，以便进行结果预断。不同模型之间相互联系，以实现 PPR（产品—过程—资源）决策，这一点非常重要。

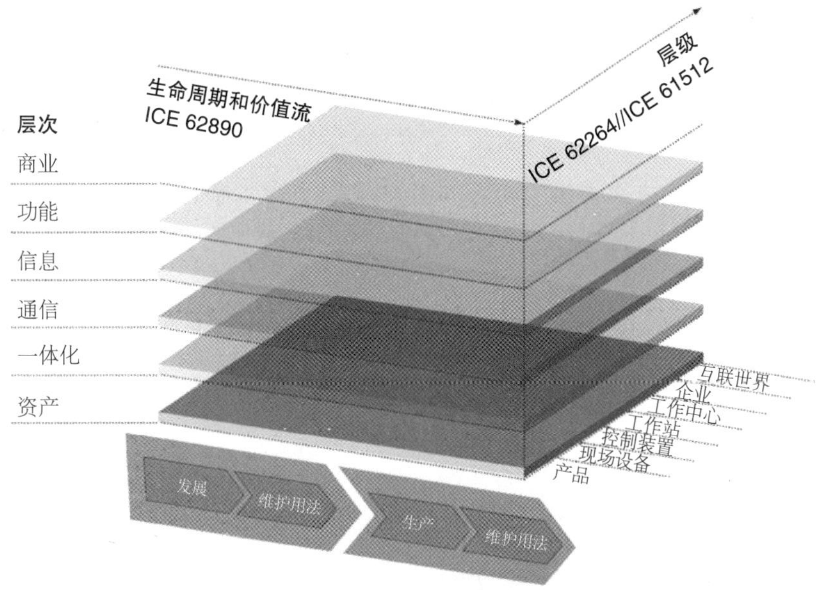

图 10–2　工业 4.0 平台参考架构模型 RAMI 4.0

下面是工业 4.0 信息管理的相关研究课题：

• 整体价值链工程的数字普遍性：现实与虚拟世界的融合

–建立数据建模理论服务于横纵向整合

–为企业横向整合研发普适的元规划模型

• 整体价值链工程的数字普遍性：系统工程

–制定方案和信息技术工具，促进在技术系统或环境作用下的机械产品一体化的发展

–建立产品、过程和生产系统互相整合的工程过程链

• 工业 4.0 平台参考架构和分布式的、面向服务的架构

–为新的“未来数字化模型”构建一个新的参考架构，超越目前的“PLM”“ERP”“SCM”（软件配置管理）“数字工厂–数字制造”“车间工厂”和“服务门户”等单独架构，确保不同

生产商软件产品、物流以及其他方案的运行。该意义下它被命名为新型“工业数据空间”，其基本目标是为供应链提供参考架构。

–为未来新型“数字工作环境”中的工程IT发展构建普遍的发展和融合战略。

工程师们通过对相关课题的研究应该合作构思工业4.0方案，确保其运行安全并适应企业发展需要。

信息工厂——新的数字工作平台

作为数字化改造重要解决方案的信息技术，为现有工艺在研发、生产以及使用阶段中的数据提供了准备，这些数据可以达到前所未有的规模。这样一个现代化数控机床在目前情况下要产生30TB的数据，一个工厂每年产生2EB数据，一架波音737的国内航班产生的数据会有240TB。生活的各个领域在“万物联网”下会迅速生成无法估量的数据。所以专家们推断，全球产生的数据量到2020年会从8.6ZB上升至40ZB（10^{21}字节）。运用目前智能化的数据算法，为赋予这些大数据价值性，使其成为人们可以使用的信息，工业4.0的动力系统提出了一个问题：谁在什么时候需要何种质量的哪些信息，以及哪些数据在哪些组合中能提供新的认识?

一个目前尚不能完全解决的问题是预想研发和产品生命周期的信息物流技术，以及实现产品生产和企业合作之间的积分原理。经济化和技术化的信息流能力在于制定智能化工业4.0的标准。为了弥补存在的其他方法和技术上的缺口，必须考虑到其他因素。所以，很难有一个共同的标准，并通过效益生产上地理平等的数字化以及整体物流研发的新方式实现。此外，必须考虑到解决方案，每个企业在工业 4.0 方向上都要有自己的整合方式。

在传统工厂概念的基础上，夫琅和费IPK与柏林工业大学工业信息技术专业密切合作，将许多不同的“数字车床”合成一个信息生产的整体。信息工厂是一个平台，确保信息物理产品和生产设备的研发、生产和使用一体化的IT方法的自主作业。在智能算法的运用下可以使用信息工厂，借助信息工厂可以实现、分析和优化产品研发、生产和使用的数字化。所以，信息工厂最基础的条件就是运用数据处理体系，连接相关数据源和知识载体（研发工程师的产品知识，企业运营的市场知识，数据科学家或第三方的数据分析），实现共同决定并塑造智能信息物流。信息工厂主要是智能化、网络化的产品生产和服务。

信息工厂的定义

信息工厂涵盖未来所有必要信息系统和企业平台专业知识的纵向和横向的关联。在产品生命周期中，作为智能企业的信息工厂主要服务于信息驱动下的产品研发、生产、运营、设备和服务。

- 信息工厂为此借助智能数据分析，共同引导目前数据以及智能技术系统的增值和数据链信息；
- 信息和其他决定智能数据的加工伴随着信息工厂集中和分散的信息加工制作；
- 在全面网络化工业 4.0 的范围内，信息工厂使自动化意义上的技术系统和辅助程序的分析、控制和改变成为可能。

图 10–3 以图的形式说明了价值链活动和信息物流在云计算的信息工厂中是怎样实现信息互动的。与传统的企业不同，信息工厂通过App原则下的第三方链接实现了合作的新形式。

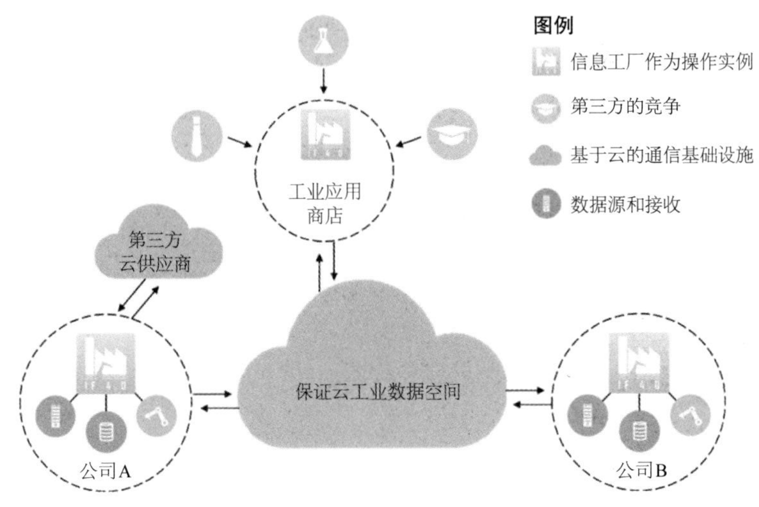

图 10–3 信息工厂运行情况示意图

信息工厂的每个主管单位通过安全的企业云相互沟通，并且在价值链和信息加工方面，与第三方及其App相互关联。

在研究中，首先实现了“智能工厂 4.0”的一期三种情况例子的演示。同时，还涉及信息工厂和数字方式的环境试验和生效。在虚拟空间控制程序的适用和安全由虚拟运用进行物化。通过设备和程序研发并行以及节约成本和时间，能够优化质量。在第二种运用情况中，程序模拟展示了信息工厂下的数字化的潜力。目前生产中的变化和同向工作的累计加工是不同的情况。借助信息工厂，可以建成一期的现实生产。从建筑几何和产品定义模拟特定的信息物理生产系统，并物化这个过程。这样可以通过减少成本和时间节省生产费用，并且实现一期经济化的完成。第三种运用情况，就是商业智能，针对智能数据的使用。工业 4.0 改变了信息物流。在引进新的传感器和促动器阶段，自动化金字塔会逐渐消解。划分后的智能将实现网络化并服务于新的数据源和终端。拓宽解决方式是信息物流交互的重要内容，新添设备可以满足基础裁定并持续发力。通过基于网络的信息仪表盘可以共同引入信息交流系统中的相关数据，这些数据将在产品和专业操作技能知识的关联中进行增加。使用者可以运用数据、数据分析和模拟数据、智能数据，因此会引入OPC UA（OPC统一架构）、Node.js（一种Javascript运行环境）和COAP（一种基于REST架构的协议）等标准。信息仪表盘优化了分析和裁定的质量，并帮助在有效生产和能源中节约成本和时间。

信息工厂的普及要求遵循在既定数字化双向概念中的用例。数字化双胞胎的目标是实现现实产品和其虚拟构想的统一。根据RAMI4.0，这意味着“Type”不仅是现实中的，而且虚拟的“Instance”必须存在。直接结合一方面负责产品虚拟模型的变化，另一方面提供虚拟模型中的产品数据和产品周期管理中的程序。数字化双胞胎一方面强调物理档案的存储，另一方面强调CPS在实际应用中的互动合作。数字化双胞胎可以观察数字加工模型互联功能实体单元研发的情况以及虚拟镜像。通过互联网可以持续存储信息，这样可以把数字化双胞胎转化为动态的数字化双胞胎。

信息工厂的概念、动态的数字化双胞胎和其目前所描述的非特定工业运用可以相互转化。这主要是从信息技术的角度来看的，而信息研发和规划的网络化只是其中一部分。不同域数据在不同规模中存在于研发、规划、准备和生产中，这样也不能直接用于信息工厂。为了战胜挑战，将逐步完成整合以开发“工业 4.0”的不同阶段（见图 10–4）。

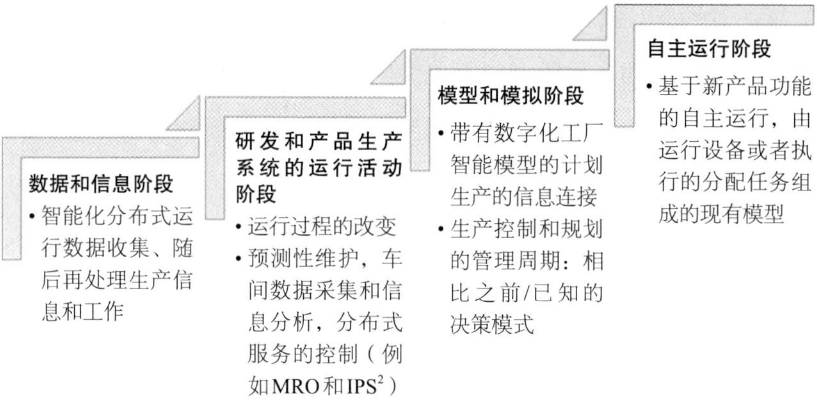

图 10–4 "工业 4.0"阶段模型的实施和信息化管理运作是通向信息工厂的必由之路

在"数据与信息"的阶段，必须有一个智能的、划分好的企业和机器数据统计，作为信息和智能生产运用的前提。所以，在第二阶段"研发和产品生产系统"中，操作信息的驱动变化和服务物流控制成为可能。阶段二中能够实现产品研发、相互交织的最佳服务通道。在分布式服务中通过数字工厂的智能模型，如管理的智能模拟和优化模型，可以使关于战略生产的信息盈利。每个阶段都要把熟悉的或者已经实现的裁定模板考虑在内，以实现自主工厂。最后一个"自主运行阶段"，不能只影响规划，还要自主改变并优化既定规划。新的独立生产的重新配置使目前模板和目标转换成为可能。

信息工厂服务于整体生命周期阶段。它能实现信息提取和聚集，实现以知识控制产品生命周期的目标。问题是，这些知识以什么样的方式呈现。就像 Web 2.0 一样，信息工厂有潜力去颠覆性改变研发、生产和经营。实际和虚拟的不断契合，产品研发和生产的民主化趋势以及信息资产的货币价值创造了一个契机，对德国工业区的发展非常重要。这些发展还能开发技能，以应对变幻莫测的全球化的发展。数字信息工厂，塑造了基于信息基础的价值链的全球数字化再分配，而信息工厂则是一个推动者。IT服务和智能等必要的组件已在不断开发测试。

INDUSTRIE

4.0 GRENZENLOS

第三部分　无边界的“物联网+”

工业4.0是一项将构想现实化的倡议。因此，这本书中有许多理论，并且前面章节的研究成果那么着眼于实践，但很少是工业实践的实际情况。但关键是：将构想、创意和理论投入到工业流程、企业机构、工厂及其网络的现实状况，这一过程是否迅速且高质量？因此，如果这本书没有现实且确切的例子，“工业4.0”这一主题将被认为是不完整的。接下来的6个章节就是这样：列举了来自不同领域，处于工业4.0不同阶段的确切例子。其中包括大型企业，还有中小型企业；有精密制造、自动化和流程工业的公司，还有IT行业；零部件制造商也和完整解决方案和云平台的供应商一样成为代表。这几个章节的排序遵循公司名称首字母的字母顺序。

克里斯托弗·甘茨是ABB集团服务研发经理，他在文章中不仅讲述了生产流程和产品在时下的数字化过程中是如何变化的，还表明对于一个像ABB这样的国际集团，工业4.0不仅仅是一项倡议。除此之外，这家公司还参与了工业互联网协会和许多其他的平台。首先，他强调的特殊定位，在2014年的企业愿景“物联网，服务联网，人联网”中充分体现。新科技、网络化和智能研发的机器设备的自主决策成为中心，尤其是以用户为基础的服务得以发展。

之后关于海尔公司的一章，是在作者2016年8月初第一次参观这家青岛家电制造商之后完成的。这是这本书中唯一的关于中国企业的章节。但当德国开始“工业4.0”的讨论时，海尔已于2012

年制定了一套相应的企业战略，为企业的进一步发展奠定了基础。例如，在工业数字化变革方面，中国能向德国学习，德国也能从中国身上学习。

罗曼·杜米特雷斯库博士在it's OWL担任战略和研发经理，他不只是一个企业的代表。it's OWL是国家认证的“东威斯特法伦智能技术系统”集群，是该地区的许多中小企业的联盟（为使它们在数字化的未来道路上通过不同的研究机构，共同携手前进）。这一章不仅展示了史无前例的联合方法，而且还通过这一集群工作的实际案例，体现其对工业4.0基本思想的广泛传播做出的贡献。

塔尼娅·吕克特博士作为执行副总裁，负责SAP工业物联网和工业4.0的产品开发。SAP是总部位于德国的IT领域的重要代表之一。在工业4.0平台和IIC中，SAP处于领先地位。为物联网之路提供IT支持的SAP产品，已经投入众多企业的预测性监管或是智能物流中。SAP的物联网平台被看作工业4.0的参考架构之一。

胡桉桐是西门子数字化工厂的CEO（首席执行官）。这家公司从一家自动化公司转变为凭借数字化企业整套软件供应工业软件的全球领先解决方案的公司。近年来，西门子不仅在工业4.0平台很活跃，而且为了能够支持集成数字价值链，还单独在软件解决方案的整合方面投入巨资。如今，西门子是工业云平台“MindSphere”的供应商。

魏德米勒公司的标准和技术发展负责人斯特凡·米歇尔斯博士，是前面提到的it's OWL的领导之一。在众多的项目中，协会凭借自己的理念和创新成为众多中型工业企业的典范，那些中型工业企业和大企业联合使德国在制造业领域占据领先地位。本章认为即使在工业发展的下一阶段，也必须集中于工业这一领域。

当然，和研究的成果一样有效的是在这几个章节中，汇集了有代表性的例子，足以代表其间几百个项目。还有很多偶然因素，例如，哪家最近有时间且有兴趣的公司，会将其所处的阶段及战略在本书中公开。火车已经启动，将要向哪个方向前进，也已十分明了。

第 11 章　ABB：物联网、服务和人员

克里斯托弗·甘茨

提　要

ABB是电力和自动化技术集团，总部位于苏黎世，1988年由瑞典的ASEA（阿西亚）和瑞士的BBC（布朗勃法瑞）两家公司合并而成。ABB在全球100个国家中有140 000名工作人员，由超过330个合并的子公司组成。

ABB提供包含了集中生产传送和分配的产品及方案、集中供应企业的系统和服务、马达、动力、企业自动以及工业自动化和优化程序系统。ABB是一个典型的集生产和加工工业品、系统和服务为一身的投资生产商。

ABB主要由位于拉登堡的研究中心负责，克里斯蒂安·蔡德勒博士代表德国国家工程院和德国经济、科学研究联盟的工业4.0专家组，早在2013年4月便将研究结果作为“实施建议”呈交给了联邦政府。在工业互联网联盟建立不久后，ABB也加入到这一机构中。就工业继续发展的下一个阶段而言，这两项举措对集团来说是非常重要的预见性投入，因此它们主要涉及管理阶层。此外，ABB也积极参与了许多不同国家和地区的其他倡议。

2014年，ABB在自身下一阶段战略定位中确立了“物联网、服务和人员（IoTSP）”的口号。这也表明了它在工业发展中不仅注重产品和服务的联网，还注重人的中心地位。按照ABB的观点，物联网不再是其唯一的中心目的。人力在工业程序、服务使用中的优化、灵活和生产活力才是最主要的目标。

我们现在知道，它是怎样运行的

近年来，在社会所有领域中，都出现了关于工业进一步发展，特别是关于工业4.0倡议进一步发展以及工业互联网联盟的广泛讨论。虽然讨论热烈而深入，可是实际上并没有多少改变。我们看不到工业（这里指的是零散制造如加工工业）在颇受争议的工业4.0

方向上取得的进步。但是这一讨论产生了许多结果。现在我们更好地知道，我们说的是什么。我们现在更好地知道，我们面对着哪些挑战。我们也更加知道，人在企业中占据了什么样的位置。

但是这场讨论并没有带来发展。ABB在21世纪之初，就已经借助程序控制系统800xA的发展研发出自己的“Aspect Objekt”（属性目标）技术，这项技术在当时很超前，现在我们将其称为信息物理系统。2001年发布了《属性目标技术：ABBI业解决方案》白皮书。在2010年再看其文章中的插图，人们很快就能想到现在的工业4.0和工业互联网联盟的结构框架（如图11–1）。

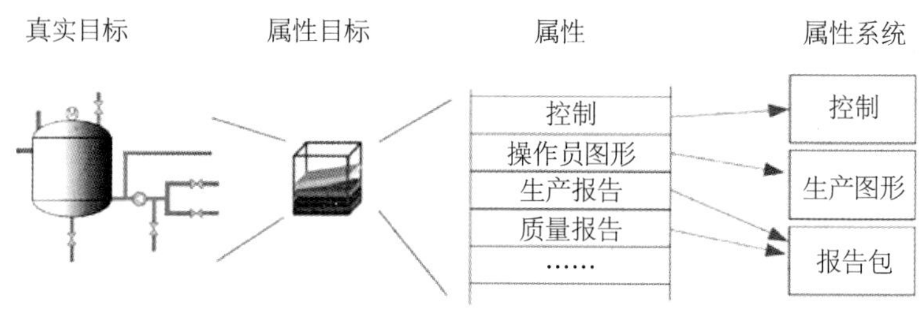

图11–1 2001年ABB的属性目标学院

就这点而言，主体中的讨论和所定义的数字工厂或工业4.0个别要素的架构对ABB来说没有什么太大的意义。相反，奇特的是，在我们以市场和顾客为导向的研究及发展中，结果完全不同。

几年前工业4.0刚出现的时候，工业界之外的成员没有人知道该怎样理解工业4.0。这个概念在很长时间内都没有官方解释，与之相关的其他所有概念也没有清楚的解释。大数据、智能数据、智能工厂、智能服务、物联网和服务互联网，这些概念也都很模糊，每一个人对此都有不同的理解。与资本货物制造行业相比，IT行业成员是从其他的视角来看这些概念和专业术语的。单个的专业术语之间互相联系，彼此重叠，不存在任何界限，没有共同解释。过去几年人们都在弄清概念、解释，目前已经创建了一个平台。

如今，工业 4.0 的官方解释已经获得认可。2015 年春，通过草拟的实施战略已经开始讨论相关建议，这主要是委员会中不同工作组的事情。实现目标指日可待，这已经可以预见。没有人怀疑这是一个骗局。工业中的每一个参与者都知道这势在必行，只有这样才能在下一次工业革命中站稳脚跟。这也是所有人都知道的事实——技术的迅速进步一定会成功。

目前已经明了，工业的未来会是什么样子。同时，人们也研究过为了确保成功，需要哪些途径、技术、方法以及工具。今天我们可以说：万众一心，随处可达。我们还知道我们的需要、我们的资源以及能够驾驭的方式。现在我们知道该怎样做了。像 ABB 一样的许多企业都已经开始把思想转化为实际行动了。

工业 4.0 像 20 世纪 60 年代的登月一样（它的目标很明确，就是一步步逐要素地研发测试技术，花了近 20 年的时间才有第一个人登上月球）。工业 4.0 与其类似，我们知道这意味着什么，也知道为此需要什么，又必须做什么。然而事实也是如此，我们只能在很多年后才能实现这个目标。

工业 4.0 对我们来说，就像物联网、服务和人员对我们的全面认知一样。工具和设备的互联允许我们借助互联网享受系统和服务的产品，这在工业中给人力带来了极大的便利，使我们更快、更灵活、更高效、更好地完成任务。我们知道该怎样实现。技术就在那里，云已经成为一项技术要素并且扮演着重要的角色。物联网就是技术，技术是实现目标的手段。目标就是逐步通过技术进行服务。技术要素互联和融合后的下一步就是服务产品的落实。这在未来几年才能实现，也会引起热烈的讨论。

机器的“智慧”

关于互联网角色的讨论有时候会进入当前背景中，工业4.0发展的心脏就是软件：已经实现数字化并持续深入是一个宏伟的目标。像云一样的技术发展已经靠近了存储空间的边界。算法的计算能力和发展会同时得到提高，程序会自行运算、规划和优化，这在几年前简直不可想象。

在化学工业领域，许多进程进行得相对较慢。之前我们曾在顾客中进行过一个程序测试并进行评价。ABB提供了一个程序模型，即Soll数据。把这些数据与Ist数据进行对比，计算出的结果为程序优化提供了信息。

渐渐地，可以在电力驱动技术方面通过软件进行控制优化，优化以秒的速度发挥作用，刚开始会维持在几分钟才能适应的水平。目前，只有极小部分能计算高度复杂的程序，并致力于软件推动的无区别链接，运作起来既高效又节省资源。

工具和机械的数字化就是它们所谓的“智慧”，它们可以鬼使神差地运行或者就像有了自己的“思想”一样自主运行，或者比人为操作更快、更精确地进行自动优化。但事实是，只有程序编制人员才能让机器如此运转，他们编写了软件程序以确保机器精确运转。机器通过逻辑程序运转，逻辑程序通过大量传感器获取数据，并对此做出反应。

当然，人们可以一直推动这样的发展。在有些研究项目中，把非常复杂的程序分解成单向的方面和功能。所谓的软件代理会进行测试，完成小部分试验作业。然后把这些软件连接起来，给出总体结果。其间会研究其智能性与人为方式有什么区别。

但是这种方式与工业程序自主运行还有很大差距。至于是否能足够精确地运行，还存在疑问。在工业领域，机器（大型设备甚至整个工厂）的自主性能否成功似乎仍是不确定的，但这并不意味着永远无法实现。如今已是理所当然的日常运用在 20 年前还只存在于科幻小说中。

程序与实际的智能机器之间的差别到底有多大，一件小事即可说明：机器人 YuMi（图 11–2）在没有障碍的情况下可以与人们共同工作，当它和人们共事的时候，知道在何时放慢步伐或停止工作。目前，工业机器人的运转还是安全的，人们打开轴承护圈，它们就能自动断电。YuMi 看起来非常“智能”，这是因为它安装了非常灵敏的传感器，任何偏离标准（以秒为单位）的行为都会被视为干扰，并触发安全模式。

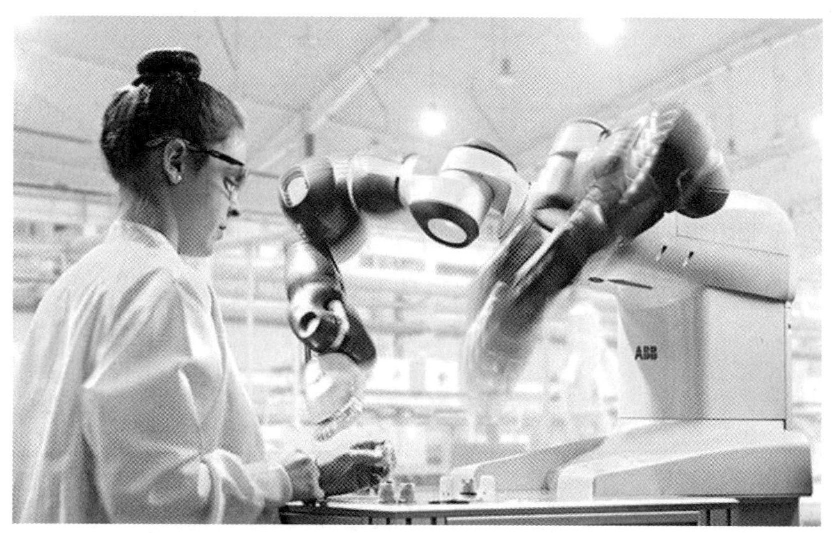

图 11–2 人类与机器人 YuMi 合作

据2015年ABB发布的信息显示，这个机器人会说6种语言，在YuMi主题为“每月劳动能手”的访谈中，会询问时间。机器人的程序软件、操作说明和专业手册用6种语言给出，并不意味着其具有能够自己理解或说话的语言识别系统。人们可以在同一时刻将其转化为人类的语言，它不会明白人们需要什么，对此也没有反应。每一种情况下，它在技术上都是可行的。人们可以通过一种先进的语言识别系统来进行配置，就像我们使用汽车和智能手机一样；我们还可以设定自己预期的话语和反应。智能和数字化功能的含义是不同的。

但是现在，产品和程序的数字化已经达到了一定水平，可以应对很多可能性，这样才能确保机器和工厂更好地运作，ABB把这些可能性都设置在产品和服务中。当然，通过投资建设研究“人工智能”的企业，我们正在朝着未来的预想努力。

系统边界的拓展

YuMi的例子还说明了其他东西：信息物理系统总是在不断地向外拓展边界。YuMi不在程序控制原则下工作，而是依据职位。比起企业中机器人行列里的修理机器人，它更有思想。系统边界的变化在今天适用于更多的产品，也是工业4.0和物联网、服务和人员的一个重要因素。

一辆汽车不再只是以轮胎表面和地面接触作为和环境交互的接口，而是通过互联网和其他物品，环境、其他汽车、人和其他物品进行交互。所以，生产商只能从服务上入手，把服务融入汽车之中。制造工业也是如此。

造船公司很好地说明了边界拓展的区别。游轮和集装箱船、油轮、大游艇、海上安装船都是高度复杂的设备。在现代化的轮船上不再有指挥台，还用舵来启动和停止轮船，而是装载了类似于发电厂里一样的控制台，通过马达控制船上大量机器和动力的状态。船上设备的所有参与要素现在都可以通过传感器控制，这已不再是物联网层面了。

造船业仅仅通过软件和传感器就实现了企业最大程度的优化，这在之前绝无仅有。机头在水中的精确位置、水流和风力强度以及方向都让马达转数在不断调整，明显减少了燃料耗费。目前还有其他的优化可能性。

Oktopus是全面且广泛的自动化和咨询套件中的一个模块（图11–3），是ABB为轮船特别研发的。但是只有轮船装载数据流，才能从根本上通过互联网实现新的可能性，这种可能性已经超出了单纯的轮船控制：主要是分析预测海上事故，制定轮船和船队公司的规划。

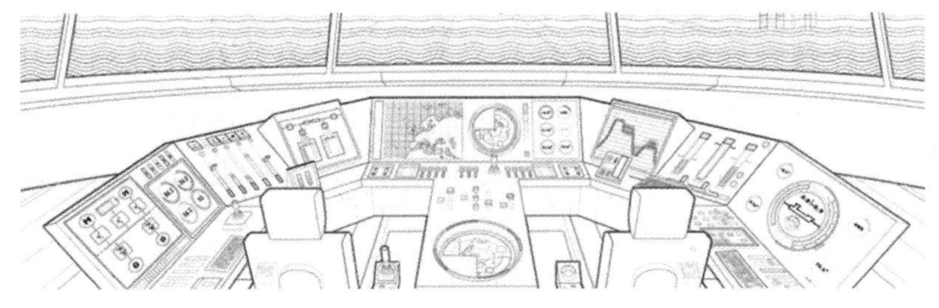

图 11–3　ABB咨询系统模型

一艘跨越大洋的巨轮上的马达出现混乱，是一个能造成巨大时间和财产损失的安全隐患，如果这艘船把速度降到一半，那就得不间断航行，直到在港口消除这种干扰。如果这艘船配置了相关模型，就可以得到它所有的数据，在这些数据信息的基础上，通过特殊的组件，就可以分析这些干扰出现的原因，并采取相应的措施，这就是“物联网、服务和人员”：航运公司可以通过地球上每个地方的软件提供定向的服务，可以借助互联网迅速给出解决方案。

航运公司可以通过互联网在任何时刻利用很多信息，这些信息可以优化一个单独的轮船或是一个船队的航线。就像汽车互联一样，船队不仅可以获取海上天气信息，还可以实时获取其他船队的信息。这样，不只会考虑到控制单体船只的水流和天气。更确切地说，航运公司会考虑到船队每艘船的天气和位置的互相联系和共享。

互联网的广角物镜和系统边界的拓展为轮船在大洋中的航行提供服务，这在之前是没有的。ABB产品不仅使技术成为现实，而且给顾客提供了大量的便利。已经有超过400艘船通过IoTSP方案进行了优化。

数据的综合操作

企业过程的边界以及生产商和顾客之间的界限不像工业4.0讨论中的那样清晰明确。数字化和网络化带来了产品功能和解决方案两方的广阔前景，这样一来，单个产品的重要性相对降低。这首先体现在顾客层面，也体现在生产商层面，通过IoTSP实现价值链的全方位优化。

现在，ABB的业务部门之间有明确的分离：过程自动化业务部负责整体设备的开发和建造；离散自动化和运动控制业务部负责产品、市场和设备。例如发动机和动力，这两个部门有自已的销售服务渠道。

如果一个用户之前在采矿程序中有困难（因为有些事情没有按照预计的发展），那么他就会向ABB寻求帮助。瑞士采矿业专家仔细研究了这个问题并注意到，可能不是程序的问题，而是动力或马达的问题。其他部门的专家对此需要进行研究，或许还需要另一个专家。所有分科专家在其电脑或者服务器上都有自己的信息，同时他们必须知道该做什么。用户对ABB中不同领域内部的联系并不感兴趣，他们只想让自己的程序尽可能快地正确运行。

目前所有的信息系统（这次还得举矿山的例子）和所有的工具及组件都会备份到云端。同时，用户的呼叫首先对应什么程序，是ABB每个专家都应该立即掌握的信息。设备的作用在于裁决。全部设备和工具的完全数字化提供了所有的解决方案所需要的所有数据，通过手机，任何地方的数据都可以获得。生产商程序和设备操作的关键是解决方案的数字基础。

但是这些数据的可用性不是只对故障中的服务或操作有用。在矿业中，目前是20个程序控制20个显示器，这使集成管理成为现实，这种管理不是在表面运行，而是相互联系，整体合作，并且持续分析所有相关数据（图11–4）。

程序、企业主打方向和产品之间的界限不是很明确，因为在彻底的数字化中并不强调它们单独的标准和形式。这导致了ABB内部的变化。对服务操作维护的要求也不会降低，而是越来越高。ABB需要专家，而不是某一个特定领域的能手。他们必须知道整体情况并且能够利用数据开展工作。我们的组织也会继续改变。进行结构改变不是例外，而是势在必行。

图 11–4 控制站系统 800xA

数据科学家与程序

连接数据并进行分析，不一定是大数据分析应用的任务。首先，我们这里说的是高级分析。ABB 早已实现了高级分析，这需要很快地进行数据处理，目前我们有能力通过传统方法处理数据。

推特的大数据应用，一秒钟要处理 15 000 条信息。在我们的设备中有 30 000 条实测数值并以秒为单位进行计算，这并没有什么特别的。重点在于我们分析利用程序和数据模型。

在这里，大数据方案尤为重要，要寻找数据之间的相互关系，获取最终答案。每个人都知道从门户站点出现的指示输入搜索词：我们寻找这样的产品，还对余下的一系列产品感兴趣。对此，我们必须对相互之间没有任何关系的数据进行分析。大数据分析提供了数据之间的联系，并且可将这些数据用作商业用途。

工业中有相反的情况。生产商的工程师编写程序、建造某种设备，必须先有该设备和程序的数据模型。工程师精确地知道，这种设备在程序的哪个阶段运行，正常运行中会产生哪些数据。设备、机器和程序的关系就一目了然。专家们通过分析这些数据就会清楚地知道，哪些是明显的偏差。

ABB研究部门的大数据科学家们一直在告诉我们，他们通过大数据分析为我们提供全新的理念。我们已经试验过了。我们通过成千上万的机器人数据进行了体验。他们的分析仅表明了我们所知道的：机器人在什么时候做哪些运动，在哪些活动中需要用到什么样的力量。工具不存在我们不知道的以及与其他信号没有联系的单独信号。所以，在这种情况下我们很少运用大数据分析。同样，还有ABB销售的数据。我们不会认为所有客户都是先购买产品，再进行保养。

当我们搜集自己的产品不断增长的数据并上传到云端的时候，对资本货物行业意义重大的应用领域也会产生大数据分析。这样的应用领域必须在程序知识与数据科学之间密切合作，必须找到新的解决方案，必须知道可在什么时候忽略不计已知的模型分析。我们的主要注意力还是要放在高级分析上面。

网络安全就是优先权

过去几年中，在数据安全方面出现了大量变化。这不只与工业4.0相关。数字化的迅速发展，特别是互联网连接和云端的应用，让数据安全引起了人们极大的关注。系统越来越复杂，机器之间以及人机之间的联系不断增多，于是，安全漏洞也在不断增加（如图 11–5）。

图 11–5　在ABB网络安全视频中截取的图片

如果我们之前说到数据保护，仅仅是指给设备配置封闭系统的话，那么在今天，这只是其中的一部分，因为其与外界一直在发生联系。但也有不同之处：我们把机器、机器人或者设备的数据传到云端进行分析，就会立即涉及隐私问题。客户的数据对设备来说没有任何危险，但这些数据可能在客户未被告知的情况下被使用，所以我们必须严肃对待数据保护这件事。

过去几年中，ABB在这个领域进行了大量投入，涉及的不仅是确保安全的产品和系统（例如网络安全监督服务）。这不是关键，关键是让参与者知道这个问题对所有企业来说有多重要。企业会在所有大型驻地巡回展示，向参与者解释。为此，ABB参与了大量的专门委员会和会议。

目前，企业所有部门都对网络安全负责。ABB有一个网络安全团队。CEO对网络安全的情况报告可以传达至所有成员：该进行哪些试验，哪些人员必须被及时通知，哪种问题应如何解决。这对IT行业来说已不再陌生，但是对工业来说，这对企业的全面数字化很重要。

其中最重要的就是正在进行中且将继续改善的安全程序。这不仅涉及程序口令、密码和证明，而且还涵盖了所有开发测试原理或是黑客攻击试验的进行情况清单。ABB 自身投入的软件是这个过程的主要组成部分。

如果一个产品经理因为网络安全问题或是针对可能的风险而建议推迟产品上线，那没有人会反对。观点已经从根本上发生了改变。数据不再是整体的一部分，而是工业越来越重要的资本，未来商业越来越依赖于数据资本的安全及其正确应用。

客户的数据

“物联网、服务和人员”越频繁地运用于实际，就越清晰地展示了ABB在其客户当中的广泛使用。现在可以宣称，以机器数据为基础的服务带来了许多经验。

几年前还没有关于数据的讨论，其在与客户的关系中也并未扮演重要角色。但是这种情况迅速发生了改变，即使我们的云端服务还没有做到全面覆盖。第一次试点应用告诉我们，我们还有上升的空间，为顾客提供更好的服务。

所以，我们在印度建立了一个工业机器人服务中心。那里将对全世界范围内的 5 000 个机器人［在安装的 250 000 个 ABB 机器人（图 11–6）当中］的连续数据进行搜集。服务器每隔半小时就从关联的机器中收到数据。所以，我们能很快看到，哪台机器有问题或者即将发生问题，于是就能立即设置当地服务器，找出解决方案。最主要的是，我们是从大量数据中得出结论的，这比我们从单个系统中得出结论更有意义。从中会针对客户产生不同的服务产品，可以实现企业的不断优化。

图 11–6 ABB机器人

当然，客户必须同意使用其数据，因为产品与系统的数据属于他们。所以对ABB来说没有任何顾虑。不过我们也确定，许多客户对我们搜集分析他们器械的数据存在疑虑与担心。他们对这些数据一点儿都不感兴趣。但是在绝对例外的情况下他们会说，每台设备的中心数据都是绝对的秘密，从这些数据中可以获得程序的结论甚至是配方。但他们通常也知道，我们通过专业知识和分析模型测试和分析他们的设备，会让他们的程序更好、更安全、更高效地运行。

机器人数据的例子也说明物联网、服务和人员在全球范围内效果良好。在印度的服务中心，或者未来的云端，人们可以与当地专家远程解决问题。这种服务在世界各地都完全可能。援引ABB的首席执行官史毕福（Ulrich Spiesshofer）2015 年 10 月 8 日在《法兰克福汇报》上的话：

> 封闭系统的时代已经过去，最终会是不同标准之间的和谐并存。

因此，ABB 还致力于德国工业 4.0 与美国工业互联网联盟之间的密切合作。

数据将推动未来工业企业的发展。至于是否会产生许多新的商业模式，还值得商榷。首先，以设备效益使用为目标的商业模式，不一定是新的，但长时间内会在许多工业和经济领域中得到应用。其次，没有真正的其他的商业模式，只是包含了另一种融资方式：租赁，而不是购买。

当标准产品在预先配置的形式中使用时，这种模式会良好地运行。这种情况下软件和硬件都不重要。在资本货物行业，客户都是从企业机器或设备使用中获得竞争优势的，而非大量标准和系统的简单配置。所以，这种行业大概只有在个别情况下才会有新的商业模式。

逐步走向物联网、服务和人员

物联网、服务和人员不是一天就能完成的。它是在一个持续变化的过程中产生的，这个过程与之前写到的产品、过程和服务的数字化类似。

客户不会置身选择之中，也不会面临选择的方向，在机器、设备和发动机等新产品中进行投资，或者停留在之前的水平以及不参与下一次的工业发展，这一点特别重要。所以，我们正在经历并自己塑造根本性变化。没有任何失败的投入，这一点在资本投资领域非常重要。

在所有的新设备当中，大部分集成软件通过操作软件更新可以升级机器或设备的功能。正如软件在汽车应用中以及在企业操作中可以达到新的水平一样，未来机器可以通过软件更新进行自主完善。

ABB研究、研发和制作这种产品，工程师也在寻找其他途径，使老机器和设备通过传感器、执行器以及通过提高软件和设备水平等融入工业新天地。

当然，自动和咨询套件系统能够给工厂带来物联网、服务和人员的优势，可以对硬件进行控制和优化。

工业发展的下一阶段需要一套整体的理念、一种全面的员工培训教育，并利用现代化技术通过数字化和互联网连接到行业的各个领域。ABB认为自己已为这一步做好了准备，将持续走在前列并帮助客户创新公司发展。一步步实现价值链，而非一蹴而就。

第 12 章　海尔：不只是家用电器

乌尔里希·森德勒

提　要

海尔的产品组合包括：家用电器、电视机、智能手机、平板电脑和太阳能设备，产品涉及面很广。而这家坐落于中国东部沿海地区的企业在未来不仅集中于他们的产品，更多的是提供一个平台，在这个平台上，为使家居生活更加惬意，数字化、网络化的产品将相互连通（从各家各户到世界范围）。这是海尔对工业数字化带来的挑战的解答。海尔面向德国工业 4.0 和美国的工业互联网，确保了自身在中国倡议“中国制造 2025”中的显著地位。目前，其公司战略比传统工业国家的许多竞争者还大有希望。

对于很多德国人来说，海尔还称不上是业界代表，即使这个中国供应商的白色家电、平板电视和智能手机早已在全球范围内投入市场。近 30 年来，该企业已经取得了长足进步。1984 年，张瑞敏出任青岛电冰箱总厂厂长。他被普华永道（PWC）称为“CEO 哲学家”，并且是世界公认的有远见的工业管理指导家。他也连续三届当选中央委员会候补委员。

在他接管公司的时候，这个冰箱家电制造商的情况并不是很好。产品质量很差而且经常有缺陷，以至于不能以目标价格出售。张瑞敏没有犹豫，他向员工强调，公司的未来在于产品的高质量，而非低廉的价格。当一批成品出现了缺陷，管理层商议决定将这批产品以相当折扣投入市场的时候，这位新任厂长在员工中广泛征求意见。最后，这批有缺陷的机器在员工面前被当场砸碎，同时还有摄影短片，会播放给来青岛的游客。1990 年，海尔荣获“国家质量管理奖”，而此时，公司的竞争对手正试图以低廉的价格抢占市场。更多奖项随之而至，最近一次是 2015 年 9 月，张瑞敏荣获 Thinkers50① 杰出成就奖之“最佳理念实践奖”。

当中国正以“中国制造 2025”走上“从量到质”的变革之路时，这家企业可以成为中国工业的典范。同样，德国和中国的工业合作在海尔身上也有着很深的渊源。因为早在 20 世纪 80 年代，这家制造商便已经和德国的利勃海尔建立了战略合作伙伴关系。利勃海尔的后半部分成为后来的企业名称“海尔”。商标是两个年轻的小伙子，一个亚洲的，一个欧洲的，被称作“海尔兄弟”，为表达共同变强的希望（图 12–1）。如今，海尔已经连续 7 年成为全球家

图 12–1 青岛总部企业标志“海尔兄弟”的雕像

① Thinkers50 为全球首个管理思想家排行榜，该榜单每两年评选一次。——编者注

电行业领导品牌，并且还是其他各类商品的全球领先供应商。2011 年，海尔有超过 7 万多名员工，全球销售额为 242 亿美元。

在创新方面，海尔专注于用户及其需求。产品的多样化令人瞠目结舌，因为海尔满足了人们的种种需求，人们不禁自问，为什么在此之前没有人有这样的想法。例如手持洗衣机（图 12–2）专门针对服装上的小污渍，不需要将衣服整件进行清洗。或者洗衣机，其体积一点儿都不比一个普通的洗衣机滚筒大多少。

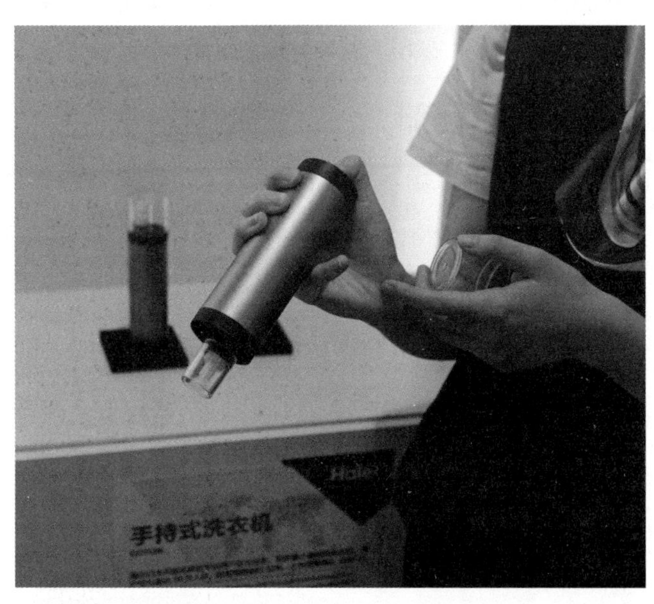

图 12–2 海尔手洗机：快速去渍

多年来，在全球范围内，家居遵循这项原则。海尔为巴基斯坦市场特别供应了一种特殊洗衣设备，可以同时清洗多达 12 件巴基斯坦长袍。或者，考虑到非洲经常停电，专门为非洲市场提供特殊冰箱，即使在停电状态下也能保证长达上百小时不解冻。为占领全球市场，海尔的战略遵循“三步走”模型（图 12–3）：首先，进驻主流国家、主流市场，定位于最高质量产品，宗旨是先难后易；第

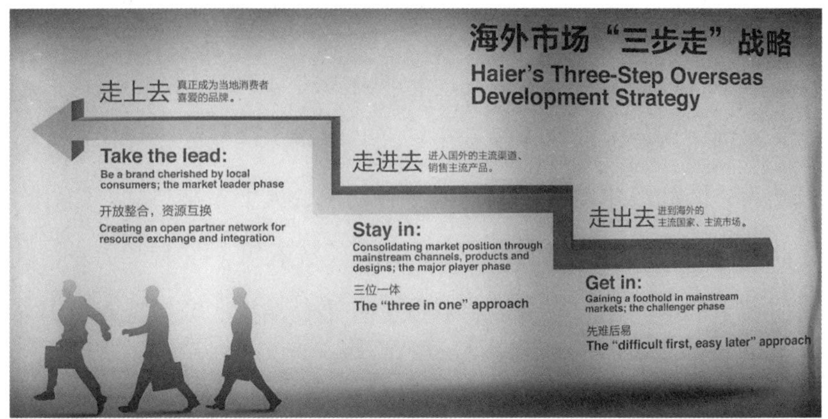

图 12–3 凭借“三步走”战略屹立于世界家电生产商之巅

二阶段，通过建立销售渠道、优良产品和独特设计巩固这一地位；最后通过最优产品成为市场领导者。

在这样的背景下，海尔 2012 年制定的战略，可被视为工业 4.0 的蓝图，这不足为奇。“如果家电不能与互联网交互，那就没有存在的价值。”这句话引自 2014 年 11 月普华永道发布的《战略与经营》杂志对张瑞敏的专访。他强调数字化和网络化对未来海尔成为工业企业的重要性。未来将会有更多产品为满足人们家庭、办公和日常生活的需要，通过互联网相互连通，通过和人们进行沟通来提供服务，从而使人们的生活更加轻松、舒适、惬意。海尔致力于为此提供一个平台。

平台上不仅仅有自家的产品。这家制造商更多地集中于激励全世界的开发商和生产商，鼓励他们将自己的想法转化为适用于平台的产品。这个概念已经超越了“家电生产商”的范畴。

来到青岛展厅的参观者会突然位于一间屋子，在那里他们仿佛置身于 20 世纪德国包豪斯建筑之中。一张桌子，由一个架子折叠而成，一张床，一到白天就消失在柜子中。他们对此感到惊奇。住处和房间虽小，但人们最起码能舒适地在其中生活，这对这个国家尤为重要。这不光和洗涤、清洁、烘焙和电视设备有关，它还关系到生活和提供有意义的服务。

海尔本身当然也想到了很多东西。比如一个可折叠坐式淋浴设备，这样一来，那些老年人以及残疾人就可以舒服地淋浴。制造商全力以赴，使人们不再为家里那团令人不适的电线所困扰。即使是电视机也可以无线工作。在这一领域，海尔为中国市场制定了标准。

联网究竟能到何种程度，一面挂镜就能说明这个问题，那便是互联网的触摸屏。由此，从客厅的空气湿度到卧室的温度，乃至互联网上细致的中国菜谱都一览无余，同时，用户还能知道，自己的冰箱里还缺少哪些配料。

当然，海尔在中国的工业和经济中并不具有代表性。然而，这家公司被政府基于充分理由树立成了一个众多企业学习的榜样。和海尔相比，中国国内的大多数行业仍处于工业化的初期阶段，手工劳作多，自动化少。2015 年，中国工业制造业每 10 000 名工人仅有 30 个工业机器人被投入使用。在德国，机器人的投入密度几乎是这一数字的 10 倍，在自动化程度远不及德国的北美，这一数字也是中国的 5 倍。还有很多需要弥补的地方，中国工业化水平和先进工业化国家之间还有很大的差距。

中国工业快速且成功地学习并且完成从追赶到赶超的逆转，在这一方面，海尔是典型。32 年内，海尔从一个濒临破产的企业发展为世界领先企业，凭借其灵感和思路成为家电行业生产商（尤其是德国生产商）的榜样。

在德国，从事高水平行业的人们以及那些负责经济事务的政客们仍持这样的观点，中国首先是一个模仿者，是一个“想法复制机”。本国工业必须保护自己，以免德国科技外流到中国。最近，有个引人关注的小插曲，另一家中国家电制造商——美的，想接管Kuka（库卡）并为其股东手中的股份给出了很高的价格。联邦经济部找到一位大股东洛飞腾集团（Friedhelm Loh），想通过德国的投资者阻碍美的接管Kuka。突然，Kuka成为大家纷纷议论的工业4.0龙头企业，副总理加布里尔亲自号召并寻找德国投资者。然而，他没有找到任何投资者。很快，不仅是洛飞腾集团，就连Kuka最大的股东福伊特集团（Voith）也已经将手中股份以十几亿欧元的价格卖给了美的。在此期间，美的已经持有该公司近95%的股份。

人们并不知道，Kuka是先进机器人生产商。但是，这家公司和其他的机械厂商一样，和工业4.0、通过联网而自动运行的设备或是智能工厂，都没什么关系。而对中国来说，机器人的需求量正与日俱增。当中国的需求可以在德国得到满足时，何乐而不为呢？

相反，海尔不仅是一家应用领域广阔的先进产品制造商，还对企业向数字化和联网工业的转型有着清晰的认知。我们的工业可以从中学习，如何应对科技发展带来的挑战，这便是一个最好的例子。

此外，海尔还是西门子数字化工厂在全球范围内重要的基本客户，因为在产品研发、数据普及和实用性方面，海尔其战略依靠西门子PLM软件。在德国企业为工业的数字化转型而供应的软件系统的使用方面，海尔也是一个好例子。

第13章　it’s OWL：集群的力量

罗曼·杜米特雷斯库

提　要

it’s OWL在东威斯特法伦-利普形成工业企业群和研究机构群，主要研究智能产品及生产流畅，并将其落实到实践中。it’s OWL的项目与管理由联邦和州主管。集群是一个重要的火车头，可以带动中小企业迈向工业4.0。在这一章中，主要讲的是集群及其工作和成员研究项目的重要贡献，这是网络工作在所有领域最好的体现。

中小企业集群

东威斯特法-利普智能技术系统it’s OWL技术网络由联邦教育与研究部命名，作为联邦范围内最大的工业4.0主体，it’s OWL在机械制造、电气和电子产品以及汽车行业中都是全球市场和技术领域的佼佼者，与地区研究机构在47个项目中共同致力于智能产品和系统的新技术研发。

其中有33个项目涉及创新产品的发展，由合作企业与研究机构共同引入市场。有5个项目是横向项目，其中由地区高校共同参与同一个主题下的各自组件建设，并提供网络。最后，是9个可持续项目，确保集群在2017年年底前不断发展。

技术转化发挥了重要作用，借助技术转化可以使没有足够资源的中小型企业享有新技术。同样重要的是展示大量相应的转换项目，目前正在转换的路上：73 个项目已经完结，另外 100 个到 2017 年年底结束。

除了成员企业、高校机构和转移合作伙伴之外，还有其他近 100 家企业加盟。它们想先于其他企业分享研究成果。

2014 年的第一份成果，借助具体的技术和方案在一本《迈向工业 4.0》的小册子中提供了最佳做法范例。在第二册中，集群研究了大量企业对工业 4.0 构建模型提出的意见和建议。第三册的重点是技术向中小企业的成功转移。

按照 it’s OWL 的观点，工业 4.0 和由此引发的关于未来工业的讨论在数字化社会和经济中给德国工业提供了巨大机遇。如果能正确认识并利用这些机遇，就能确保德国未来在全球市场中成为技术领导者。

工业数字化也伴随着风险，必须严肃对待。若不创造必要的社会、培训，特别是企业管理层面的相应条件，人员不一定从中受益。

德国的政策从更高层次认识到了工业继续发展的重要性，并把工业 4.0 置于高新技术战略的核心位置。也不是所有的政策都是工业 4.0，也不是所有支持工业 4.0 的愿望都能实现。

it’s OWL 不仅能产生技术和工艺上的作用。网络系统的主要成员是中小型企业，中型企业是德国工业的主力军，网络主要展现了从现状到工业 4.0 的步骤。这包括两个越来越突出的主题：对工作场所的影响和对新商业模式的寻找与建立。

网络战略

工业 4.0 是一个定位在系统的技术层面的课题。如何使机器之间以及机器与人之间进行沟通？哪些 IT 结构和应用程序是必需的？在一个企业回答这些问题之前，必须先做一些其他的事情。

系统控制过程。过去，并不是每一个公司都深入彻底地分析界定自己的过程。过去几十年要使用过程，就出现了这些过程。工业 4.0 要求这些过程必须在每一种情况下都进行新的界定。为了使用网络化设备，将怎样驱动研发和生产？需要考虑过程中的什么东西，什么位置以及谁参与其中？

整个工业过程与工业 4.0 一起处于试验阶段。为了重新定义价值创造过程并使之正确串联，需要企业制定战略，它需要知道应该达到什么样的目标。是不是涉及之前同样的产品线？商业模式有没有改变？除了新的商业模式，还有旧模式吗？企业如何从以产品为基础转向软件或服务？行业中的许多公司，特别是小型公司，很自然地会有这样的想法。产品必须能够被出售并盈利，这是自然的。

更困难的是，企业应如何预见并了解市场和技术的发展以及其他的趋势，如何顺应趋势并制定一个相应的成功发展战略。具备足够资本和人力资源的大企业通常都会进行专业的创新管理。

预见、战略制定、过程定义，下一步就是工业 4.0。it's OWL 的任务也包括帮助其成员共同实施而不是让其单独执行这些步骤。如同我们现在知道的，在第一个项目中也证明了数字化和网络化是其他行业的开路先锋。不同于其他企业主要看到竞争对手或是客户，目前正在贯彻一种囊括未来整体工业的合作方式：没有人能只靠自己的力量和产品满足市场需求，因此人们构建了网络、平台和生态系统，而这些事物在 10 年前还很少见。

it's OWL 在 2015 年进行的一项研究就是这种网络运行的一个

例子，许多不同规模的成员都参与其中。结果就是集群的第二本小册子《迈向工业 4.0：成功因素参考架构》。这需要研究对比工业 4.0 架构的 6 种不同模型。海因茨·尼克斯多夫研究所和夫琅和费机电一体化设计合作项目组与集群伙伴优尼特公司，以及 13 家机械和设备公司、汽车和自动化技术、电子行业和软件公司在全德范围内进行合作。参与合作的企业有 Atos IT Solutions and Services（阿托斯 IT 解决方案与服务公司）、Beckhoff Automation（倍福自动化）、Bender（本德尔）、FASTEC（生产软件公司）、Gestamp Umformtechnik（海斯坦普）、Intel Deutschland［英特尔（德国）］、KraussMaffei Technologies（克劳斯玛菲机械）、MODUS Consult 咨询公司、Adam Opel（亚当·欧宝）、PHOENIX CONTACT Electronics（菲尼克斯电气）、思爱普、西门子和 Smart Mechatronics（智能机电一体化公司）。它们涉及不同商业领域和不同的等级，且极具代表性。

工业过程、产品和现代企业的各个层面都使用了信息通信技术。过去几十年中关于借助自动化金字塔的企业自动化技术的描述，已经不再适合了。这种描述包含了等级分明的划分和各个单独层级之间的依赖性。输入和输出信号的所有层面都有自己的顺序。传感器发送停止机器运动的信号时，就会有其他的规则进行控制。参考架构的建议应该利于新规则的理解和运行，最大程度代替自动化金字塔，从而有助于整个网络、企业和合作的重新设计。根据 it's OWL 的观点，有三个方面必须注意：垂直整合、水平整合和综合的系统工程。

纵向上，IT 企业各不同层级必须互相关联，以使物理和技术过程及其资源在所有企业层面通过商业过程同步。在智能工厂中，从企业结构到产品不再是固定的，而是在数据、模型、沟通和算法的基础上不断更新。为此，必须构建模块化概念和重复利用，还要投资组件等多个方面的行为方式和能力的明确描述（图 13–1）。

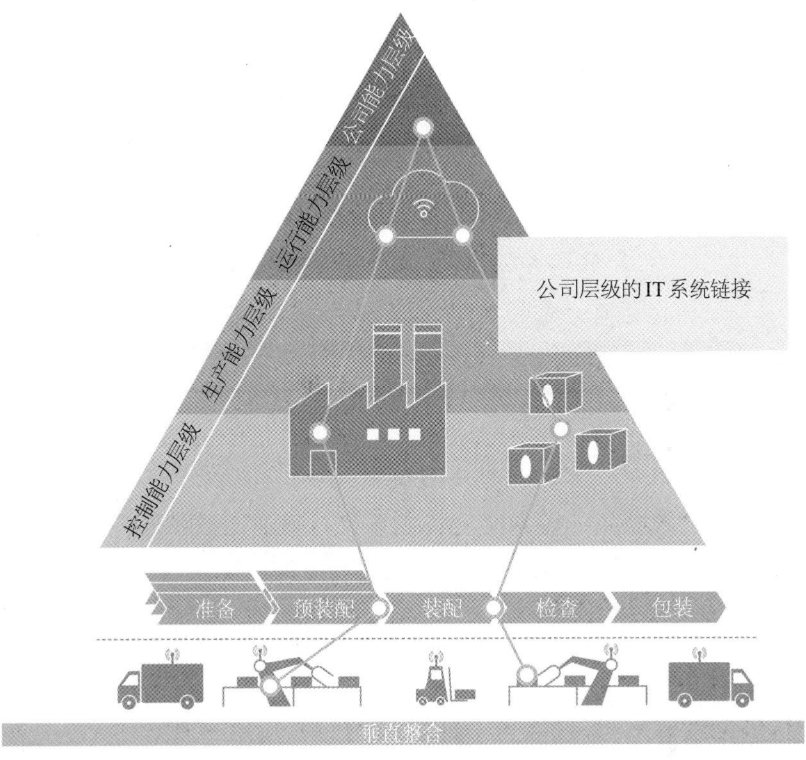

图 13–1 垂直整合

横向上，工业 4.0 要求机器、生产手段、产品和工件以及储存系统跨越企业界限，转化为高效的价值链网络。这要求一个持续整合集成的IT系统，IT系统控制和管理相关的过程步骤，实现研发和生产的分配与价值。新的物流供应和商业模式孕育着巨大的机遇。但是，这样的网络需要成员之间进行明确的规定，以建立平衡的伙伴关系（如图 13–2）。

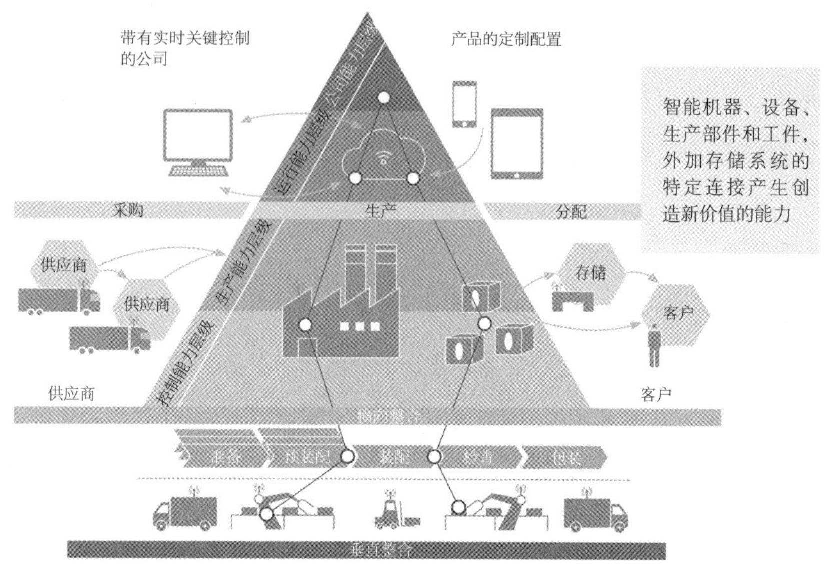

图 13–2　横向整合

全面的系统工程，最初主要指应用在航天领域的系统工程，在工业 4.0 的背景下，要求多元技术系统在普通器械和建造中也能应用。只有技术系统与其相连的系统相互关联，才能实现工业 4.0 的憧憬。基于模型的系统工程显示出强大的力量，因为它简化了通信的专业限制。为此，必须在组织和培训方面，特别是IT系统中创造重要的前提条件。

受访企业都赞成以上三个方面。但是，每一方面的重要程度并不一样。制造型企业将垂直整合置于特别重要的位置。自动化水平的控制和生产的日益一体化也是工业 4.0 的基本目标。水平整合或是综合的系统工程只能为此让路。

该测试参考架构是“信息物理系统与分布式服务”，由VDI在2013 年公布。ZVEI的两个不同建议（2013 年和 2014 年）分别是“作为中心平台的制造执行系统”和“办公室和车间的中心联系”；SAP（2015 年）的“物联网平台”、ZVEI“工业 4.0 参考架构模型”

和工业 4.0 平台，都在 2015 年推出。最后，“工业互联网参考架构”也在 2015 年 7 月发布。

一些非常重要的模型针对的是不同的观点和目标群体。每部分都指明了重要方面，涵盖重要的要求。受访企业也参与其中，它们在每个方面都能迅速识别单个模型。虽然该模型（图 13–3）相对于工业 4.0 参考架构模型能够满足大多数要求，但是这并不意味着它将得以贯彻。适合工业化的实践必须证明企业更能处理工业 4.0 参考架构下的问题。

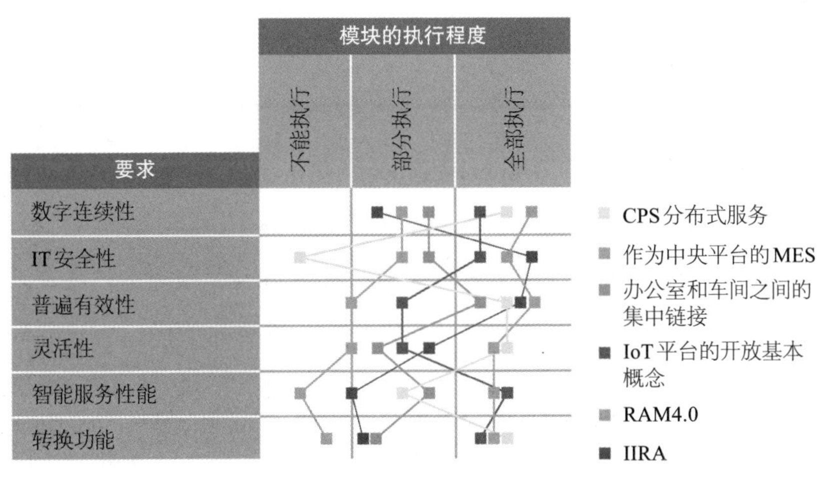

图 13–3 参考架构比较

成功案例

it's OWL 的一项重要任务就是企业在目前状态下参与并在一定程度上构建自己的桥梁，这些桥梁在没有集群的前提下不会自主拥有。其中，一个主要的桥梁就是联合项目，工业企业在这些项目中通过与科研以及 IT 行业的机构互相关联，以定位工业 4.0 的具体方面并寻求方案。解决方案不能仅限于单个情况，还必须能够重复使用或带来标准服务。

开头提到的47个项目中的一些已经有了结果。不是所有的项目都能在本章中得以体现。有几个项目会作为例子，来展示这条道路怎么走。

科学自动化

在科学自动化项目中，项目合作伙伴满足了从产品构思到批量应用的链接需求。Beckhoff提供自动化解决方案，并通过科学自动化平台的新发展负责与帕德博恩大学和集群的优秀项目进行横向合作。在三个试点项目中，IMAKlessmann（意玛）、机械制造商Schirmer和系统制造商Hüttenhölscher研发和生产了智能、可优化的节能加工机器。德国最大的厨具生产商nobilia（柏丽）在使用这种机器后每年可以生产580 000件厨具。像nobilia一样的公司要求迅速、高精度、可靠、持续的批量生产。按照供货商–客户链的模式，生产网络化可以减少供货时间。

科学自动化平台提供了智能的硬件和软件，是一个非常强大的时间运行软件，主要用于跨学科和产品周期的综合工程以及计划和研发的系列方法。科学自动化意味着整合工程和非工程，例如测量技术、分析和评价方法、认知或适配基于电脑的自动化控制技术。集中收集、分析、评价生产设备的数据，以编写相应的实时控制程序。IMA Klessmann, Schirmer 和Hüttenhölscher目前在研究科学自动化机器应用，如测量技术、能源管理、状态监测和自我优化的整合。Hüttenhölscher和Beckhoff在项目中研发出的解决早期钻头磨损的方案在nobilia的试验中获得了成功（如图13–4）。

图 13–4 Beckhoff的控制器

Beckhoff在科学自动化方案方面还研究出由两个智能工厂组成的演示平台，这两个智能工厂在云上交流评价机器的数据。在创新项目eXtreme Fast Automation（极速自动化）中，Beckhoff在自动化中的Many–Core–Rechern（众核主机）实时并行运用。过程控制、机器人技术和科学自动化解决方案等控制任务应该进行分配，这样就可以在短期内通过多核进行复杂实时的运算。这样就会增加生产能力，还能节约能源。

智能分离机

位于德国厄尔德的基伊埃韦斯伐里亚的分离机研究组致力于乳制品、食品和饮料工业高速分离机的研发、生产和经营。它是基伊埃机械设备集团的子公司，与夫琅和费未来机电一体化项目组共同进行智能分离机研究（如图 13–5）。

图 13–5　基伊埃的虚拟系统模型帮助优化分离过程

奶制品和医药产品等食品药品工业对产品质量要求严格。中间产品是在多道程序中生产而成的。在离心机或是分离机中，物质借助离心力从悬浮物中分离。温度和转速是成功分离的关键操作因素。通常情况下最佳条件无法达到，因为离心机不能设置成稳定的程序。为了优化工艺，全面的机器和程序知识是必需的，但通常不是所有人都具备这一点。为了确保分离的质量与效率，分离机应该学会适应不同的条件并确保具备必要的专业知识。

创新项目的目标就是研发一个虚拟的系统模型，设计出智能分离机的硬件和软件，使用一个智能传感器和一个数据库提供专业知识。

为此，我们要设计一个涵盖不同中间产品的生产条件和工艺流程的虚拟系统模型。在此基础上，智能传感器才会分析分离机的操作条件并确定进行调节的时间。数据库能以数学规则的形式提供必要的专业知识，从而确保传感信号的自主评估。这个项目借鉴了 it's OWL 能源、智能化和自我优化横向项目中的研究结果。根据演示，传感器和数据库会彼此适应并在分离机中互相融合。

该项目提高了分离过程的质量与效率（至少提高了 10% 的效率）。虚拟的系统模型是智能分离研发以及远程维护的基础。传感器和专家系统必定可以扩展到其他领域，例如医疗技术。

农业机械的智能联网

农业创新工程的智能适应和互联由哈尔赛温克尔（图 13–6）的 Claas（科乐收）自主收割机与帕德伯恩的经济高等专科学校共同研究。

图 13–6 使用中的Claas农机设备

购买农业器械是一项高额的投资。许多机器只是在一年中某个很短的时间段内使用。例如，一台联合收割机一年内平均只用22天。达到迅速、高效的最佳收获结果才是最重要的。对此，机械操作者必须考虑到每块土地的条件，例如农作物的成熟度或者是土壤条件。同时，单独的流程，例如收集、运输和储存，彼此之间要协调优化。目前，这些主要是靠手工和以往经验。为了提高整体收成的质量和效率，未来的农业机械应该自主适应农田的条件。单个流程的最佳协调涉及所有要素：生产商、承包商和农民。

因此需要分析农田的不同特征和每个单独流程的过程。这就要求定义参与要素的智能互联和农业器械之间的配合实现最优化。在此基础上，针对不同的机械和情况，研发出自主考虑和分析的软件以及可以持续自主调整适应的机器，还要考虑到系统（生产商和承包商）的数据库。该项目是基于横向项目自动优化、智能网络和系统工程的结果。智能软件会增加模拟技术，这在青饲料作物收成方面已经试验过。

该项目的结果显示，科乐收的农业机械使用率将达到50%（目前尚未达到该使用率）。这样更能有效利用资源，显著提高收获过程的质量，并且可以减轻操作工作（因为它改变了收获过程，不再需要手动调整）。这种软件可以应用到其他方面，例如冬季服务、建筑工地的管理和物流。这在堤防设备生产商topocare的项目中已经用于防洪器材制造。

智能电网能源管理

这个项目中有4个合作伙伴：居特斯洛的美诺（Miele）家电制造商、信福自动化、夫琅和费未来机电一体化研究所和帕德博恩大学。项目的目标就是为智能电网研究智能家用电器。

目前，德国的电力供应主要依靠少数有实力的发电厂。它们目前的电力供应能满足全天的波动需求。由于可再生能源的比例不断增加，能源生产越来越分散且难以控制，这可能造成产能过剩和短缺。未来的产能必须使能源供应与需求相适应。有一种可能性就是使用智能电网，即所谓的SmartGrids，它能连接起能源生产与消费，从而实现供应与需求的统一。同样还需要考虑相应的家用电器，这些电器可以对智能电网的动态做出反应。

这个项目的目标就是研发灵活的家电（例如洗衣烘干机），可以对电力供应和价格波动做出反应并相应地自动适应。另一个目标是创新的家庭用电能源管理系统，该系统能确定电力消耗、花费和时间的最优值，对用户来说这既自动又便捷。

所以，需要对智能电网的不同条件进行建模，以确定家用电器的相关操作。为此而研发的智能电力管理软件应该实现同一家庭中不同家电的不同优化目标。灵活洗衣烘干机的研发就基于物理模型，这种烘干机通过规则和不同的技术自主调节适应智能电网的条件。借助演示可以实现、提高、构建这种家电和能源管理的统一。该项目也利用了横向自动优化、能源效率和系统工程的研究结果。

智能软件和节能技术的结合可以至少减少40%的能源消耗，同时提高用户的舒适度。这种结果可以用到其他家电、复杂的公寓、工业企业甚至办公楼。

机床的虚拟运转

技术转移项目的一个典型的例子就是赫费尔霍夫的Elha（艾哈）机器制造公司与帕德博恩的海茵茨·尼克斯多夫研究所（HNI）之

间的合作。Elha是一家典型的东威斯特法伦集群中的中型家族式经营企业，有240名员工，研发和生产立式复合加工机床，例如大型轴承专用机床零件的生产与加工。

HNI的专业工作组在横向项目“系统工程”的原则上进行机器和设备最佳方案的研究。它们的目标就是为智能产品和生产系统的专业发展提供相应的器械。

专用机床领域的器械越来越复杂。与此同时，客户希望缩短供货时间，特别是缩短试行时间，这就陷入一个困境，即通过加快旧流程的速度并不能解决问题。Elha的目标就是把调试的步骤尽可能多地进行虚拟化且获取与实际调试一样的结果，这样专用机床就可以根据客户的需求通过不同生产商的数控系统进行生产。

项目参与者共同分析了相应软件的市场，并定义了该工具的使用要求。这就要实现控制环境的模拟，即通过真实的器械数据实时模拟早期的周期以及简单的失误与功能。研究人员选择了6款产品，并在使用分析范围内对这些产品进行广泛的研究和对比。

最适合的系统应该可以实现机器要求的实时周期模拟和3D–CAD数据以及SPS表格的输入。这可用于所有通行的控制和现场总线系统。此外，也可以实现工件和部件的几何变化，从而在虚拟试运行中实现优化设计。

目前，有两个使用该工具的例子，一个是工具，一个是使用两种不同控制的机器制造对其进行虚拟运行测试。测试结果显示，所有必需的功能逻辑都是可编程的，并且所有实际功能都能进行复制。借助测试清单，可以系统地发现错误并及早校正。测试还显示了新的要求和功能化防线的发展：在虚拟试运行中，设计师能对系统工程的方法元素进行安装调试。

Elha的项目负责人表示，最多只能进行80%的虚拟试运行任务，而目前只有40%。此外，如果出现错误，设计师可以更快地做出反应，因为生产过程还没有结束，器械的实际试行时间将大幅度缩短，从而减少项目的整体运行时间。

Elha项目引发了对未来工作的一些决定。虚拟试运行应该符合所有相关的控制，并在该条件下进行研究，检查单个机器组早期能达到何种程度的虚拟运行。虚拟试运行和分析也会扩展到其他机器，例如机器人自动化和工件调换系统。总目标是进行90%的虚拟试运行并实现10%的器械实际运行。

先驱带来进步

这些例子非常客观地表明，工业4.0绝对不是基于科学指导对未来进行憧憬，而是可以实现的，这一点无可否认。恰恰相反，在这个方向的每一次进步都意味着现状的改善：效率的提高及资源的节约、过程和操作方法的优化、时间的缩短以及成本的节约。在工业和研究网络方面参与it's OWL的企业，都是领先者。同时，参与者也认为，他们可以领先竞争对手率先使用新的技术和知识，并以此进行企业转型。

项目和集群共同工作表明，最终应该达到的结果与企业和研究的当前状态之间仍然存在鸿沟。第一次进步的结果非常重要，几乎只有个别企业领域、个别生产线、个别专业参与。在个别项目中还涉及跨企业网络。但是，无论从一个真正的信息流纵向整合来看，还是从企业和国家的横向整合看，物联网和服务就是中心。

在服务领域出现的大范围的迅速改进正越来越接近目前的项目

结果。现在基伊埃的服务遥遥领先，并非巧合。智能技术系统和网络不只优化了服务，还让该领域的商业模式具有可行性，这样的商业模式创新可以扩展到整个商业中。

云技术已经达到了成熟的水平，可以运用到中小型企业中。实践经验可以逐渐降低对风险的恐惧，而这种风险笼罩着当前的德国。或许，it's OWL和其他集群中的世界著名品牌都可以对此有所贡献。在工业互联网的使用中，安全性仍然十分重要。举个例子，个人数据的最终使用包含医疗卫生。如果美诺的一款家用电器想要在众多品牌中脱颖而出，不仅要具备可靠的功能（包含自动和遥控功能），还要保证最大程度的安全，并且无须担心数据滥用，从而保持竞争优势。虽然德国生产商在世界范围内享有盛誉，但还要以欧洲最高标准进行隐私保护和遵守安全规则。

如前所述，系统工程对中型器械制造负责人而言非常重要。工程学科之间的基于模型的跨学科合作是系统工程的一部分，且暂时只能进行部分实践。大多数企业的IT环境允许在发展和价值链范围内物化系统。当然，参与者就是实施自动化和数字化最后一个阶段的主体。专业人才在德国供不应求，而工业4.0尤其需要这些专业人才凭借整体系统的知识和专业技术领导互联网项目小组。为此，it's OWL也组织了一些非常有帮助意义的项目。参与其中的专业技术人员和管理人员会掌握一些作为重要评选标准的技能。

实践项目中的自主学习肯定是不够的，因为学校的培训，特别是在高等学校和研究院的培训、教学和研究都是为了目标而设立的，而目标是在没有跨学科系统发展的专业知识和工业4.0的前提下设定的。这就需要国家，特别是联邦教育与研究部和州教育部门的支持。如同企业的网络、工程师跨越界限进行合作、企业必须调整组织结构和流程一样，学科之间的界限也必须重新调整并确定。

就像海茵茨·尼克斯多夫研究所一样，只有为数不多的机构才是研究机电一体化新式教学方法和互联系统工程的模范。比勒菲尔德大学的卓越认知交互技术中心（CITEC）和认知机器人实验室（CoR–Lab）主要研究未来的跨学科的交互系统。工程师、计算机科学研究者、心理学家，语言、自然和运动科学家共同研究人机交互和认知机器人，这种机器人可以自主学习、自主执行预期操作。

新教学计划、新教席、新成立的研究机构都需要耗费时间。近年来，自从工业 4.0 开始后很少制定相关的政策决定，也很少确定其发展方向。没有政策扶持，工业 4.0 就不会发展。

对联邦政府而言，中型工业在工业 4.0 道路上的作用日益增强。it's OWL 的作用非常重要，这一点得到了联邦经济与能源部的支持，并且在 2015 年年底它已构成了中小企业 4.0 的核心组成部分。NRW 的中小型企业与 it's OWL、鲁尔（智能物流）和莱茵（智能化生产技术）捆绑在一起。目标是对中小型企业提供支持，确保其数字化发展的潜力。

第 14 章　SAP：打造物联网生态系统

塔尼娅·吕克特

产品：智能和网络

在过去 20 年中，互联网把全球超过一半的人联系在一起，并把人与人之间的联系置于一个全新的基础之上。现在，又出现了新的东西，它具备听觉、视觉、感受和思考的能力，字面上来说就是智能的，同时也是联网的。根据高德纳和麦肯锡的估算，到 2020 年会有 2 000 万~2 500 万台设备实现联网。在此基础上，人与人之间的交流联系的价值链也会随之发生变化。

生产商可使用忽略不计的低成本，为其产品安装传感器、执行器、迷你相机和其他数字元件。产品中装载的软件可以在产生数据的时候搜集、分析数据。物联网不仅确保了单个产品以这种方式提供数据，而且会使产品之间界限逐渐消失，也可以与人进行数据交互。

汽车可以识别传送位置信息。许多汽车联网后可以分析交通情况，并且可以通过分析给驾驶员提供建议使其选择最佳的路线。这个例子表明没有产品可以单独实现物联网的优势，物联网要求产品与客户互联。欧洲的汽车生产商在若干年前就呼吁车辆间通信联盟（C2C-CC）共同合作致力于这个目标，实现智能交通系统。物联网可以重新设置人们运动和生活的形式。全世界都在研究智能城市。

物联网还处于初级阶段。但也很难想象任何一个工业部门的产品不在线上出现。这就意味着资本货物工业的产品，例如机器、设备、工厂和仓库、装配生产线和维修地点之间都将进行联网。随着机器和人的交互程度不断提高，工业之间的界限也越来越模糊。物联网中涉及工业程序联网的这一部分，在德国就是工业 4.0。在美国，工业互联网的概念除了专注于销售，还有物流和能源供应。

麦肯锡全球研究院在 2015 年 6 月发布了一项研究，其中写道：我们预计到 2015 年，物联网会创造 39 亿~111 亿美元的价值，约为全球经济的 11%。

这与SAP在过去几年得出的经验总结一致。物联网分布在分散的制造业、从空运到陆运再到海运物流的整个交通领域，还有推动产生新商业模式或者促进现有商业不断优化的贸易领域。

SAP将在物联网应用的开发和物联网平台的重复服务方面进行重点研究，以促使合作伙伴、客户和研发人员之间高效开发物联网应用。除此之外，对高度联网的物联网应用进行全面保护已经被提上议事日程，以确保互联网交流各个阶段的数据能够安全交互。

重点是IT安全方面的架构和标准，以确保安全应用。设备、服务器和云端必须进行安全设置，确保用户之间的数据流通。智能水平越高，器械自动化水平越高，数据对工业的商业流程越重要，数据交流的安全性也就变得越来越重要。核心就是对所有数据进行基本加密。即使在未授权的情况下提供部分信息，也要确保数据处于全方位安全中，未授权人员无法读取或使用此类信息。

关闭的数据链

设备数字化和互联网连接是一回事，但这是不够的。随着物联网的发展，计算机进入了一个新的阶段，它必须在三个方面提供新的解决方案：必须搜集分析事物的数据，基于新模型条件控制商业流程；进行相应的数据管理；最后就是建立依托于数据分析和评估的创新型商业理念。所有这三项任务必须具备物联网解决方案，这种方案保证了信息和操作技术的整合，且代表了现代系统环境的调节控制。原则上，所有这三项任务都不是生产商可以单独完成的。

起初，只有那些能够联网进行数据生产和搜集的物品。生产商或者用户必须确定数据的使用目的，数据分析评价的地点和方式。在确定的基础之上，就会得出应用整合的合适的方法。有一点是不同的，数据是从一个地方定期联网上传，还是不定期从不同的地方以不同的方式进行上传，同时必须考虑到网络连接的切断与修复。

最重要的就是数据以这种方式进行融合，不仅一开始就把重要和不重要的数据进行区分，还要从正常数据中分出特殊数据。例如，在数字化农业中，数字化农田劳作会出现该农田的地理和处理数据，还有劳作情况的实时数据、天气信息等其他信息。这些信息根据相关性进行分类，相关数据与每个订单的商业数据进行连接，这样就能在最正确的时间内又快又好地进行处理，这就从茫茫数据海洋中分离出了智能数据。

因此，终端设备的联系是最重要的一步，其中必须包含物联网解决方案。这一步也是所谓的融合实际物品及其数据、现实和数字世界的关键。想要实现这一点，必须满足一些重要的要求。

首先，必须能够理解设备的语言和数字方言，将信息无损地翻译成用于评价和使用数据的程序，以利于发动器的开始和停止。

其次，必须确保通过直接作用于设备的网络实现机器之间的互相联系，以提供借鉴，触发信号，尽可能地与其他数据、与联网物品的设备进行关联。或者反过来，对于数字化农业中农田信息的管理决策，要能确保其他收割器械投入使用。

提供智能联系也是流程链接的一项任务。若要保证联系不被切断，该链接就必须恢复数据流并更新数据。这种联系也必须实现最高程度的安全要求。没有人能破解这种联系，截取未授权的数据或者处理使用数据流。这些都是链接的任务。

要使物品联网并获取数据成为可能必须有合适的管理，传统的数据管理已经不再适合。在物联网中，存在海量的数据，数据类型急速变异，短时间内突然产生大量数据流不再罕见，而是常态。一方面，数据管理必须可以无限存储，即使网络智能性不能直接分辨非必需信息部分的种类，以及避免数据海啸。另一方面，数据管理要求在很短的时间内进行有目的的存取，以确保终端实时做出决策。这可以借助云端技术实现巨大的存储容量，因此数据管理应该无限扩展，从实时的数据分析延展到更长的时期。

最后一步，必须提供物联网解决方案，这就涉及数据分析和评价。必须清楚数据的用途，必须有可以显示、计算的适当工具，必须有进行数据分析的方法。这包括如何实施农田工作，也就是企业软件的数据、过程数据、其他基础数据以及互联网上的其他常用数据与设备数据进行互联。只有这样，产品用户或者机器运行才能在正确的时机和时间内做出正确的决策。

数据链的关闭当然不是一个一次性的过程。联网设备的可用数据会导致实际循环，在这个循环中数据及其使用的网络，当然还有人员，都在不断智能化。任何分析，任何统计评价，任何更新的网络终端连接之间都不断产生联系。这比以往最大和最好的研究小组都要涵盖更多。

物联网解决方案和SAP生态系统

SAP以为客户提供全方位物联网支持为目标，并将该目标置于优先的战略高度（图 14–1）。从联网机器的数据中，通过数据管理和分析，实现具体的操作。SAP随之成为专业术语：从输入–输出中关闭环线，即物品链在数据分析操作中的双向关闭。前提条件都非常好，因为这些方案的许多组成部分都经过了测试，并且有几十万名客户每天都在使用。现在，重要的就是建立并扩展联网终端。

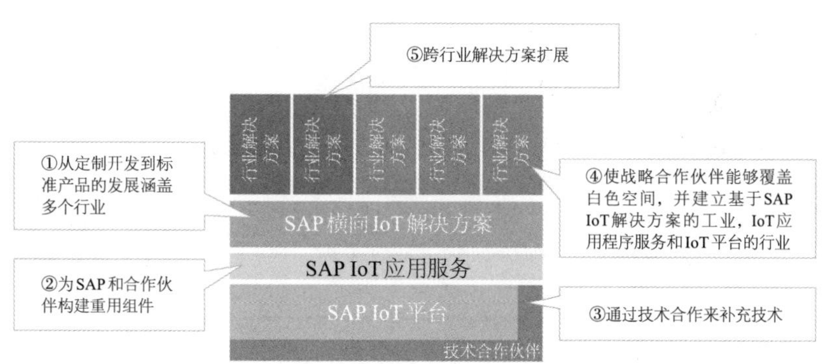

图 14–1　SAP的物联网战略

SAP的标准软件将用于企业整体流程的优化控制。商务套件 4 SAP HANA就基于HANA及其记忆数据库。HANA的原始含义就是高性能分析应用。很明显，上述物联网解决方案是基于基础技术的。HANA可以高度扩展并迅速分析海量数据。在供应链管理解决方案和企业资源管理的联系方面，数据可以融合到企业程序中。SAP制造执行系统已经在与机器连接之前通过互相连接控制了与机器的通信。

SAP建造了一个公开的、很大程度上可以扩展且安全的物联网平台（图14–2）。目前，该平台不仅适用于单个的客户圈，还是工业4.0参考架构的一个重要建议。基础就是HANA内存数据库技术与大数据技术的链接，例如2015年为HANA VORA建立的Hadoop和Spark技术。HANA云平台集中了关于云平台的所有云端的数据。物联网服务提供了集成终端设备数据的可能，并为之提供了规范的服务。另一方面是就云端整合方面可以在企业流程中进行数据整合优化。这个平台的目标就是提供物联网的应用程序，对SAP来说，就是要编制一个标准服务层用于发展应用程序。

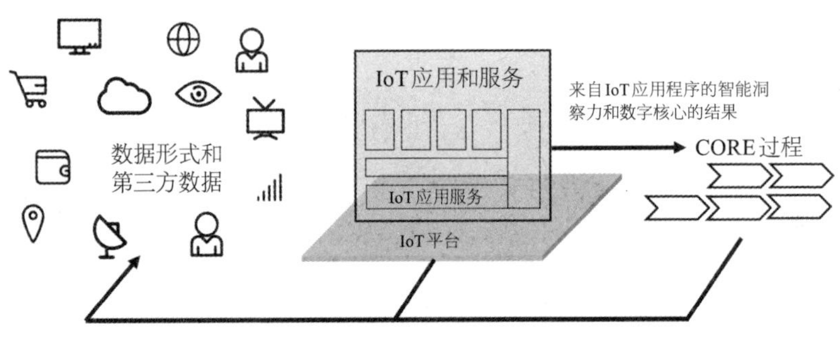

图14–2　SAP物联网套件及平台

物联网平台应该提供规范、安全、迅速的数据流，集成各类物联网应用程序。首先，开放性是非常重要的，因为就像交通中的车辆间的通信联盟，没有任何一个单一的企业能在特殊情况下考虑到物联网的各个必要方面。其次，开放性是物联网能够继续发展的前提，因为物联网需要客户才能存在。物联网平台是一个全面生态系统的基础，SAP邀请了所有的用户、其他供应商和物联网应用程序研发人员参与其中。物联网带来了网络经济。

一个很好的例子就是MindSphere（西门子工业云平台），在2015年汉诺威消费电子、信息及通信博览会上就已经宣布其为西门子数字化软件组合的重要组成部分，其基础就是SAP HANA云平台。用户通过它就可以把西门子的产品及产品设备进行联网，通过云端分析利用数据。这使得整体的产品生命周期通过系统组件运行的数据提高到一个新的水平。但是，西门子也通过该云端对产品和设备、实时监测和能源管理进行优化，提供依据使用时间的计费模型和所有可能的预见性服务。

基于SAP物联网平台的这种工业云端并非唯一，而是有大量其他形式，大多都有类似的目标，部分侧重点可能不一样。未来，这样的产业平台有可能成为工业企业之间竞争的鲜明特点。

重点行业和模范物联网产品

SAP的重点领域就是与主导客户和合作软件及服务伙伴共同研发物联网应用程序。有些已经可以作为标准软件用于应用中。其他应用也将随之而来。

第一个实质性的议题就是定义产品、维护、物流、运输、车辆和智能客户端的包容性。许多课题都已经陈述了衡量结果。例如，意大利铁路公司降低了8%~10%的维护成本。高性能品牌梅赛德斯AMG主要生产奔驰系列汽车产品，因为部分参数可以实时取消，不成功的试车将迭代速度提高了94%。接下来会详细介绍相关细节，以便理解新方案。

预见性维护和服务

机器和设备等资本货物的供应商和生产商通常远程组织和监控其产品。但这往往非常耗时且成本昂贵，购置备用设备、组织维修团队等会花费更多。如果解决问题时间过长甚至不断失败，那样成本尤甚。然后，设备就会一直存在不可预见的后续花费，或是不具备应有功能，再或者对人员构成威胁。

因此，责任人长期以来都希望能从问题中及时总结经验，快速、低成本地解决迫在眉睫的问题，最后组织安全措施，而无须停止机器或设备，并且不会再出现此类问题。物联网使之成为现实。预见性维护是目前物联网解决方案的重要关注领域之一。

伴随着SAP预见性维护和服务方案，到2014年年底，在SAP HANA基础上会有一个针对该问题的标准软件。长远来看，通过互联网可以读取设备和工具的数据。这些数据简洁地显示了操作温度、资源消耗、振动或震荡、性能和“健康状况”。联系相同设备操作的以往数据，联系世界上其他设备的比较数据，联系室内温度和气候、产能利用率和订单计划等环境数据，可以尽早认识并解决问题。根据实时分析评价的信息提供操作知识，给企业带来真正的优化。服务不再是提供清扫车和消防车，更多的是负责设备操作的优化。

对SAP客户提供的解决方案，主要是预见性维护和服务，这是企业软件的自然延伸，例如企业资产管理、客户服务管理或者是互联制造，这些都对程序提供支持。根据客户的要求，SAP的预见性维护方案可以在云端，也可以在现场实施。

恺撒空压机公司是全球最大的压缩空气系统供应商之一，为客户提供了全新的高品质服务，同时基于SAP HANA平台建立了预见性维护解决方案。该方案可以对用户设备的功耗、运行状态、安全和空气质量等参数进行实时监测，同时把这些参数与其最大值和最小值进行比较。技术服务人员可以通过互联网的门户网站分析实时数据，而不必非得征求用户的同意。这自然加快了问题的解决，确保了设备运行的可靠性与效率。

这种方案使恺撒公司更能主动预见并满足客户的需求。它改进了服务质量，确保了设备运行更加可靠、高效、快速地解决问题，降低了操作风险，缩短了创新周期。机器运行的结果更直接地促进其发展。

所以恺撒公司在销售压缩机外，还有能力开始其他服务项目的投资：为压缩空气生产商提供优质的西格玛（空气效用）服务。客户无须购买压缩机，相反，可以根据压缩空气的需要自行购买，并且得到高度的运行保证。

恺撒公司展示了关于目前物联网方案价值链的改变程度，特别是压缩机设计和工程与服务之间的合作。一段时间以来，工程师与服务专家在很多方面开展合作（从产品研发到缩短工时），以把握发展的重要要求。服务就是证明产品的最好方式。

物流解决方案

1950 年，全球 25 亿人口中有超过 70%的人住在农村，此后全球人口不仅增长到 68 亿（如今已超过 70 亿），而且其中有超过一半的人住在城市，而且城市化也是大势所趋。各个国家的工业化范围越广，生活的组织运行就越困难。日益增多的交通方式也是一个问题，公路、铁路或水路等现有基础设施的容量对于解决这个问题来说于事无补。寻找能够满足日益增长的需要的新方案已迫在眉睫。在世界各地，利用物联网研究所谓的智能城市的项目越来越多。

该方案的一个重要部分就是物流。怎样把货物和人员从A运送到B，已经不再是单个部分交通参与者的问题。许多交通问题都是可以避免的，例如寻找停车位、堵车。

SAP互联网物流软件是运输和供应链管理的一种新方案。它在与商业伙伴的生态系统中创建了前所未有的透明度。互联网物流给一些企业、研究机构和个人的实时认识创造了工作环境，且不止于此。汉堡港口管理局（HPA）就是一个很好的例子。作为德国最大的港口，它每年装卸近10 000艘船只和900万个集装箱。据汉堡港口管理局战略IT交通管理部门负责多式联运的萨沙·韦斯特曼估算，该港口到2025年将有近2 500万个集装箱。最大的问题就是:“我们不能扩大港口面积，但必须寻找机会，有效利用更多的地方。”

SAP利用HPA和合作伙伴的T-Systems（ICT解决方案），在汉堡港构建利用TelematicOne（物流处理系统）平台的物流网。这样，不同类型的远程数据可以以可视化形式合并，并通过所谓的地理围栏信号联网。地理围栏信号在地理信息系统的数据规则下运行，地理信息系统是从定义的空间对对象进行输入和输出。现在，这些数据可以链接到联网的物流中。例如，货车司机通过连接移动终端，可以实时获取事故和停车的信息。

如果船只延误，打不开集装箱，工作人员会注意可用的停船位。如果船只已经停靠，系统就会通知工作人员到门口的最短路线。汉堡港的解决方案已受世界瞩目。它使更短的等待时间、更快的转运、更有效的路线选择和更低的燃油成本成为可能。

互联制造

工业 4.0 或者第四次工业革命，涉及特殊的制造工业。因为人员、机器、设备和工厂的联网改变了企业组织生产的整个方式。

SAP 工业 4.0 解决方案的基础就是应用程序，这些程序确保了联网的机器在自动生产中的无缝融合。制造业和制造整合及智能应用主要负责生产，确保随时在正确的时间正确运行。其中涉及生产车间与管理机构之间的联系。但是，工业 4.0 的范围远不止于此。它包括从产品研发到生产再到供应链和备件储存的这一企业核心功能的整合。为了实现这个目标，企业四通工程必须配备 IT 和企业软件。如果这样做，就会在竞争中占据优势。

这种企业的代表之一就是哈雷戴维森。在该企业的一个新的生产厂中，每台机器都是联网的，可以持续测量评价每个相关的变量。系统组件提供每个生产系统用于预见性维护的效率数据，确保机器或设备不出现问题。1/10 秒的时间内，就计划好摩托车的部分组件的生产，如果没有按照计划进行，系统会对单个组件层面的统一管理进行报警。哈雷自动测量建筑中的温度、湿度和通风机的转数。通过不间断的评估，可确定提高效率的因素。

根据现有的技术水平，基于工业 4.0 概念建立了这个新车间，哈雷的一条生产线生产了 1 700 辆摩托车，每 90 秒就在生产线上生产一台定制的摩托车，效率比之前提高了 25%。生产一辆自行车的时间从 21 天缩短为 6 小时。

作为政治挑战的工业 4.0

联邦政府已经把工业 4.0 作为其数字化议程的核心。工业 4.0 在布鲁塞尔也是一个引起高度重视的政治话题。SAP 认为这是一个不能由工业单独解决的问题，因为在这个层面有更多对话和活动。

工业、研究机构、协会和联邦教育与研究部以及经济与能源部代表在 2015 年春季推出工业 4.0 平台后，已经在联邦层面建立了新的沟通渠道，但在各个联邦州中却各有不同。最热烈的话题当然是工业 4.0，整个工业领域都认为这会对经济生活发挥重要作用，特别是在北威州和巴登符腾堡州，那里有 it's OWL 集群和工业 4.0 的联盟。一个很大的优势就是不止工业协会，还有包括 IG Metall 在内的工会也参与到这个平台中。

SAP 有 4 大领域涉及法律框架：

1. 促进研究和创新活动，包括标准化领域；
2. 制定工业 4.0 有关法律框架，处理产生和使用的相关数据；
3. 促进投资资本和税收；
4. 数字化经济中的培训和教育。

关于数据保护的讨论在德国甚至是整个欧洲都很热烈。物联网在很大程度上不是个人数据，而是搜集并提供设备和物品的客观数据。所以，有必要就定义和使用这样的工业数据进行根本性讨论：它们属于谁，在什么条件下做什么事情，怎样对个人数据进行保护，什么时候生产工业信息？这些都会成为政治议题。同时，立法者应该给予数据基础上的商业模式必要的空间，使其在德国和整个欧洲保有竞争力。严格的监管会使其丧失高于美国和亚洲的竞争力。

这对年轻的创业者和富有创新精神的企业家来说并非好事。许多人都抱怨官僚主义和法律壁垒，这给物联网和工业 4.0 在经济中的起步带来了困难。国家层面的风险投资可能会改善这种情况。

曾经，汽车报废有一定的补贴。现在，人们讨论的是购买电动汽车的补贴。目前并没有支持数字化的激励体系，无论是硬件和软件。联邦政府可以考虑从税收优惠到折旧免税等方面采取措施。值得庆贺的是，联邦教育与研究部通过了对促进中型企业在工业 4.0 方向的发展进行的拨款。如果德国的中型工业长期内还有收益，那么整体上还存在交易需求。

调整培训是必需的。学校和研究教育的传统方式培养了许多专家，这些专家只是擅长工业流程中的某一特定领域，但是对于联网的、跨学科的合作和系统方式来说，我们需要调整培训和教育。

在学校中就应该对数字化世界和重要的技术进行基础性教育。否则可以预见，一部分青少年缺少工业和服务的必要技能。

在学科边界方面我们需要更大的普适性，以使教育能适应多学科的工作。因为我们在很大程度上需要兴趣广泛的人，他们能够从专业角度理解整个系统。只有这样的人才能在未来工业中发挥领导作用。

对于此类问题，人们关注的焦点常常过于局限且缺乏世界眼光，以至于很少看到数字化的机会。这在政治层面将导致太过刻板的措施。从SAP的观点来看，后者是很急迫的。

在国际层面上，与中国和美国相比，工业 4.0 可以从联邦政府的积极态度中获益。对此，政府已经进行了大量对话。特别是中国在标准建设和技术架构方面（即工业 4.0 模式如何生成），有浓厚的兴趣。工作组层面的定期会晤已经达成共识，中国非常愿意与德国工业和政府进行长期的建设性合作。

现在需要就数字化经济和社会的未来进行社会性的讨论。物联网和工业 4.0 带来了许多积极的迹象，也带来了许多改善工作和生活的可能性，这在很大程度上塑造了未来的形态。

第 15 章　西门子：数字企业的形成

胡桉桐

提　要

在大约三年前我写第一本有关工业 4.0 的书时，人们对工业 4.0 的定义还非常不清楚。人们普遍感觉到一种巨大的不安，这种感觉让人觉得它意义重大，可能与企业、行业及整个国民经济的存亡有关。比如以中小型企业见长，价值创造结构以产品为导向的德国。在此期间，对这个概念的认知模糊稍稍淡去，人们希望可以看到更清晰的轮廓。我在本章做的正是这样的尝试，同时向大家呈现我在此期间所收集的关于全球数字化领域的见闻。

在 2016 年汉诺威工业博览会上，人们发现对这一主题普遍存在的不安已经淡化。但在对它的内容澄清方面并没有取得本质性进展。引人注目的是对工业 4.0 这一名称被灵活使用，一些供应商描述其自动化产品或系统时都以工业 4.0 开始。

在这点上，如果人们想对工业 4.0 做一个阶段性总结的话，就必须承认，即使到目前为止这一概念的内容并没有带来多大的帮助，但对工业数字化及其所带来的预期的变化，以及对必要的回应措施的注意力正在明显增加。

因为缺乏适用于“工业 4.0”的足够准确的定义，所以我在我第一本关于工业 4.0 的书中主要研究了我们自己的数字化战略，它和工业 4.0 很接近。当然，我们的数字化战略开始于 2001 年收购意大利小型企业 Orsi，该企业当时正致力于发展制造执行系统，2007 年后，该企业得到了极大的发展。

在本章中，我主要会谈论我们在此期间执行数字化战略所取得的进步。我会让读者自行决定，“工业 4.0”包含什么，不包含什么，还会涉及有关主要依靠数字化和数据流通的生产流程的检测和进展情况。

工业数字化

20 世纪 80 年代末，在信号传播和信号加工方面被大量运用的数字技术在其初期阶段给每一个企业都带来了巨大的变化。其商业目的是信息的调配和分布。由于这个原因，这种技术首先影响了娱乐行业，特别是音乐、影视、电信和纸媒领域。

生产工业领域的数字化至少是从15年前开始的，人们普遍期望它能在未来10~15年引领巨大变革。在这一点上，甚至有人提到了“第四次工业革命”。鉴于这一问题对德国的生产企业而言意义重大，因此德国工业协会发起了“工业4.0倡议”，德国政府也为此提供了支持。他们的目标是使工商业界都能得益于数字化的发展。

企业中的数字化早就已经完成且成果显著。在使企业经济和商业进程变得更为标准化的过程中，软件支持（即数字化）取得了巨大进步，并且在系统性方面要比技术价值创造进程更重要。过去十几年里，工业企业向所谓的ERP和CRM软件投资了数十亿欧元，毫无察觉地发展成了强大的数字加工机构，如今，其信息内容（数字资产）成为衡量企业价值的重要组成部分。通过员工的工作，信息内容大幅增多，企业价值越来越持久。企业数据和企业价值之间日益明显的关联成为提供数据安全敏锐性的重要原因。

企业在竞争中生存且能够实现其商业目的的前提是，企业内部及与合作伙伴之间完成的信息调配、存储、适时提供和传播。

当然，如今在加工工业中，有形物品的信息和知识的转换也属于主要的价值创造过程。可惜这一领域对信息技术的软件支持的应用还是碎片化和非系统化的。首先，这和复杂的过程有关，事实上，如果从整体来看，这一过程的标准化相对而言要比企业经济的管理过程难得多。许多时候，产品生产过程中的差异也是竞争中存在的差异，这就确保了自身的优势。人们当然不想在标准化过程中牺牲这种优势。

以汽车行业为例，尽管所有人只能生产唯一的产品，也就是汽车，但不同部件有着不同的生产过程，因此就有了竞争优势。汽车生产领域不同标准化过程的细节尚不清楚。

在这些不同的过程中，数字化及信息技术和软件工具的投入使用极大地影响了竞争力。但由于需要较高的灵活性，科技核心价值创造领域（PLM，SCM）中信息技术解决方案和软件工具包的使用同允许持续标准化的企业经济管理过程中这类东西的使用明显不同。

在对工业企业的全部技术流程进行投资时，人们不会在意从哪方面入手，只是没有一个保障共同数据管理的平台（图 15–1），人们无法进行管理，只能大幅提高生产潜力。

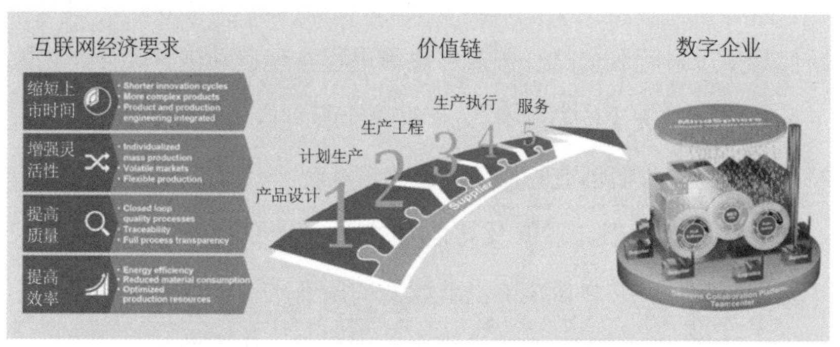

图 15–1 PLM 平台是一个主链，没有它将无法实现整个价值链的数字化

过去几年，西门子通过巨额投资建立了一个强大的企业平台 Teamcenter，该平台能够管理所有技术数据，还能管理企业内技术价值创造过程的所有数据。从一开始就清楚的是，西门子从来没有开发过自己的用于工业价值创造的软件应用程序。这一平台被设计成了一个公开的平台。在标准化应用程序的帮助下，客户能够将其所有的软件应用程序与 Teamcenter 关联。Teamcenter 作为西门子全

部数据的管理平台，处于西门子“数字企业软件组”的中心地位。

数字化和标准化

信息传播和信息加工的数字化使得互联网为人熟知。互联网不仅为已有的业务带来了巨大的变化，还促成了目前尚不为人们熟知的新业务。亚马逊、脸书和谷歌就是最著名的例子。这些企业的存在及其良好的商业表现为社会和经济的巨大变化做出了贡献。就这一点而言，最深刻的变化可能要数较高的信息获取速度和由此达到的所有生活领域的透明性。此外，正是这些影响着持续加速的经济周期。

随之而来的变化迫使企业不断加快其价值创造进程，而只有不断使其生产过程和信息、创造、决策进程实现自动化时才会产生效果，其前提是完全的数字化及企业内部所有信息与知识无缝连接，特别是那些高价值创造的技术过程和领域。

亚马逊、脸书、谷歌及其他互联网企业可能都先尝试将其技术基础标准化，并尽量消除商业模式的所有法律问题，避免出现矛盾。除了要求德国工业在产品引进和引用数字化方面达到世界先进水平，对标准化和确保合法性的要求也是“工业 4.0 倡议”的核心组成部分。

短期内，许多有互联网基础的企业都已经走过其商业巅峰，再次走了下坡路或者是完全被淹没。这些企业还存活着的时候可能并没有意识到来自国际标准化委员会的“恩赐”，只是从知识保护中默默受益。

正如之前已经提到的，如今，在有关“工业 4.0”的讨论中包含了由数据推动的商业模式的相关结构和确定的合法框架条件下对国际（至少是欧洲）标准的要求。经过长期的谈判，可能不久后就会产生结果，但现存的技术、经济和商业边界条件是否仍然意义重大是一个值得怀疑的问题。可以肯定的是，人们用这样的战略既无法建立也无法促进数字化推动德国工业。

在创新加速发展的形势下，这一问题当然不会导致人们完全放弃标准化。在一些领域，肯定有一些技术是值得进行标准化的。人们必须要清楚，没有任何法律规定过“标准”的含义。更确切地说，如此巨额的投资在短期内打水漂是非常危险的，正如人们不久前在通信工业向网络通信转型的例子中看到的那样。西门子尤其面临着这种困难。

在国家标准方面尤其不能被忽视的一个问题是，即使有时候最具有冒险性的创新乃至“国家利益”肯定都是受到约束的，但也一定比为国内市场制定的保护措施灵活一些。

可惜就主要的工业企业而言，它们不能等待来自那些著名机构的“恩赐”。未来的法律及技术标准都无法提前澄清，至少在竞争性领域无法提前澄清。企业必须尽快提高其竞争能力并系统性地推进数字化进程。数字技术和全球竞争中的高创新率会导致数字化过程中的每一个标准都会很快被超越，数字化过程中的每一个目标也总是在变化。人们能给出的有关数字化的最好建议是稳定、快速地持续发展并改进信息技术和软件。因此，未来可能不再提倡买卖信息技术基础设施和软件工具，租赁模式会更加有意义。

如果间接技术领域的工作流程能在可持续发展的软件工具的帮助下像生产领域多年实践的工作流程一样，实现系统性的持续发展和自动化，那么工业企业就能继续提高其生产率和竞争能力。由于较高的创新率，为此必需的软件能在较短的支付日期内越来越多地拥有消费品的特性，因此就能定期甚至在越来越短的时间内得到提高和维护。

全球层面的数字化

正如之前提到过的，工业领域的数字化影响着整个价值创造链，而不仅仅是生产过程。但目前有关工业 4.0 的关键词主要是“自动系统”“云控制”“智能机器人”及类似词汇。然而清楚的是，仅仅依靠提高生产的自动化程度是无法促进工业价值创造的。

我 2007 年收购UGS（优集系统）公司带来了来自全球的客户，之后我发现，各公司的系统性软件投入差异极大。这一最早进行创新的企业 7 年来都是工业领域的龙头企业。在此期间，这种状态并没有太多改变，各企业之间的差距也不会越来越小。

各企业所用软件工具的数量和规模方面的差异要小于预期。相对而言，在其他企业中也有非常多不同的软件工具和应用——一般情况下至少都不允许自动、长久的数据交换。长此以往所形成的不完善且无法存储的数据的相关问题便显现出来。

我脑海中有一个相关的例子，关于一家日本的数码相机制造商。这家公司已经将其相机发展成了系列产品，但没有建立一个唯一的有形生产模型。在西门子软件生产的基础之上，这家日本公司通过自我创新，历时 7 年实现了数字化生产流程，整个生产过程都拥有数字化模块，因此，一台新相机的生产时间缩短了 40% 以上。

说到德国工业的数字化程度，如果人们将德国软件工业的情况放到全球市场中来看，其开端并不是非常振奋人心的。在工业价值创造过程中，特别是中型企业对软件的系统性应用程度令人堪忧。在更为广泛的工业领域中，软件也总是被视为应首先被削减的成本要素。通过软件提高生产率的巨大潜力总是被忽视，因此也就无法得到系统性的发展。通常情况下，一个企业中其他工作流程所需的支出，特别是科技方面的支出要比生产过程所需支出高很多。本质上，为了提高生产率，这种过程的自动化仅仅通过投入使用软件就能实现。为此，创新和额外的运营支出是必要的，并且生产所得不能百分之百转化成利润。如今许多工业企业都对此很惊讶。

也许根本就不用惊讶，在像德国工业这样的领域中，过去，软件行业也没带来人们巨大的热情，对于软件的应用也没能赢得高度重视。就此而言，人们肯定会提到关于软件的不同的认知态度，当然，这种态度要比过去显得更为不好。

顺便提一下，热情是值得一提的，许多中国企业都意识到了自身的数字化潜力十分明朗，尽管其员工的薪水很低，但却在科技进程中的软件支持方面系统且积极地进行了投入。有许多中国企业的数字化程度领先世界，海尔集团就是其中之一。

在如今的价值创造过程中，德国工业中适用于“工业 4.0”的硬件和软件的制造和供货的数字化程度不易被超越，在对许多可利用的软件工具和信息技术缓慢且不系统的应用方面的数字化存在较大的被超越的风险。

集成产品开发

自引入可编程逻辑控制器（PLC）以来，人们发现，编程要求不断提高，生产设备和机器也达到了极度复杂的水平。

2004年，我们这个圈子的人认为，使用PLC工程工具只会使复杂任务在技术上更难完成，且成本高得令人无法接受。伴随这些不断加剧的问题，人们开始对被称为虚拟调试的新工艺步骤进行定义。其设想是，在开始调试生产设备的单个模块前，将生成的PLC程序在为其指定的硬件环境中测试，并尽可能不出错误。由此产生了对全面系统模拟的要求，而系统模拟应考虑到每台机器的动态情况。这意味着，每台机器或机器的每个模块的自动化逻辑必须在机器的开发阶段就可供使用。当然，在早期，人们不会考虑在相应的PLC工程工具的帮助下编写PLC代码，而是考虑使用一种设计工具，将所想的流程逻辑以简单的图表形式展现。这一工具生成的标准语言代码随后可以在编译器的帮助下生成相应的PLC代码。这种方法有着深远的影响：

1. 机器自动化逻辑的编写可以与PLC代码的编写分离；

2. 自动化逻辑并非与每个PLC对应。用户可能需要很长时间才能决定利用哪个PLC来实现机器自动化；

3. 负责机械装置开发的工程师自己编写机器或产品设备的流程逻辑。在其机械装置CAD工具中集成了软件工具，在该工具的帮助下，工程师可以简单展现机器的流程逻辑，而不需要编写PLC代码。由此生成的数据同时形成了自动化说明，这比逐字的说明文件更加完整；

4. 工程师可以随时利用自己编写的逻辑程序对机器模块进行虚拟调试，在这种模拟的帮助下对机器和流程逻辑进行优化；

5. 目前用于自动化工程师的工作开支预计将减少70%~80%。

这样的或类似的想法从2004年和2005年开始在我们的圈子中出现。其结果便是各公司于2006年开始研发全集成自动化技术，以及 2007 年西门子收购软件和服务供应商 UGS 公司。

在 2016 年汉诺威工业博览会上，西门子展示了在其“数字企业软件组”框架下机电一体化设计的软件工具链的新版本。这正是实现产品理念乃至系统模拟持续发展的工程学方案（图 15–2）。西门子计划在 2017 年汉诺威工业博览会上展示首个商用版本。

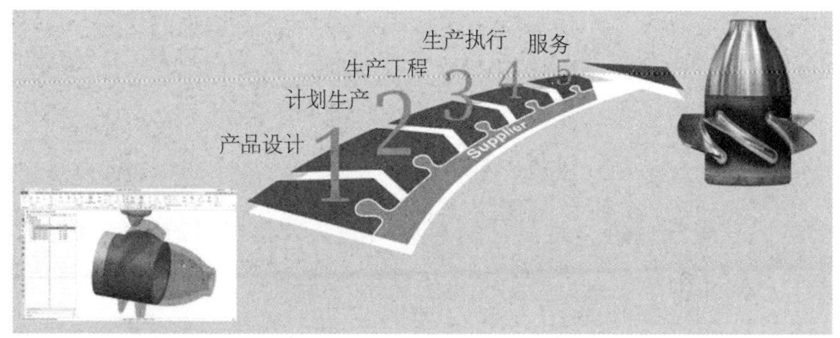

图 15–2 从产品概念到系统模拟的发展

后来，这个工具组发展得比预想的更加复杂。更为昂贵的是产品 NX（一个产品工程解决方案）和 Teamcenter 的架构工作。像自动化应用那样管理逻辑化目标的能力目前还不具备。经过多年花费高昂的工作后，架构只是得以改组进而可以支持自动化。如今，自动化工程的遗传学已经在 CAD 工具 NX 中实现。

产品研发和生产的数字化联系

从实践来看，非常明确的是要消除瓶颈。如果通过加速开发来增加产品生产，在产品生产和快速生产中就会出现干扰问题。同样，伴随着个性化的持续推进，不断满足客户的愿望，明显会增加变化的频率。任何变化都可以迅速、顺利地应用到生产中，这对控制成本来说非常重要。对此，工作流程的持续软件支持必不可少。

在一次详细的分析中会遇到一个基本问题，即无缝数据连续性和一致性数据管理存在障碍。

一般情况下，ERP系统制定生产的必要工作计划。该计划在数据技术层面与其他所有用于PLM领域和生产的软件系统完全脱离。因此，数据模型也不匹配。所以，不同来源的数据填充需要手动完成。人们可以很容易地设想到，如果很多人都参与产品生产流程，从一开始就会出现错误，且很难保持数据个更新和一致，从一开始就会出现各种变化。这是在新产品引入中持续多样运作的程序。目前，还没有任何能自动确保所有参与的必要信息都透明的软件机制。在实践中不可避免要出现代价高昂的错误。

不在ERP系统中制定工作计划，而是在PLM系统中建立，并通过简单的延伸，就很容易解决这种问题。所有ERP系统必要数据都是从PLM系统复制到ERP系统。PLM系统和ERP系统之间持续的数据传递会自动保持。从工艺技术中衍生出正确的程序，因为生产和程序变化计划起源于技术领域，并进入安装的PLM系统。

该工作计划在PLM系统（机器零件明细表、原料表、材料单）中会产生所有的产品数据，从这个时间点开始，系统不会中断，会继续扩展。PLM系统确保所有与工作流程相关的改变都是可见的。所有对生产必要的程序数据和其他位置产生的相关数据都可以通过相同的数据输入，并可获得现有数据。

西门子在过去几年都实施了该计划，并在当年汉诺威工业博览会上以“闭环制造”之名向客户和大众展示了系列成果。通过这个软件系统，在新产品生产中会大幅度减少成本花费和错误率。产品和生产程序既迅速又安全。这样，可以自动实现生产流程中更复杂、更重要的步骤，且速度大幅提高。

产品制造的优化：可塑造性设计

很多年以来，这一直属于最重要的工业知识，因此在产品研发阶段，从开始直到设计完成，必须引起重视。生产机器、生产过程和生产设计是一个反复优化的长期过程，直到生产成本降至最低、产品质量最佳为止。众所周知，在实践中实用的硬件保护式研发过程由于时间原因，在很多情况下无法实现，为了优化产品和产品生产过程，需要不间断地进行很多重复工作。首先，价值创造过程中数字化实现了这样的优化过程。无论对于产品还是生产设备，目前都可以拥有一个真正不错的数字双胞胎，也就是建立一个完整的数字表示形式。通过数字双胞胎的帮助，并行研发成为可能，并通过模拟器的应用，使产品和生产过程的优化也成为可能。通过这些措施，不仅在费用和质量方面优化了产品以及相关生产过程，而且研发时间也得到显著缩短。

增材制造

与一层层地去除原材料相比，为了生产一个人们所需要的部件（该部件使用普遍存在的生产机器制造），人们理解了增材制造如何一步步制造出所需要的部件。虽然人们可以很容易地理解相关的原理，但是直到工业化应用这项技术才得以推广，特别是按照更高级材料技术要求，要长久地延续下去。这种工作方法最基本的专利权源于 20 世纪 80 年代末期。自 1989 年开始，西门子公司就专注于立体印刷，它也正是根据这种工作方法来命名的。

随着原材料和制造工艺取得巨大进步，这项技术在去年成功上市，如今它不仅用于制造原型样机，而且可以批量生产高标准的燃气轮机部件，飞机、火箭发动机、F1 赛车，以及许多其他方面的应用。人们可以毫不犹豫地预言，与其他任何方法相比，这项生产技术将在即将到来的年份中更加深刻地改变工业制造的世界。工业部件的生产时间将持续缩短，成品质量将不断提高（不仅涵盖了产品的表层，还包括产品灵活性、稳定性）。

按照完成部件的要求，今天这项技术已经具备每年工业化批量生产 10 000 件的竞争能力。通过将具备智能模拟可能性的新设计软件应用于生产和制造过程，还可以充分发挥这项技术的潜力。如今人们可以在所谓的仿生设计的帮助下，使用高密度材料制造工业零件，大量节约材料，减轻重量，甚至也可以同时提高机械载荷。

企业灵活地应用这项生产技术，结合普通数字化工具从设计构想到 3D 打印机机械控制环境进行产品生产，可以说令人印象深刻。所谓的大规模定制，为每一个客户生产特定的产品，在很多领域都有可能实现。

西门子公司已经开发了一个软件工具环境（图 15–3），通过这个环境，从产品设计构想到控制程序进行制造，所有工作步骤都可以通过数字由 Sinumerik 数控系统完成，如今有这样一种神奇的按钮，如果研发人员想完成他的工作，（如果他愿意）只需按下按钮，他所设计的工具将被制造出来。汉诺威工业博览会将对这项已经达到了批量生产阶段的技术进行介绍。

图 15–3　数字化工具：增材制造的设计和制造环境

3D 打印机以及相关数字化工作流程是一项技术组合，对于互联网经济中的很多生产企业而言，其重要性不仅在于保证它们的竞争能力，更是在于确保它们能持续生存。

使用机床的大规模生产：大规模加工

在互联网经济中，速度有着十分重要的意义，在这里，缩短产品上市时间的重要性还体现在下面示例中：

直到大约 10 年前，手机外壳通过独特的塑料注塑工艺制作。人们优选这种方式生产需要大量制作的手机外壳部件，因为高额的原材料费用可以被平摊到大量的生产部件数量之中。批量生产的手机数量大多超过 1 亿部，因而这种方法特别适合。

为此，必须生产相应的模具和注射模具，以向手机壳中注入液体塑料。所生产的塑料部件将在原材料冷却之后从模具或工具中取出。

在这个过程中，注入液体塑料所使用工具的生产和优化需要大量时间，根据复杂程度的不同，这段时间可能是数周甚至数月。快速对市场需求做出反应或者竞争对手的产品创新可能因为上述原因而延迟。对于一个由商业活跃季推动的买卖或交易（例如圣诞节期间的手机交易），灵活性有限意味着巨大的商业风险。因此，相关的生产厂商都在寻求一种更加灵活的制造方式，其主要特点是使生产厂商可以不使用生产工具零件。我们所熟知的生产过程可由双手完成，也就是在由金属制造的生产工具帮助下，对手机壳进行人工切割。此方式的优点是具备高度的灵活性，人们可以在没有时间延迟的情况下，在每次生产过程中生产不同的手机壳。而它的缺点就是，所生产加工的成品价格十分昂贵。在时基竞争的背景下，生产厂商只能采用这种昂贵的生产方式。这样做的结果就是，数以万计的生产机器突然接到了订单。在类似的生产热潮之前，西门子公司凭借其生产设备控制Sinumerik数控系统获益匪浅。今天，这些机器主要在中国被用于生产制造，全年365天在工厂厂房中夜以继日地生产智能手机的手机壳。在10年之前没有人会相信，数量众多而又简单的零部件会采用如此昂贵的生产过程，例如使用由金属制造的生产工具单个铣削进行生产。互联网经济的必要性导致时间成本必须划归为更高层次的成本，甚至高于高额的部件制造成本。在互联网经济下，人们已经开始为此而担心，以前所见过的稳定工业考核标准都突然失去有效性。每个人都应该更好地适应这样的事实，未来还有更多这样的惊喜在等待我们。

云技术在工业中的应用

在本章的最后一部分，我仍然想简单介绍一下云技术在工业中的应用及其在工业中的意义。云技术并不是什么新技术。人们需要区分公共云和私有云。两者大致区别如下：所谓的公共云，用户并不知道它的应用在哪里运行，也不知道它的相关数据存储在哪里。总之，它可以位于世界的任何一个角落。所谓的私有云，客户可以与其供应商联系，知道它的应用在哪里运行、相关数据在哪里存储，或者用户也可以建立自己的云。在后一种情况中，它不是一项服务业务，而是以客户自己为主的云计算基础架构。

除了大家众所周知的，在互联网和IT系统中，现有的数据安全存在极大风险，通过公共云技术的应用，特别是当这些数据不仅仅是在云中进行应用时，这个问题会进一步加剧。显而易见，为了解决这个问题，我们在各个方面还有许多事情要做。这意味着将产生额外的费用，并减缓交易速度，特别是与工业自动化（控制和调节过程）方面息息相关。在此期间，这一理念也得到了人们的认可，即单独通过技术方法无法实现所需要的网络安全。据此可以看出，在大多数IT应用中由外而内的安全［即针对来自外部的非法访问（例如黑客攻击）采取保护措施等］是可以实现的，类似的由内而外的安全性（使用数据载体盗窃数据、安装病毒木马等）则十分危险，因为后者带有鲜明的人为因素。

在安全方面，云供应商对自己提供的解决方案的信心到底有多大，通过供应商的保证便可轻易识别，在它们的合同条件中可看到这些保证的相关内容。对于每一个应用，用户可以自己决定是否想要承担额外的风险。

商业原则是支撑云技术的首要因素，也就是说可以将互联网上的各种IT功能（从IT基础架构、计算能力到存储空间和应用软件）提供给每一位对这种功能感兴趣的人，也许除了自己的终端以外，无须进行其他任何投资。这种供应能力将按照用户的使用和消费情况在账单中体现出来。对于用户而言，这种商业原则特别有趣，他们无须花费很多力气就可以更换供应商。对于供应商来说，这种技术的转换成本越高，经济风险就越大。可以由此推测，随着时间的推移，人们将为灵活程度支付更高的价格。一项近期进行的针对云用户的大范围调查显示，相对于传统设备，这项技术并没有价格优势。

多年来，西门子以及其他公司不断为客户提供所谓的远程服务。与此同时，它们通过常规通信线路来保障所必需的数据传输。前不久，西门子公司为改善远程服务业务，选择采用云技术来更新公司的技术基础。西门子工业云平台“MindSphere”将基于SAP技术建立。在可预见的未来，西门子也会为所有其他已知的云平台供应商提供服务。西门子公司建立了自己的，同时也可由其客户支配使用的平台，并且已经完善了所有必备条件，客户可以通过这个平台安装自己的应用软件，例如用于数字分析的软件。按照合同要求，西门子公司不得访问用户在西门子云平台中存储的数据。这样的访问将只可能在单一合同规定框架下进行。

西门子公司使用工业数据的态度十分明确。用户仅可以使用和支配自己的数据，除非达成一项规定了额外使用权限的。

近几年，在工业中更好地应用云技术被炒得很热，特别是远程服务和其他全新商业模式方面，人们对它的期望很高。但是业内人士都知道，在现有条件下，远程服务的数据传输并不是什么大问题，但是安装带有昂贵传感器的机器设备是一大障碍。即使通过云技术也无法改变这种状况。

对于全新商业模式的高期望度从何而来，这是一个谜。通过事实，可以看出工业的本质是一种B2B（企业对企业）环境，人们必须从边缘条件出发，也就是由保守的商业模式出发，来创建新的商业模式。当它还没有做好运转的准备时，在可以预见的未来，人们将会逐渐变得清醒。

可以说，在过去的 3 年里，也就是自第一本书出版以来，虽然数字化的总量和工业 4.0 本身得到了革命性的持续发展，但是直到今天，我们依然没有看清工业革命的广度和深度。

第 16 章　魏德米勒：工业 4.0 与智能技术系统

扬·斯特凡·米歇尔斯

提　要

本章概述了工业 4.0 和智能技术系统在生产方面的应用，目的是为了实现和应用工业 4.0，这是制造企业所面临的一项挑战。在此基础上，还描述了工业 4.0 和智能技术系统的各个基本方面。本章包含技术转化的具体应用出发点和一些实际的例子，涵盖了从基础架构的数字化到生产制造数据应用，乃至生产过程整体优化的全部时间段。

工业 4.0 和智能技术系统

借助微电子和软件工程领域的新技术，技术系统得到迅速发展，不仅在私人领域有数量众多的技术“助手”（在手机和汽车中最先得到应用），在工业领域也是如此。很显然，机器正变得越来越聪明，能够通过自身的力量适应新环境和新要求。同时，它们的功能、可靠性和生产效率也取得了长足的进步。

对于产品生产来说，尤其如此。自从 2011 年在汉诺威工业博览会上提出工业 4.0 概念之后，研究机构、企业、联合会和各政党都深入地参与到相关研究中，使成果转化为现实的具体技术和解决方案，并充分发挥它们的潜力。同时，工业 4.0 的概念也首次被应用于产品生产企业的信息和通信技术之中。出于此目的，我们在生产背景下采用了“智能技术系统”这一术语，即生产设备和生产机器，两者均基于工程和计算机科学并能适应用户的需要和环境条件。

工业 4.0 概念必定不会太狭隘，因为最终几乎所有行业都通过产品生产的数字化相连接。所以工业 4.0 平台定义了“机构的新水平和关于产品生命周期整个价值链的控制，哪种主要因素推动了日益个性化的客户需求和不断增加的市场复杂性”的概念。这表明，它不仅仅是关于工厂内部各个车间的系统和技术，而是一个包括产品生命周期和供应链的完整价值体系。

制造企业的发展趋势和推动器

把视线放到主要发展趋势（图 16–1）和全球化发展的推动器上，这在原则上有几个理由，基于这些理由，我们追溯到 10 年前的发展动态：全球化概念带来的是各个国家之间不断增长的社会、经济关系，这也是全球化的标志。人口迁移显示出全球范围内人口总数和年龄结构的变化。人口增长和经济的发展导致能源匮乏和气

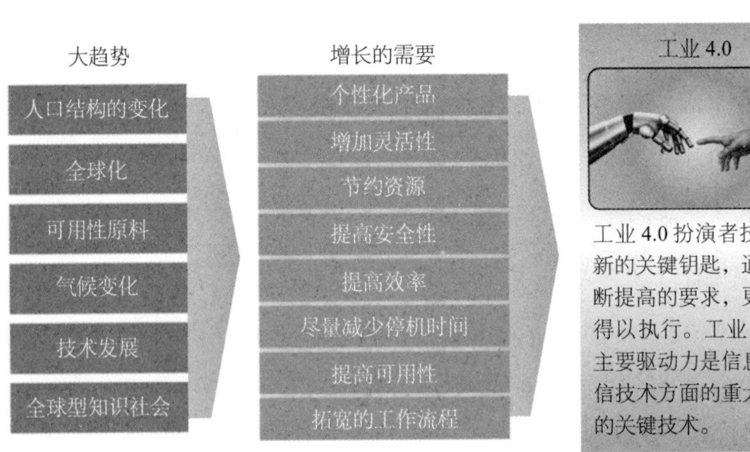

图 16–1 全球化发展趋势和生产制造企业的需求

候变化问题，当然，造成这些现象的主要原因是技术的发展。而另一方面，技术的发展也是一把钥匙，使其他的发展问题转变方向。尤其是把发展称为科学技术全球化，对此，以社会和科学方面的共同生活、共同协作为基础的知识进步将产生更加广泛的意义。

实际上，这个潮流并不新颖，10 年以来都有迹可循。并且这个潮流具有高度的现实意义，它推动了所有企业产品生产和销售模式的改革。为了能够在全球化竞争中立于不败之地，必须致力于应对以下挑战：

- **个性化生产**：今天，按照顾客的意愿，他们所要求的并不是充满妥协意味的标准部件，而是关于他们个性化问题的合适的解决方案。一方面，满足顾客的差异化需求是赢得激烈竞争的一个机遇；另一方面，个性化产品实用性的增强也是理所当然。如果今天大部分实例都来自消费型企业，则可以清楚地认识到，对于工业化实践而言，人们将不断反复询问持续增长的个性化解决方案。
- **不断增加可塑性**：某一产品的生产数量在总产量中不断增加，这就是个性化生产带来的结果，个别配件和产品件数减少，这就是众所周知的“批量一致”。企业所面临的挑战是，未来的创新过程和供应链必须具备可塑性和灵活性。它所涉及的不仅是针对易变化部件和生产设备的灵活性，而且还有针对另外的客户需求以及生产过程和技术自身的变化。
- **提升效率和保护资源**：在全球化竞争中，制造业公司必须进行改革，不断提升生产过程和设备的生产效率。原则上，生产效率的提升建立在所有产品的生产的过程的各个方面，特别是能源和原材料的应用方面。在这个规律下，存在着重要的发展潜力，即产品生产技术的不断改进。同时可以确定的是，法律规范以及各类标准的要求将不断提高，因而提出了对资源和生产设备效率的要求。

• **最大限度地缩短停工期：**生产设备的实用性是确保企业竞争力的一项决定性因素。一方面，停产导致销售量下降，另一方面，在这个规律下，停产会导致高额的费用——特别是无计划停产或设备管理维护造成的巨额开销。一个明显的示例就是产品的生产过程，这个过程必须持续运行，例如在能源生产、炼钢或者制药企业中。因此缩短停产时间对于状态监控和预见维护领域的研究工作同样也是决定性的推动器。

• **提高安全性：**这一部分与安全要素的确立有关，确保人和机器在生产过程中（也包含在不可预测的事故中）不受伤害。这里明确了一系列相关法律和规范要求。由于技术上的变化，这些变化将与写入工业 4.0 草案的其他因素一起加速推动形成新的要求，并且必须制定相关规定，例如机器、设备模型的认证。此外，安全生产与数据、信息和精神上的财产（也就是所谓的知识产权，第三方未经许可不得查阅）都息息相关。当然，原则上信息安全并不是最新的要求，但是鉴于企业不断提升的网络化和数字化程度，信息安全问题也变得日益尖锐。

• **缩短研发时间：**这部分是关于产品上市的时间，也就是速度，即企业研发出新的解决方案并且将产品投入市场所需的时间。产品革新、销售速度领先于其他同类型企业的能力，是取得全球化竞争胜利的重要因素。其核心在于正确了解用户需求和解决用户问题，制定相关技术规范和说明，并且实现用户的最终需求。在这里，技术与革新的管理扮演着十分重要的角色。同时，产品生产的数字化也为缩短产品上市时间提供了巨大的助力。

- **改善操作、控制条件，充实工作进程：**虽然已经实现生产自动化，但是在产品生产过程中监控和优化方面，工作人员仍发挥着主要作用，不仅是今天，甚至在未来工作人员同样可以起到决定性作用。原则上，数字化提供了生产优化的潜力，有助于提高生产过程的透明度，增加了生产手段，创造了提高生产质量和效率的基本条件。在此之前还有一个目标，那就是不断挖掘新技术的应用潜力，同时在生产过程中提高人机工程学应用程度，减轻单调、紧张的工作给工作人员所带来的负担。

应用程序的趋势

针对机器、设备以及现代化制造企业所面临的局面，人们提出了需求，阐明了技术的革新和发展所带来的潜力，在没有准备的情况下，抢先抓住具体技术起点，也就是所谓的主要潜力，这些潜力促进了工业 4.0 草案的应用和以此为基础的机器、设备制造技术以及制造企业的发展。

- **灵活性：**这里所说的灵活性就是能够转化不同种类的生产任务，需要研发阶段就已经考虑到灵活性的问题。它的主要意义是，相对于今天的情况，未来的机器、设备将能够制造更多不同种类的零件、部件和最终产品。它也是科技转化能力对于工业 4.0 所提要求的核心解决方案，由此可以看出灵活性对于技术以及时间和效率的要求。

• **适应能力**：这里是指机器、设备对于其他工作环境和目标的适应能力。也就是说，机器和设备将在另外一种情况下进行工作，可以独立地对环境和要求的改变做出反应，改变运行方式，按照不同目标要求自动进行合理优化。完全自主运行，无须工作人员干预，但研发人员应该对各种可能的使用场合进行预先判断。

• **模块化**：如今，人们应该朝着这个目标对机器和设备进行研发和优化。应将模块化作为核心来尽快实现，而适应能力和灵活性的要求只是有限的，应该在此之后实现。在此基础上，模块化在未来应该实现统一和标准化，模块化意味着将单一且相互之间没有联系的运行单位划分为更小的部分。在生产过程中，这些生产单位承担着具体的任务，可以与大多数或者个别的单位自由组合，或与另一个模块中的其他生产单位进行交换。模块化包含了所有的工具，机械、电气、电子设备和软件，以及其他工作范围内所有可用设备。为此，必须采用接口和对象化方式在工程过程中按照标准进行检验。

• **分散控制**：机器设备层面的模块化带来的是自动化技术的模块化以及机器的自我控制。在结论中，控制系统被划分到软件模块中，相当于机器模块的运行能力，并且被分配到不同的合成设备之中。它不一定必须是当今建立的可编程存储控制器或者工业电脑，也可以是自动化设备方面，例如运行控制器、IO模块或者是通信联络基础架构设备（以太网交换机或路由器）。在今天，它们已拥有足够的能力来承担单一控制任务或自动控制任务。

• **即插即生产**：源自消费IT和办公IT的即插即用在自动

化技术发展到今天只是进行了初步转化。基于模块化、分散控制、工程控制及调试、费用管理方面，它有着十分重要的意义。主要条件是自动化设备自我描述和自我配置的方法和模式，这正是现代研究和发展的对象。其目标是，自动化设备和机器模块能够“自己”描述和给定参数，从而使自动开始调试运转成为可能，并减少用于配置和给定参数方面的费用。这一原则不仅适用于设备的第一次整合，在后续发展或在单一设备交换中也同样适用。此外，即插即生产需要应用标准化界面（机械、电子，特别是在协议、模型和语义方面）。

- **功能集成：**即系统新功能的拓展。小型化技术和新生产技术在整合机械和电子设备方面发挥着重要作用。这里涉及的不仅是自动化设备本身，还有在生产设备和生产过程中的整合，例如在机器组件和设备构件中的传感器整合，或者通信联络设备接口的装配安装。

- **状态透明和生命周期信息：**通常情况下，机器提供自身在生命周期全部阶段的状态数据、配置数据和过程数据，并将这些数据透明、完整地存储在网络中。基于这些数据，可以衍生出相关服务，即实现新的应用和服务。这些功能以简单、实用的传感器为基础。在共同的网络中提高信号和数据的精度和可用度将导致数据数量和数据传递对存储的空间的要求显著提高。这些数据标志着大数据概念的表达。

- **过程和状态诊断：**人们如今已经清楚地认识到，这些数据的基本应用情况是全面、广泛、一致的生产过程状态登记，其中还包括设备、机器以及推动整个过程的自动化技术。通过它，人们可以对整个过程进行诊断，发现运行过程中的偏差，并对问题进行处理、报告。此外，已经建立了这样的基础，在此基础之上，可对生产过程进行详细说明，并且对在线数据进行优化。

- **可靠性：**在总体上对可用性、可靠性、功能安全和信息安全进行总结。

- **可用性：**用户可以轻松、快速地应用这些系统，并进行互动。其中包含一个要求，即降低运行措施的复杂性，而这些措施需要操作人员根据情况确定。

- **IT安全：**工业 4.0 涉及的主要方面是数字化和网络化，这的确是实现上述潜力的先决条件，但也必然存在不利的一面，保护按照原则开放的网络不受第三方的攻击，不仅是为了保护企业的知识产权，同时也是为了确保功能安全性和完整性。

从智能技术系统到工业 4.0

这些趋势和需求所产生的结果是需要进一步发展传统机械和机电一体化智能技术系统解决方案，这一点几年来一直在运行过程中。如果这样的系统相互联网，那么它们将形成统一的目标，建立所谓的虚拟整合系统或者（在生产的情况下）建立虚拟整合生产系统。它们是工业 4.0 的核心基础，所带来的就是系统的另一方面，通过商业过程的数字化、公司与企业之间的网络化形成的价值网络。下面的章节将通过实例详细说明系统产生的潜力。

生产的数字化和网络化

对于生产过程来说，工业 4.0 和智能技术系统之间的关系十分密切。其核心就是信息和通信技术的网络化。与此相关的不仅是机器、设备的网络化应用，还涉及在新产品研发阶段和在相关生产系统中的应用，同时也被称为产品生命周期。工业 4.0 推进了现有生产过程的进一步优化，同时提供了更多的可能性：它主要关于已经说明的商业模式的转变，并且重新定义了生产价值和商业模式在制造业公司的意义。

- **横向一体化**。这里指公司内部众多生产 IT 系统沿着生产价值链的网络化建设，或者跨公司之间的生产价值的网络化建设。它并没有其他的意义，仅仅说明在未来，公司的网络化程度要远远高于现在，这不仅表现在经济方面，同时也表现在信息技术方面。
- **纵向一体化**。这里指自动化技术和企业管理不同层次之间的网络化，从控制层和领导层的执行机构、传感器到计划层面。通过垂直网络化和不同层级之间的通信，信息透明度将得到显著提升。这是实现分析和监测能力的前提条件，就像在工业 4.0 框架下所讨论的内容，在下文中将进一步讲述。在此基础上，有可能实现自主调节生产资料和生产过程。它所承诺的是前所未有的灵活性和对日益复杂的生产过程的掌控能力。通过垂直整合，生产系统将变得更加灵活，并且可以重新进行配置。
- **工程设计的可执行性**。这里指出的主要是，商业流程和产品价值链如何在以综合信息模型、工具和接口为基础建立的产品和生产系统中进行优化。未来，所有参与产品开发的实例（从产品设计、生产计划、服务到运行）都将获得全面、兼容的信息和模型。这一方面与制造业公司开发能力有关，而且上述两个方面都涉及订单的履行过程。

这个新型结构的关键功能是：

• 来自过程、设备信号和信息的数字化。这包括装备工件和生产资料直到每一个设备以及通信接口和数据模型，目的就是持续掌握过程变量和条件变量的情况，使其变得透明。由于简单部件和设备在现有条件下并不具备通信联络的功能，因而对于数字化来说，它们还有显著的增长潜力。

• 使用通过互联网技术、信息安全技术和IT安全技术进行联网的设备，意味着传输或者通信安全，需确保未经授权的第三方无权访问相关数据。

• 当前生产过程和设备的持续评估。工业评估概念表达和描述的是，以统计学方式、机器学习、模型与真实过程进行不间断对比为基础，创建过程模型，其目的是发现异常、预测错误，为生产基础的优化创造良好的环境。这些措施涉及机器和设备本身以及它们在运行过程中的产品生产过程。

• 产品生产状态的可视化和生产过程的信息反馈形成了质量闭环控制，直至系统到达最佳状态，它将对生产过程进行持续监控或者进行新的优化。

• 这些功能通常建立在上一级的IT系统中，例如基于Web，或者更确切地说，基于云技术的平台。在很多情况下，这些平台都是分散建立的，这样一来，便具备了较强的机动性和灵活性，对于其他要求可以迅速做出反应。但是您也可以建立本地的IT解决方案（例如在工厂或者生产线内部），便于实施反应时间或者信息安全等关键性要求。它的基本功能主要体现在计算机的计算和存储功能、基础设施以及实现服务功能的网络接口。同时，这些解决方案提供了一个必不可少的远程访问功能，它主要包含权限管理、信息安全和加密传输技术，例如VPN。

- 信息模型和通信技术的可执行性以及生产价值链、有关公司层面的目标、数据和信息，都产生于整个价值体系中，并且可以在所有生产步骤和生产层面应用。如今，仍然有无数的单片系统仅使用专用接口和信息模型，从而导致了信息的有损传输和不完全透明。然而，对于工业 4.0 概念的实施而言，一个可以执行的数据交换是首要条件,所以有必要采取行动。除了信息模型和通信技术的自身要求之外，还需要建立一体化语义，确保信息有一个统一的解释。

在一个数字模型中，关于机器或者产品生命周期的重要信息准备，就是所谓的数字双胞胎和管理壳，就如同工业 4.0 的称呼一样。除了通信能力，它是工业 4.0 概念的主要组成部分。管理壳不必在部件中自己运行，但相关信息可以采取一种独特的方式，存储在更高一级的数据库中。其中所存储的信息主要有材料编码、部件清单和数据列表，此外还包括具体在应用软件中使用的数据（参数设置、状态数据、工作时间）。

虽然新架构解决了建立自动化金字塔的层次结构问题，但并不互相抵触。操作信息和控制系统 [例如，用于企业资源计划、制造执行系统、监督控制和数据采集（SCADA）]，以及生产过程控制本身并不存在问题，而是将被集成、整合。因此，可能会出现新的解决方案，例如分布式控制功能。与此同时，为了实现统一的IT系统，将建立不同的体系结构，在这个系统中，以云技术为基础的系统将占据重要的部分。在大部分情况下，相应的解决方案要求是，既要保证IT安全，又要防止数据和IP受到不必要的访问。

图 16–2 工业 4.0 的主要层面

工业 4.0 的定义和架构

工业 4.0 的基本技术概念，在前面章节中已经进行过描述，首先对所有实际要求进行摘要，制定了具体应用规范，描述了在其生产范围内产品数字化和网络化的定义。当然，为了顺利实施工业 4.0，将成果转化为实际应用，确立统一的标准，各个公司、研究机构、工业联合会和政治家将进行合作，开发不同的架构模式。这一部分的主要特征有：

- **RAMI4.0（工业 4.0 的参考架构模型）**：RAMI4.0 是在由权威公司、高等院校、工业联合会合作提出的德国工业 4.0 的基础上制定的。它描述了一个框架结构，这个框架构成了工业

4.0 的重要方面，并构成彼此之间的关系。具体而言，RAMI4.0 包括三个范围：（1）从工件或产品到众所周知的联网世界的结构层次，（2）从首次创造到产品报废整个产品生命周期或者（3）功能（“层次”）。最后一个结构层次主要涉及产品、机器的数字化表现形式和每个单独运行层次之间的架构。RAMI4.0 主要服务于（或者定位于）复杂、多样化的工业 4.0 世界，为其创造实施项目所需要的共同基础，并准备所需的标准。

- **工业 4.0 组件**：它在生产环境中连接了真实的物体，例如带有抽象化模型的工件或机器组件，特别是数字化规范或者运行模型。这个虚拟模型也被称为管理壳。例如，工业 4.0 所包含的组件“IO 系统”不仅来自电气、电子相关硬件和软件，同时也包括设备工程学 3D CAD 模型、功能规格的选择过程、设备供应和挑选过程中的商务数据。此外，对于工业 4.0 组件，不仅包括共同的类型规范，还有单个实例具体应用的建模信息。所以，生命周期是单独可追溯的。此外，工业 4.0 组件通过最小范围的沟通便可交换重要的信息。

- **IIRA（工业互联网参考架构）**：在北美地区，工业互联网联盟这一平台相当于工业 4.0 平台。互联网企业与研究机构联合制定了具体的体系结构，这种体系结构将在工业互联网参考架构的概念下公开。工业互联网参考架构包含三个层次：（1）主要特点（安全、保险、顺应力），（2）观点（商业、使用、功能、实施）和（3）系统关注（在发展目标方面的关注）。在工业 4.0 领域，这几个范围构建了具体的系统，因此可以推导出类似工业 4.0 参考架构模型的研发任务，不仅考虑到产品具体研发方面，而且考虑到标准化及技术研发活动方面。

这三种参考架构并不能帮助企业完成具体的研发任务，但是它构建了研发过程，并且在考虑到所有重要因素的情况下，对具体的操作模式起到了支撑作用。同时，它主要作用是构建特定应用领域的框架，塑造所有的重要方面并调整它们相互之间的关系。它可以对现有标准进行分类，推断所缺少的标准，识别工业 4.0 单个解决方案组件的所有界面，并通过推导弄清楚它的发展要求。因此，参考架构可对战略性技术发展做出重要的贡献，制定发展的标准，支撑设定过程，协调并有效实现工业 4.0 的解决方案。

工业 4.0 的应用领域

虽然工业 4.0 概念不会从根本上解决新挑战所带来的问题，而且业 4.0 的概念部分是以今天已经应用的技术为基础，但是它构建了生产和自动化模式转变的基础。工业 4.0 开发了系统组件、解决方案和商业模式的潜力，这其中有许多潜力，我们今天可能不会理解。不过，目前已经有一些试点应用，展现了工业 4.0 的潜力。对于这一点，可以列举非常多的例子。接下来的部分将对此进行详细阐述。

工业化设备过程数据和状态数据的数字化构建了制造精准模型的基础。利用这样的模型可以识别异常情况，推导生产过程的状态，并使我们能够在一定时间范围内，预测错误和故障。这样一来，设备操作人员便能够在不利条件发生之前做出反应，从而保障设备的可用性和过程的稳定性。

产品生产过程的自我优化技术的应用，使人们得以在智能传感器的帮助下识别生产过程所发生的改变。发生改变的原因可能在于原材料，也可能在于机器或者模具本身。在此基础上，机器控制可以通过自我优化推导出独立解决问题的方式，引导过程返回理想状态，甚至达到新的最佳状态。

本文中另一个与能源管理相关的示例是能源使用过程中效率提升的自我优化：这和装备有传感器的全部制造过程与合成传感器信号的数字化相关。它将通过智能化规则系统进行评估（在这里将使用关键词工业分析），并与其他信息（例如当前能源价格）相连接。这将提供一种可能性，使过程根据能源价格进行自我优化，提高能源使用效率。因此可以预测生产装置的能源特性，了解能源使用的峰值，确保操作人员可以有针对性地对某一设备进行节流或关闭，从而及时避免负载峰值。

生产网络的步骤建立在分散的生产单位或者制造模块的转变上。为了避免服务失误，高素质的员工必须在现场认真履行自己的职责（当然是最消耗时间和成本的方式），使远程监控体现本质上的意义。在规则系统中，将使用基于Web的服务，一方面实现持续的数据和信息交换，另一方面，为此提供一个安全、灵活的基础结构。

最后一个应用实例是生产设备工程的数字化。如今，利用不同的信息模型和IT系统执行设备、机器的研发制造和生命周期管理将变得更加困难，工业 4.0 概念建立了这个基础，使重要数据和模型普遍化，也就是在没有数据接口损耗、使用和自动化的情况下，对数据和模型进行说明。一方面，它以标准化信息模型为基础，在OPC统一架构或eCl@ ss电子分类系统技术中是必不可少的组成部分。另一方面，它要求一个全面的语义，这个语义重点描述了如何解释这些模型和相关数据。其目标必须是全面自我介绍的能力，它涵盖生命周期的所有阶段和产品主管部门的所有类型，并考虑到所有相关工程学科的要求，将创建一个连接重要系统的相应通道。

工业 4.0 的基础设施

我们在此前章节中已经看到，生产的数字化是工业 4.0 的核心。它是水平和垂直整合的先决条件，同时也是发展潜力的根本基础。它在新的制造结构方面仍然扮演着十分重要的角色，通过模块化和分散化而变得尤为重要。我们在何处可以看到未来生产数字化的结构，特别是在产品生产过程中重要信息和数据的实用性和可访问性？这些结构所带来的哪些后果是我们在今天可以清楚看到的？

数据的一致性和信息的透明度

在大多数情况下，这里存在两个独立的世界，即办公室 IT 和生产 IT。由于各自不同的来源和所拥有的不同技术和架构，以至如今仍然难以对它们进行整合。例如，机器控制是一个连接点，在这个连接点所有的传感器数据共同运行，经过更加合理的系统编程之后，它将应用于更高层次。另外，系统在不同的层级之间工作，且带有不同的接口、协议和信息模型，这些因素导致它们之间几乎没有关联。大多数情况下，在制造商的内部领域会使用专用接口进行工作，而对于其他制造商的系统来说，只有完成大量编程工作，才能让接口变得透明。

如果在企业中，不同计划层面的系统均使用统一的协议和信息模型，则可实现信息的连续性，对于每个系统特殊的要求都可以享有同样的自由度。为实现这一目的，在自动化领域面向服务的架构和基于云的解决方案获得了越来越广泛的应用。它们支撑组件和系统在所有层次上交换信息，当然首先要满足前提条件，即使用标准接口和信息模型，并将有关信息所对应的语义解释清楚。

作为网络基础设施的基础，人们已经确定了以太网技术标准，该标准将按照生产的具体要求进一步发展和延续。按照使用目标和要求，特定协议也将得到应用。为了能够达到这个目标，主要使用OPC 统一架构、MQTT（消息队列遥测传输）和MTCONNECT（机床通信标准）等技术，这些技术已经确立了其自身在具体应用中的标准。除了以太网，特定应用的通信联络技术仍具备相应发展潜力，例如应用于远程、移动设备或者基础通信系统的有效操作方法，如用于联网的简单而廉价的设备IO Link。

当然，在任何情况下的前提条件都是，所有相关组件具备通信联络能力，使它们自己可以集成到整个系统中。根据前文中介绍的有关工业 4.0 组件的内容，相关组件至少具备被动通信联络能力。当涉及自动化设备（例如传感器和接口组件）时，一定会关系到有效的通信联络能力。这意味着，例如，典型的类似模拟信号转换需要通过以太网接口连接，信号转换自身的过程变量和状态变量以及所连接的设备，可以向其他系统进行扩展。通过连接，信号将垂直整合到整体系统中，与此同时，从传感器发出到控制器的传统自动化技术信号对此也不会产生影响。

尽管必须保持办公IT和生产IT的开放性和可访问性，在这种情况下，可能并没有多余的外部访问权限。但是，来自第三方的攻击将会导致数据丢失，甚至导致知识产权问题或者产品生产过程的控制问题，我们无法百分之百保证攻击永远不会发生。然而，采用适当的技术（例如数据加密和基于证书的验证）为相对的IT安全创造了充足的前提条件。这些技术一部分被集成到自动化的既定标准中，一部分则必须采用专门的解决方案，例如，通过安全路由器来实现。

未来生产结构的全方位工业连接

虽然垂直整合与水平整合是信号转化的方式和途径，但未来如何建造生产设备，对工业自动化基础架构将产生显著影响。通信联络的分配，电力能源的分配，传感器信号、控制信号和其他可能的车间、工厂（例如气体力学，尤其是压缩空气）会造成本质性的成本分担以及高额的安装费用。为此，电力连接技术（工业连接）是工业 4.0 转化应用成功实施的关键因素。

首先是大范围数字化改进，在生产设备和生产过程中，将安装大量的传感器。这一点以及同时不断提高的生产设备模块化程度要求使用大量的接口以及相关连接技术。当前所应用的部件具有显著的创新潜力，有助于提高部件操控性和耐用性，以满足生产过程中严格的生产条件。因此，连接器将扮演十分重要的角色。同时，混合以及专门的具有针对性的解决方案为能源、信号和数据带来了潜能，可以减少接口数量、降低成本并提高灵活性。

数字化将使无线通信技术从中受益并使之从中获利，从无线通信技术开始，未来大部分信号和数据将基于电路（即通过电缆和连接器等手段）进行转移、传递。然而，转移、传递技术的创新（例如电源、信号和数据的非接触式传输）将会有巨大潜力。在极端环境条件和频繁操作的情况下，它仍然能够提供可靠性和耐磨性的优势。非接触式连接技术支持未来各种设备的模块化，具备较高的灵活性和实用性。其他的潜力就在于传感器一体化：监控连接器有助于提高生产设施的可用性。另外，状态信息也可以被记录。直到今天，不受监控的部分设备将升级为工业 4.0 组件并整合到自动化系统当中。

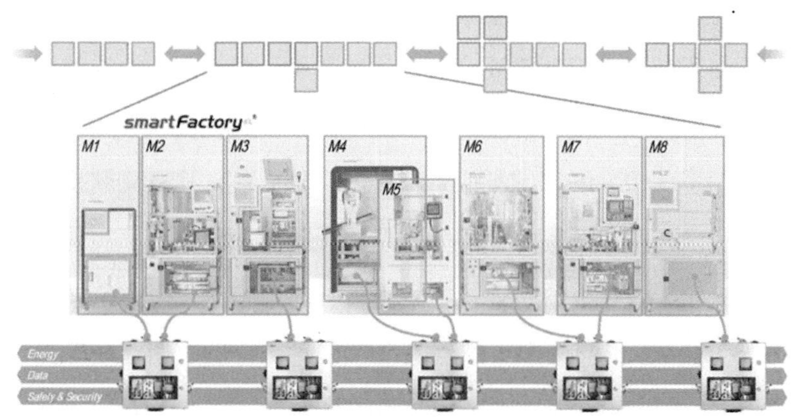

图 16–3　模块化和可变化生产设备基础架构的集成解决方案

针对工业 4.0 基础架构的集成解决方案

关于单个部件，在上一级别的抽象层面（能源、信号和数据层面）存在更多潜力。集成解决方案（例如基础架构建设）已在科研工厂“智能工厂 KL”得到实现，通过集成解决方案，可以对模块化机器进行方便、灵活的管理，并且能够将其连接到基础架构之中。基础架构建设描述了一个关于能源、信号和数据，外加安全、保险等方面的模块化、可持续发展的解决方案。这个解决方案包含了远距离、影响重大的基础架构状态变量（例如能源消耗），并为相关的评估做好了准备。它同时支持所谓的“即插即生产”，即快速、便捷的投入使用方式。不仅是连接技术本身，同时也包括融入更高级别的 IT 系统。OPC 统一架构技术允许数据和信息的分享，而且还不需要附加成本高昂的中间设备。

为了在模块化生产设备中达到基础架构所要求的安全、可靠性能，新型拓扑结构必须实现向实际应用的转化。如今，基础架构仍然习惯性地作为带有单一支线的路线来使用的时候，模块化解决方案要求使用树形基础架构或者环形基础架构。网络系统的持续深入发展以及向实际应用的转变，除了安全性方面的错误和故障，它同时也提供了优势，能源就类似于“路由”数据包，其意义就是，通过网络可以按照相关优化标准分享能源。同样如此，为了实现数字模型而采用工业化全方位连接方式进行补充，工业化全方位连接包括作为工业 4.0 组件管理壳部件的全部信息和特殊应用。在工程优化方面，它的潜力在于支持现场应用和交流。

以数字化为基础，对可用性和生产力进行优化

让我们重新回到生产企业的需求这一话题，在前面章节中重新审视可用性和生产力。通过开放的数字化网络和程序，数据的使用起到了十分重要的作用。数字化实现了前所未有的数据透明，同时为实现及时、精确描述机器以及机器生产过程状态的基本要求，做出了重大的贡献。第一步是远程服务，也被称为远程维护。分析和自动调整始终建立在数字化基础上，并把公司创造商业价值的能力提高到一个新的水平。

远程维护

工业 4.0 的三个关键方面分别是机器、设备的模块化，商业价值网络化转变和分散，这些将在今后的制造业务工作。同时，关于可用性和生产率的要求，基于数字化和网络化的自动控制技术确实

不那么简单，而是变得更加复杂。在这个框架下，为了提供迅速、专业的服务，以及在任何情况下都能够及时做出反应，远程访问应当获得高级权限，可以直接访问机器配置、参数和编程。

远程维护或者远程访问，更确切地说是远程维护，阐述了这一目标。这意味着，同一网络框架下的基础设施，不论空间距离有多远，相互交织的机器可以获得并直接访问其他机器的用户界面。所以，所有机器的状态变量和消息都可以被记录，甚至还有可能更改机器的现有配置。因此，它可以远距离进行精确操控或检测，如同相关技术服务人员就在现场一般。它的优点就是速度快（诊断和维护可以立即执行，只要不毁坏机器中的硬件设备），以及费用降低，由于服务工程师不一定必须长途跋涉到达现场，所以可以节约人员和旅费成本。

远程维护的解决方案主要在于基础设施的数字化和网络建设。所包含的重要基本组件包括I/O（输入输出）系统和带有通信联络功能、用于记录关键过程和状态变量的接口模块，以及网络基础设施（例如太网交换机和路由器）。一方面是使信息数字化，并且进行沟通传递；另一方面则是保证信息访问和传递过程中的信息安全。在网络控制中心，拥有解决远程维护问题的方案，这个方案是基于网络技术实现的。它为数据和信息管理创造了基础条件，同时也是机器运行状态自动化监控和实施必要状态监管或者发布警告信息的基础条件。另外，需采取一系列IT安全措施（例如完善网络配置和用户管理、使用适当的加密技术、进行基于证书的验证等），才能确保远程维护解决方案的可靠运行。

最后应当指出，只有通过先进的交互技术，及时补充、完善状态和诊断信息，才能实现典型的远程维护解决方案。例如，增强现实技术的使用，目的就是减轻服务人员的工作负担，提供更加有效的信息和指令，帮助解决问题。另外，为实现远距离条件下的安全联网，远程维护解决方案也可以实现从机器到机器的直接通信。

工业分析

大数据概念在前一段时间可谓风靡一时。它的含义是使用统计和数学方法处理大量数据，大数据的属性“大”可以划分为三个方面，数据量（“量”）、处理速度（“速度”）和复杂性或多样性（“种类”）。在工业 4.0 的背景下，大数据主要是指，为了提高商品生产效率，使用、分析来自商品生产过程或者价值系统中的数据。因此，我们也使用“工业分析”这一概念（图 16–4）。

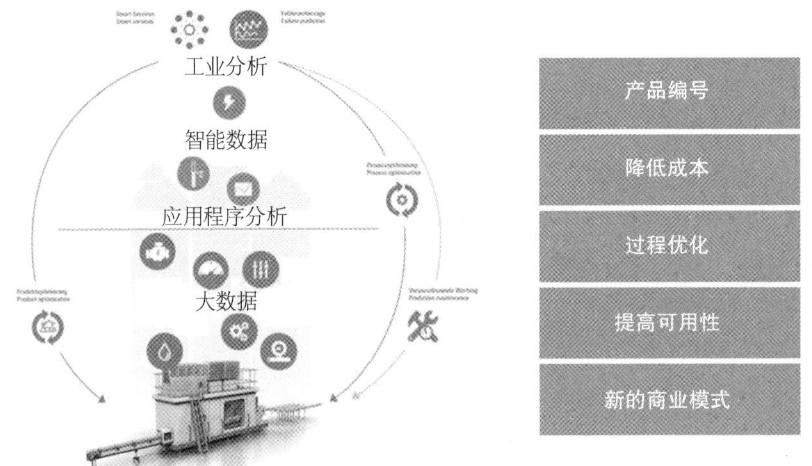

图 16–4　工业分析过程

我们的出发点正是那些数据，那些来自安装传感器的生产设备和自动化控制设备中的数据。另外涉及过程变量，也就是描述生产过程的信息，同时也包含关于机器状态变量以及与该机器有关的设备和零部件的信息。就任务和目标而言，它是非常有用的，为识别至今未知的相互关系和相互作用补充了附加的检测技术。这个原始数据将被数字化，并存储在数据库系统中，以用于数据的分析、处理。大数据的概念其实有多种意义：一方面，它是测量点所产生的大量数值，在典型的设备（例如塑胶射出成型机）中，迅速达到或者超过 200 个信号。它的范围涵盖了从简单的复合型开关到具有高信号和时间分辨率的传感器。然而，对于典型的自动化设备来说，数据量仍然是可控的。在一周时间之内，安装有各种复合或模拟传感器的生产机器大概会产生几十到几百兆字节的原始数据。从今天的角度看，在产品生产过程中，产生数据量最多的是图像处理系统和其他复杂的测量工具，并且不断产生大量数据。

接下来的步骤是在所有原始数据中提取有价值的信息。当然，这一步骤的强度主要依赖于任务设置和优化标准。为此，通常采用统计方法、过滤和分类机制或模式识别方法。这些基础信息将被用于制作技术系统的目标模型。这里有很多来自不同领域的机器学习方法可供大家使用，便于大家实现这一目标。这个目标就是，识别生产过程中所产生的单个信号之间的关系和依赖性，以及不同信号之间的相互关系。另外，还存在其他专用的规则系统，例如，在已经给出的数据中筛选一个机器或者一个设备相应的状态，或者在大量类似的过程、产品中识别某种行为模式。

由此产生的模型将为生产过程的持续时间提供实际数据。如果出现了偏差，则表明存在异常，即结果与人们所希望的行为之间发生了偏差。在日常工作中，无论这种偏差是否导致破坏或者第一次发生的时候是否产生不良影响，都必须对这种情况进行评估。评估的目的，一方面用于决定该过程是否可以继续，或者是否应该采取干预措施（例如进行维修或改善），另一方面，该信息被反馈到模型中，使其继续发展和完善。我们的目标就是让原始的模型自主运行，执行正确的行动方针，而且不需要外部附加的支持。使用日益增长的先进评估方法，做好预测，并且针对当前已经确定的数据，分析、预测未来生产过程所需要采取的行动。这项技术的应用可以在故障发生之前就对其进行识别，这样就可以把生产装置操作人员带入一个合适的生产状态：最大限度地缩短因故障而导致机器停止运行的时间，或者保持生产过程的最佳使用性能。对结果的可视化分析还可以辅助当地工作人员对结果进行解释并采取措施。

原则上，模拟和预测的步骤主要基于所提取的数据。然而经验表明，工业分析项目成功的关键在于数据工程师和专业技术人员为规则系统所做的努力，主要是基于研究数据方面共同协作的工程师、技术人员研究信息资源的过程，走出已经熟悉的作用机制，基于非常复杂的情况开展新的研究。这项研究的风险在于，不仅仅是基于数据的分析，而是在工程实践过程中，很容易出现“只见树木，不见森林”的情况。这两种方式相结合所产生的潜力就是，分析、研究获取的新知识，并对新知识加以综合考虑，而不是全盘否定所有的知识和经验。

为实现分析解决方案，选择替代方案是一个问题。对此，出发点是接近组成部分，捕获并数字化过程变量和条件变量。为了将检测到的信号进行互联，必须拥有一定的通信能力。举例来说，这些就是所谓的远程I/O系统、可通信信号转换器或者工业控制。必须将所有相关数据纳入一个共同的数据模型，为分析做好准备。其中关于数据存储和处理的问题，因为我们拥有合理的存储空间，所以关于计算能力、处理能力和访问界面的可能性等问题已经减少。它的应用范围从基于“云”的解决方案到工业计算机或者是嵌入式服务，所有过程都安装了“本地部署”。基于云的解决方案的特点是基本上具备无限的存储和计算能力，另一方面则是由于长距离通信所产生的应答时间差异，导致系统不具备实时能力。自动化设备具有相对较低的存储容量和计算能力，是通过现场安装和在实际工作中缩短反应时间的方法，因而更加适合。在此背景下，模型学习中典型的计算和存储阶段大多数是通过基于“云”解决方案建立的，当存储和计算的要求明显降低时，完成模型执行所需的生产运行时间也可以通过实施“本地部署”来完成。

生产过程中的自主优化

与工业分析密不可分的就是生产设备和生产过程中的自主优化。在大型数据库和系统行为预测中，对因果关系和模型的认知等关键环节进行分析，是自主优化的目标，可使系统运行和运行时间相协调，它足以满足不断变化的条件，实现不断变化的目标。这两个方面都是在生产过程的数字化以及收集、处理范围宽泛的流程数据和状态数据上建立的。

自主优化是叠加在技术系统，尤其是生产过程和相关信号以及信息等要素之上的多层信息处理过程。这些不同层面通过不同技术过程之间的紧密连接和不同的反应速度，展示了不同的、丰富的调整可能性，类似于有关行为控制的认知科学的层模型。生产过程控制位于多层级中的最底层，在不同配置和参数设置之间的变化发生时，生产过程控制的反应时间绝对是实时时间。所谓的认知操作人员位于多层级中的最顶层，根据不同的目标对系统进行调试，并且可以干预系统的设置和系统的行为。例如，根据系统安全情况或者根据能源效率对系统行为进行优化。为了保证系统的运行能力，不同的操作可能对应不同的时间和相应的优先权。

在生产中使用自主优化的一个例子就是工业成型工艺，其中包含的生产条件（如机械动力学、速度、温度、损耗），以及其他方面的作用变量（例如，强度和半成品的几何尺寸、上游工序的影响）显著影响着产品的质量。自主优化技术可以根据产品的操作条件和基本条件（如计划、上游或者下游生产步骤的同步给出的预定数值）使用不同的控制器配置，开关不同的特定工具，或者根据不同情况和预定目标进行个性化铸造。

第二个例子就是在注塑模具生产过程中实现高效节能的目标，也就是基于动力学和高效热力学的能源密集型原材料的生产过程。按照能源效率标准，带有分层优化的过程控制链接，允许自主优化根据目前的生产条件，找到生产率、质量和能源效率之间的最佳工作点。同时，还有一个示例就是垂直整合，为了实现生产过程优化从而达到高效节能的目的，必须实时掌握能源成本的可用性，例如，通过引入EPEX（欧洲电力交易所）数据到系统中，实现节能的目的。水平集成和垂直集成两个示例显示了自主控制的潜能。同时，这些应用实例回答了与前文中所描述的潮流以及自主控制在机器、设备制造，特别是在适应新、灵活性和问题检测当中所具备的潜力相关的问题。

信息物理生产系统

在由不同机器组成的生产网络中，人们强调自主优化系统的特点，信息物理生产系统中的设备和生产设施便提供了具体的例子，也被人们称作CPPS。与之相反，一个智能化、技术化系统，可以独立自主地反应环境带来的影响，并且在任何时间都可以保持最佳状态，CPPS就是由许多这样的子系统组成，它们（甚至间隔很远的距离）相互联网，并且建立在彼此之间通信、合作的条件之上。图 16–5 展示了由it's OWL研发，并将进一步显著发展的科技概念。

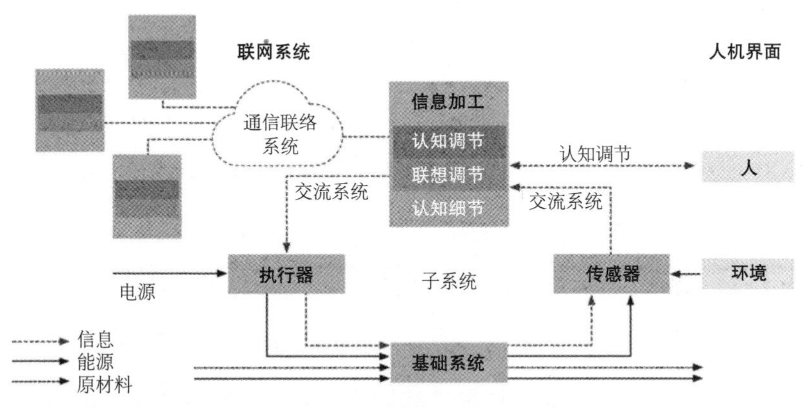

图 16–5 it's OWL 智能技术系统科技概念

为了保留前文中提到的应用实例，下面将讲述CPPS，如果用于确定资源数据的最佳工艺参数包含在上游工艺步骤中，那么以金属带钢为例，我们可以获得在前一生产阶段关于金属带钢半成品的几何形状、供应商、强度的相关生产信息，而且制造过程中的操作人员也可以随时使用，因而可以制定优化的方法。第二个示例是获得在工厂中所有生产资料共同能源消耗情况的信息，并预测生产峰值时设备的负载能力的可能性。充分考虑目前订单状况，通过单个机器选择性调节的方法，减少已经启动的生产订单，减少单个生产资料和生产能力方面的浪费。

未来工厂将要求更多新技术

在前面所描述的章节中实例说明，工业 4.0 为制造业公司提供了核心潜力。因为这项用于生产制造业的技术虽然是一项新兴技术，但是正符合当前制造业的具体要求，它的应用只是一个时间问题，而且毫无疑问，它所解决的不仅是概念和运用方面的问题，在前两个小节中已经做过介绍。此外，对于在产品生产过程中应用的信息和通信技术来说，它还有很大的发展潜力，例如，工程数字化、用虚拟模型支撑生产相关的工作，或者为生产制造业和设备制造商创造新的商业模式。

工程数字化意味着采用集成或者全面的模型和接口，这点对于生产设备的效率和质量来说，有助于加速研发和创建过程。除了标准化信息模型，它的基础就是全面的语义，确保模型中显示的信息有明确的解释。虚拟现实和增强现实这两种方法为制造业公司提供了一种潜力，在工作流程中，为员工提供信息支持。这样就可以提高员工的工作效率，将未知的工作流程变得简单而安全。

工业 4.0 的概念和现有技术组合的不断拓展将推进制造业公司的网络化进程，并将推进设备供应商的发展，从而创新发展其商业模式。如今，在大多数情况下，我们仍然是在商业中心出售物理产品或者服务，深入观察当前的流程和系统状态，我们将发现新的商业模式和服务模式。例如，优化制造流程、生产资料的生产模式、标准或者供应链的灵活运用，对于以上所有情况，数字化是基本的要求。然而，可以肯定的是，对于工业 4.0 带来的新机遇，我们仍然无法超前地预想到新的可能性。

在另一方面，我们必须满足所有的必要条件。对于新技术的研发，我们可以列举出一系列方法，这些方法也可以在这本书的其他部分中找到。除了技术本身的发展，要实现可广泛应用的适用性和投资安全性，标准化也是一个重要的组成部分。为了避免个性化解决方案和技术死角，必须充分考虑到国际化标准的各项要求。

然而方法的运用也是一个前提条件，我们怎样才能研发一个系统？系统工程概念总结了系统流程、方式和工具的框架，并可以运用到当今的产品研发过程中。在迈向智能技术系统的道路上，我们还需要采取进一步的行动。这同样也适用于法律框架，以新技术为基础的工业 4.0 概念要求在法律上建立新的标准和规范，保证它的实施不受干扰。最后但也同样重要的一项要求是，在迈向工业 4.0 的道路上，我们也需要行业协会的支持。需要工会和政治家建立一个创新友好的环境，并提供正确的激励措施。在此基础上，这一未来工厂的概念，作为一项范围广泛的社会性挑战，将为我们提供多样化而又充满希望的新的可能性。